444 321
(7 vol)

Voy. jugement porté sur cet ouvrage par M. Chénier dans la littérature française pag XXj - 135

N° 352 (GB.3R.9.)

ŒUVRES

COMPLÈTES

DE CARON DE BEAUMARCHAIS.

ŒUVRES

COMPLÈTES

DE PIERRE-AUGUSTIN

CARON DE BEAUMARCHAIS,

Écuyer, Conseiller-Secrétaire du Roi, Lieutenant général des Chasses, Bailliage et Capitainerie de la Varenne du Louvre, grande Vénerie et Fauconnerie de France.

> Ma vie est un combat.
> Volt.

TOME PREMIER.

THÉATRE. — Ier.

A PARIS,

Chez Léopold COLLIN, Libraire, rue Gît-le-Cœur.

1809.

ESSAI

SUR

LE GENRE DRAMATIQUE SÉRIEUX.

Je n'ai point le mérite d'être Auteur ; le temps et les talents m'ont également manqué pour le devenir ; mais il y a environ huit ans que je m'amusai à jeter sur le papier quelques idées sur le Drame sérieux ou intermédiaire entre la Tragédie héroïque et la Comédie plaisante. De plusieurs genres de littérature, sur lesquels j'avais le choix d'essayer mes forces, le moins important peut-être était celui-ci ; ce fut par-là même qu'il obtint la préférence. J'ai toujours été trop sérieusement occupé pour chercher autre chose qu'un délassement honnête dans les Lettres. Ne-

que semper arcum tendit Apollo. Le sujet me plaisait, il m'entraîna; mais je ne tardai pas à sentir que j'avais tort de vouloir convaincre par le raisonnement dans un genre où il ne faut que persuader par le sentiment. Alors je désirai avec passion de pouvoir substituer l'exemple au précepte : moyen infaillible de faire des prosélytes lorsqu'on réussit, mais qui expose le malheureux qui échoue, au double chagrin de manquer son but et de rester chargé du ridicule d'avoir présumé de ses forces.

Trop échauffé pour être capable de cette dernière réflexion, je composai le Drame que je donne aujourd'hui. *Miss Fanny*, *Miss Jenny*, *Miss Polly*, *etc....*, charmantes productions ! Eugénie eût gagné sans doute à vous avoir pour modèles ; mais elle était avant que vous eussiez vous-mêmes l'existence, sans laquelle on ne sert de modèle à personne. Je renvoie vos Auteurs à la petite nouvelle Espagnole du Comte de Belflor, dans le Diable boiteux : elle fut la source où j'en puisai l'idée. Le faible parti que j'en ai tiré, leur laissera peu de regrets de n'avoir pu m'être bons à quelque chose.

La fabrique du plan, ce travail rapide, qui ne fait que jeter des masses, indiquer des situations, donner l'ébauche aux caractères, marchant avec chaleur, ne vit point ralentir mon courage ; mais lorsqu'il fallut couper le sujet, l'étendre, le mettre en œuvre, ma tête refroidie par les détails de l'exécution, connut la difficulté, s'effraya de l'entreprise, abandonna Drame et Dissertation ; et, tel qu'un enfant rebuté des efforts qu'il a faits pour dérober des fruits trop élevés, se dépite et finit par se consoler en cueillant des fleurs au pied de l'arbre même, une chanson ou des vers à Thémire me firent oublier la peine inutile que j'avais prise.

Peu de temps après, M. Diderot donna son *Père de famille.* Le génie de ce Poète, sa manière forte, le ton mâle et vigoureux de son ouvrage devaient m'arracher le pinceau de la main ; mais la route qu'il venait de frayer avait tant de charmes pour moi, que je consultai moins ma faiblesse que mon goût. Je repris mon Drame avec une nouvelle ardeur. J'y mis la dernière main, et je l'ai depuis donné aux Comédiens. Ainsi l'enfant que le succès d'un homme rend opiniâtre, atteint quelquefois aux fruits qu'il avait désirés. Heureux, en les goûtant, s'il ne les trouve pas remplis d'amertume! Voilà l'histoire de la Pièce.

Maintenant qu'elle est jouée, je vais examiner toutes les clameurs et les censures qu'elle a occasionnées ; mais je ne relèverai que celles qui frappent directement sur le genre dans lequel je me suis plu à travailler, parce que c'est le seul point qui puisse intéresser aujourd'hui le public. Je m'impose à jamais silence sur les personnalités. *Jam dolor in morem venit meus.* (Ovid.) Je laisserai de même sans réponse tout ce qu'on a dit contre l'ouvrage, persuadé que le plus grand honneur qu'on ait pu lui faire, après celui de s'en amuser au Théâtre, a été de ne pas le juger indigne de toute critique.

Et que l'on ne croye pas que je me pare

ici d'une fausse modestie. Mon sang froid sur la censure rigoureuse de la première représentation, ne partait ni d'indifférence, ni d'orgueil ; il fut le fruit de ce raisonnement, qui me parut net et sans réplique. Si la Critique est judicieuse, l'Ouvrage n'a donc pu l'éviter : ce n'est point le cas de m'en plaindre, mais celui de le rectifier au gré des Censeurs, ou de l'abandonner tout à fait. Si quelque animosité secrète échauffe les esprits, j'ai deux motifs de tranquillité pour un. Voudrais-je avoir moins bien fait, au prix de fermer la bouche à l'envie ? et pourrais-je me flatter de la désarmer quand je ferais mieux ?

J'ai vu des gens se fâcher de bonne foi, de voir que le genre dramatique sérieux se faisait des partisans. « Un genre équi-
» voque, disaient-ils ! on ne sait ce que
» c'est ; qu'est-ce qu'une Pièce, dans
» laquelle il n'y a pas le mot pour rire ?
» où cinq mortels actes de prose traînante,
» sans sel comique, sans maximes, sans
» caractères, nous tiennent suspendus au
» fil d'un événement romanesque, qui n'a

» souvent pas plus de vraisemblance que
» de réalité? N'est-ce pas ouvrir la porte à
» la licence, et favoriser la paresse, que
» de souffrir de tels Ouvrages? La faci-
» lité de la prose dégoûtera nos jeunes
» gens du travail pénible des vers, et
» notre Théâtre retombera bientôt dans
» la barbarie, d'où nos Poètes ont eu tant
» de peine à le tirer. Ce n'est pas que quel-
» ques-unes de ces Pièces ne m'ayent at-
» tendri, je ne sais comment; mais c'est
» qu'il serait affreux qu'un pareil genre
» prît; outre qu'il ne convient point du
» tout à notre Nation, chacun sait ce qu'en
» ont pensé des Auteurs célèbres, dont
» l'opinion fait autorité. Ils l'ont proscrit
» comme un genre également désavoué
» de Melpomène et de Thalie. Faudra-t-il
» créer une Muse nouvelle pour présider
» à ce cothurne trivial, à ce comique
» échassé? Tragi-comédie, Tragédie bour-
» geoise, Comédie larmoyante, on ne sait
» quel nom donner à ces productions
» monstrueuses! et qu'un chétif Auteur ne
» vienne pas se targuer des suffrages mo-

» mentanés du Public, juste salaire du
» travail et du talent des Comédiens!.... le
» Public!... qu'est-ce encore que le Public?
» Lorsque cet être collectif vient à se dis-
» soudre, que les parties s'en dispersent,
» que reste-t-il pour fondement de l'opi-
» nion générale, sinon celle de chaque
» individu, dont les plus éclairés ont sur
» les autres une influence naturelle, qui les
» ramène tôt ou tard à leur avis? D'où l'on
» voit que c'est au jugement du petit nom-
» bre, et non à celui de la multitude qu'il
» faut s'en rapporter. »

C'est assez : osons répondre à ce torrent d'objections, que je n'ai affaiblies, ni fardées en les rapportant. Commençons par nous rendre notre Juge favorable, en défendant ses droits. Quoi qu'en disent les Censeurs, le Public assemblé n'en est pas moins le seul juge des Ouvrages destinés à l'amuser; tous lui sont également soumis; et vouloir arrêter les efforts du génie dans la création d'un nouveau genre de spectacle, ou dans l'extension de ceux qu'il connaît déjà, est un attentat contre ses droits, une entreprise contre ses plaisirs. Je conviens qu'une vérité difficile sera plutôt rencontrée, mieux saisie, plus sainement jugée par un petit nombre de personnes éclairées, que par la multitude en rumeur, puisque sans cela cette vérité ne devrait pas être appelée difficile; mais les objets de goût, de sentiment, de pur effet, en un mot de spectacle, n'étant jamais admis que sur la sensation puissante et subite qu'ils produisent dans tous les Spectateurs, doivent-ils être jugés sur les mêmes règles? Lorsqu'il est moins question de discuter et d'approfondir, que de sentir, de s'amuser ou d'être touché, n'est-il pas aussi hasardé de soutenir que le jugement du Public ému, est faux et mal porté, qu'il le serait de prétendre qu'un genre de spectacle dont toute une Nation aurait été vivement affectée, et qui lui plairait généralement, n'aurait pas le degré de bonté convenable à cette Nation? De quel poids seront contre le goût du Public les Satires de quelques Auteurs sur le Drame sérieux, surtout lorsque leurs plaisanteries calomnient des Ouvrages charmants en ce genre sortis de leur plume. Outre qu'il faut être conséquent, c'est que l'arme légère et badine du sarcasme n'a jamais décidé d'affaires; elle est seulement propre à les engager, et tout au plus permise contre ces poltrons d'adversaires qui, retranchés derrière des monceaux d'autorités, refusent de prêter le collet aux raisonneurs en rase campagne. Elle convient encore à nos Beaux-Esprits de société qui ne font qu'effleurer ce qu'ils jugent, et sont comme les troupes légères ou les enfants perdus de la Littérature. Mais ici, par un renversement singulier, les graves Auteurs plaisantent, et les gens du monde discutent. J'entends citer partout de grands mots, et mettre en avant, contre le genre sérieux, Aristote, les Anciens, les Poétiques, l'usage du Théâtre, les Règles, et surtout les Règles, cet éternel lieu commun des Critiques, cet épouvantail des esprits ordinaires. En quel genre a-t-on vu les Règles produire des chefs-d'œuvres? N'est-ce pas au contraire les grands exemples qui de tout temps ont servi de base et de fondement à ces Règles, dont on fait une entrave au génie en intervertissant l'ordre des choses ? Les hommes eussent-ils jamais avancé dans les Arts et les Sciences, s'ils avaient servilement respecté les bornes trompeuses que leurs prédécesseurs y avaient prescrites ? Le Nouveau-monde serait encore dans le néant pour nous, si le hardi Navigateur Génois n'eût pas foulé aux pieds ce *nec plus ultrà* des colonnes d'Alcide, aussi menteur qu'orgueilleux. Le génie curieux, impatient, toujours à l'étroit dans le cercle des connaissances acquises, soupçonne quelque chose de plus que ce qu'on sait; agité par le sentiment qui le presse, il se tourmente, entreprend, s'agrandit ; et rompant enfin la barrière du Préjugé, il s'élance au delà des bornes connues. Il s'égare quelquefois, mais c'est lui seul qui porte au loin dans la nuit du possible, le fanal vers lequel on s'empresse de le suivre. Il a fait un pas de géant, et l'Art s'est étendu...... Arrêtons-nous. Il ne s'agit point ici de disputer avec feu, mais de discuter froidement. Réduisons donc à des termes simples une question qui n'a jamais été bien posée. Pour la porter au tribunal de la raison, voici comment je l'énoncerais.

Est-il permis d'essayer d'intéresser un peuple, au Théâtre, et de faire couler ses larmes sur un événement, tel, qu'en le supposant véritable et passé sous ses yeux entre des citoyens, il ne manquerait jamais de produire cet effet sur lui? Car tel est l'objet du genre honnête et sérieux. Si quelqu'un est assez barbare, assez classique, pour oser soutenir la négative, il faut lui demander si ce qu'il entend par le mot Drame ou Pièce de Théâtre, n'est pas le tableau fidèle des actions des hommes? Il faut lui lire les Romans de Richardson qui sont de vrais Drames, de même que le Drame est la conclusion et l'instant le plus intéressant d'un Roman quelconque. Il faut lui apprendre, s'il l'ignore, que plusieurs Scènes de l'*Enfant prodigue*, *Nanine* toute entière, *Mélanide*, *Cénie*, le *Père de famille*, l'*Écossaise*, le

Philosophe sans le savoir, ont déjà fait connaitre de quelles beautés le genre sérieux est susceptible, et nous ont accoutumés à nous plaire à la peinture touchante d'un malheur domestique, d'autant plus puissante sur nos cœurs, qu'il semble nous menacer de plus près : effet qu'on ne peut jamais espérer au même degré, de tous les grands tableaux de la Tragédie héroïque.

Avant d'aller plus loin, j'avertis que ce qui me reste à dire est étranger à nos fameux Tragiques. Ils auraient également brillé dans toute autre carrière ; le génie naît de lui-même, il ne doit rien aux sujets, et s'applique à tous. Je disserte sur le fond des choses, en respectant le mérite des Auteurs. Je compare les genres, et ne discute point les talents. Voici donc mon assertion.

Il est de l'essence du genre sérieux, d'offrir un intérêt plus pressant, une moralité plus directe que la Tragédie héroïque, et plus profonde que la Comédie plaisante, toutes choses égales d'ailleurs.

J'entends déjà mille voix s'élever, et crier à l'impie ! mais je demande pour toute grâce, qu'on m'écoute avant de prononcer l'anathème. Ces idées sont trop neuves pour n'avoir pas besoin d'être développées.

Dans la Tragédie des Anciens, une indignation involontaire contre leurs Dieux cruels, est le sentiment qui me saisit à la vue des maux dont ils permettent qu'une innocente victime soit accablée. *Œdipe*, *Jocaste*, *Phèdre*, *Ariane*, *Philoctète*, *Oreste*, et tant d'autres m'inspirent moins d'intérêt que de terreur. Êtres dévoués et passifs, aveugles instruments de la colère ou de la fantaisie de ces Dieux ! je suis effrayé bien plus qu'attendri sur leur sort. Tout est énorme dans ces Drames : les passions toujours effrénées, les crimes toujours atroces, y sont aussi loin de la nature, qu'inouis dans nos mœurs ; on n'y marche que parmi des décombres, à travers des flots de sang, sur des monceaux de morts, et l'on n'arrive à la catastrophe que par l'empoisonnement, l'assassinat, l'inceste ou le parricide. Les larmes qu'on y répand quelquefois, sont pénibles, rares, brûlantes; elles serrent le front longtemps avant de couler. Il faut des efforts incroyables pour nous les arracher, et tout le génie d'un sublime Auteur y suffit à peine.

D'ailleurs les coups inévitables du destin, n'offrent aucun sens moral à l'esprit. Quand on ne peut que trembler et se taire, le pire n'est-il pas de réfléchir ? Si l'on tirait une moralité d'un pareil genre de spectacle, elle serait affreuse, et porterait au crime autant d'âmes, à qui la fatalité servirait d'excuse, qu'elle en découragerait de suivre le chemin de la vertu, dont tous les efforts dans ce système ne garantissent de rien. S'il n'y a pas de vertus sans sacrifices, il n'y a point aussi de sacrifices sans espoir de récompense. Toute croyance de fatalité dégrade l'homme en lui ôtant la liberté, hors laquelle il n'y a nulle moralité dans ses actions.

D'autre part, examinons quelle espèce d'intérêt les Héros et les Rois, proprement dits, excitent en nous dans la Tragédie héroïque, et nous reconnaîtrons peut-être que ces grands événements, ces personnages fastueux qu'elle nous présente, ne sont que des pièges tendus à notre amour-propre, auxquels le cœur se prend rarement. C'est notre vanité qui trouve son compte à être initiée dans les secrets d'une Cour superbe, à entrer dans un Conseil qui va changer la face d'un État, à percer jusqu'au cabinet d'une Reine, dont la vue nous serait permise à peine.

Nous aimons à nous croire les confidents d'un Prince malheureux, parce que ses chagrins, ses larmes, ses faiblesses, semblent rapprocher sa condition de la nôtre, ou nous consolent de son élévation ; sans nous en appercevoir, chacun de nous cherche à agrandir sa sphère, et notre orgueil se nourrit du plaisir de juger au Théâtre ces Maîtres du monde qui, partout ailleurs, peuvent nous fouler aux pieds. Les hommes sont plus dupes d'eux-mêmes qu'ils ne le croyent : le plus sage est souvent mû par des motifs dont il rougirait s'il s'en était mieux rendu compte. Mais si notre cœur entre pour quelque chose dans l'intérêt que nous prenons aux personnages de la Tragédie, c'est moins parce qu'ils sont Héros ou Rois, que parce qu'ils sont hommes et malheureux : est-ce la Reine de Messène qui me touche en Mérope ? C'est la mère d'Egiste : la seule nature a des droits sur notre cœur.

Si le Théâtre est le tableau fidèle de ce qui se passe dans le monde, l'intérêt qu'il excite en nous, a donc un rapport nécessaire à notre manière d'envisager les objets réels. Or, je vois que souvent un grand Prince, au faîte du bonheur, couvert de gloire, et tout brillant de succès, n'obtient de nous que le sentiment stérile de l'admiration qui est étranger à notre cœur. Nous ne sentons peut-être jamais si bien qu'il nous est cher, que lorsqu'il tombe dans quelque disgrâce : cet enthousiasme si touchant du peuple, qui fait l'éloge et la récompense des bons Rois, ne le saisit guère qu'au moment qu'il les voit malheureux, ou qu'il craint de les perdre. Alors sa com-

passion pour l'homme souffrant est un sentiment si vrai, si profond, qu'on dirait qu'il peut acquitter tous les bienfaits du Monarque heureux. Le véritable intérêt du cœur, sa vraie relation, est donc toujours d'un homme à un homme, et non d'un homme à un Roi. Aussi, bien loin que l'éclat du rang augmente en moi l'intérêt que je prends aux personnages tragiques, il y nuit au contraire. Plus l'homme qui pâtit est d'un état qui se rapproche du mien, plus son malheur a de prise sur mon âme. « Ne serait-il pas à désirer (dit M. Rousseau,) que nos sublimes Auteurs
» daignassent descendre un peu de leur
» continuelle élévation, et nous attendrir
» quelquefois pour l'humanité souffrante,
» de peur que n'ayant de la pitié que pour
» des Héros malheureux, nous n'en ayions
» jamais pour personne ? »

Que me font à moi, sujet paisible d'un Etat monarchique du dix-huitième siècle, les révolutions d'Athènes et de Rome ? Quel véritable intérêt puis-je prendre à la mort d'un tyran du Péloponèse ? au sacrifice d'une jeune Princesse en Aulide ? Il n'y a dans tout cela rien à voir pour moi, aucune moralité qui me convienne. Car, qu'est-ce que moralité ? C'est le résultat fructueux et l'application personnelle des réflexions qu'un événement nous arrache. Qu'est-ce que l'intérêt ? C'est le sentiment involontaire, par lequel nous nous adaptons cet événement, sentiment qui nous met en la place de celui qui souffre, au milieu de sa situation. Une comparaison prise au hasard dans la nature, achèvera de rendre mon idée sensible à tout le monde.

Pourquoi la relation du tremblement de terre qui engloutit Lima et ses habitants, à trois mille lieues de moi, me trouble-t-elle, lorsque celle du meurtre juridique de Charles Ier, commis à Londres, ne fait que m'indigner ? C'est que le volcan ouvert au Pérou pouvait faire son explosion à Paris, m'ensevelir sous ses ruines, et peut-être me menace encore; au lieu que je ne puis jamais appréhender rien d'absolument semblable au malheur inoui du Roi d'Angleterre : ce sentiment est dans le cœur de tous les hommes; il sert de base à ce principe certain de l'Art, qu'il n'y a moralité, ni intérêt au Théâtre, sans un secret rapport du sujet dramatique à nous. Il reste donc pour constant, que la Tragédie héroïque ne nous touche que par le point où elle se rapproche du genre sérieux, en nous peignant des hommes, et non des Rois; et que les sujets qu'elle met en action étant si loin de nos mœurs, et les personnages si étrangers à notre état civil, l'intérêt en est moins pressant que celui d'un Drame sérieux, et la moralité moins directe, plus aride, souvent nulle et perdue pour nous, à moins qu'elle ne serve à nous consoler de notre médiocrité, en nous montrant que les grands crimes et les grands malheurs, sont l'ordinaire partage de ceux qui se mêlent de gouverner le monde.

Après ce qu'on vient de lire, je ne crois pas avoir besoin de prouver qu'il y a plus d'intérêt dans un Drame sérieux, que dans une Pièce comique. Tout le monde sait que les sujets touchants nous affectent beaucoup plus que les sujets plaisants, à égal degré de mérite. Il suffira seulement de développer les causes de cet effet aussi constant que naturel, et d'examiner l'objet moral dans la comparaison des deux genres.

La gaîté légère nous distrait ; elle tire, en quelque façon, notre âme hors d'elle-même, et la répand autour de nous : on ne rit bien qu'en compagnie. Mais si le tableau gai du ridicule amuse un moment l'esprit au spectacle, l'expérience nous apprend que le rire qu'excite en nous un trait lancé, meurt absolument sur sa victime, sans jamais réfléchir jusqu'à notre cœur. L'amour-propre soigneux de se soustraire à l'application, se sauve, à la faveur des éclats de l'assemblée, et profite du tumulte général pour écarter tout ce qui pourrait nous convenir dans l'Epigramme. Jusque-là le mal n'est pas grand, pourvu qu'on n'ait livré à la risée publique qu'un pédant, un fat, une coquette, un extravagant, une imbécile, une bamboche, en un mot tous les ridicules de la société. Mais la moquerie qui les punit est-elle l'arme avec laquelle on doit attaquer le vice? est-ce en plaisantant qu'on croit l'atterrer ? Non-seulement on manquerait son but, mais on ferait précisément le contraire de ce qu'on s'était proposé. Nous le voyons arriver dans la plupart des Pièces comiques ; à la honte de la Morale, le Spectateur se surprend trop souvent à s'intéresser pour le fripon contre l'honnête homme, parce que celui-ci est toujours le moins plaisant des deux. Mais si la gaîté des Scènes a pu m'entraîner un moment, bientôt humilié de m'être laissé prendre au piège des bons mots ou du jeu théâtral, je me retire mécontent de l'Auteur, de l'Ouvrage et de moi-même. La moralité du Genre plaisant est donc ou peu profonde, ou nulle, ou même inverse de ce qu'elle devrait être au Théâtre.

Il n'en est pas ainsi de l'effet d'un Drame touchant, puisé dans nos mœurs. Si le rire bruyant est ennemi de la réflexion, l'attendrissement au contraire est silencieux : il nous recueille, il nous isole de tout. Celui qui pleure au Spectacle est seul, et plus il le sent, plus il pleure avec délices, et surtout dans les pièces du genre honnête et sérieux qui remuent le cœur par des moyens si vrais, si naturels. Souvent au milieu d'une scène agréable, une émotion charmante fait tomber des yeux des larmes abondantes et faciles, qui se mêlent aux grâces du sourire, et peignent sur le visage l'attendrissement et la joie. Un conflit si touchant n'est-il pas le plus beau triomphe de l'art, et l'état le plus doux pour l'âme sensible qui l'éprouve ?

L'attendrissement a de plus cet avantage moral sur le rire, qu'il ne se porte sur aucun objet sans agir en même temps sur nous par une réaction puissante.

Le tableau du malheur d'un honnête homme frappe au cœur, l'ouvre doucement, s'en empare, et le force bientôt à s'examiner soi-même. Lorsque je vois la vertu persécutée, victime de la méchanceté, mais toujours belle, toujours glorieuse, et préférable à tout, même au sein du malheur, l'effet du Drame n'est point équivoque, c'est à elle seule que je m'intéresse; et alors si je ne suis pas heureux moi-même, si la basse envie fait ses efforts pour me noircir, si elle m'attaque dans ma personne, mon honneur ou ma fortune, combien je me plais à ce genre de spectacle ! et quel beau sens moral je puis en tirer ! Le sujet m'y porte naturellement; comme je ne m'intéresse qu'au malheureux qui souffre injustement, j'examine si par légèreté de caractère, défaut de conduite, ambition démesurée, ou concurrence malhonnête, je me suis attiré la haine qui me poursuit, et ma conclusion est sûrement de chercher à me corriger : ainsi je sors du Spectacle, meilleur que je n'y suis entré, par cela seul que j'ai été attendri.

Si l'injure qu'on me fait est criante, et vient plus du fait d'autrui que du mien, la moralité du Drame attendrissant sera plus douce encore pour moi. Je descendrai dans mon cœur avec plaisir; et là, si j'ai rempli tous mes devoirs envers la société, si je suis bon parent, maître équitable, ami bienfaisant, homme juste et citoyen utile, le sentiment intérieur me consolant de l'injure étrangère, je chérirai le Spectacle qui m'aura rappelé que je tire de l'exercice de la vertu, la plus grande douceur à laquelle un homme sage puisse prétendre, celle d'être content de soi, et je retournerai pleurer avec délices au tableau de l'innocence ou de la vertu persécutée.

Ma situation est-elle heureuse au point que le Drame ne puisse m'offrir aucune application personnelle, ce qui est pourtant assez rare, alors la moralité tournant toute au profit de ma sensibilité, je me saurai gré d'être capable de m'attendrir sur des maux qui ne peuvent me menacer ni m'atteindre : cela me prouvera que mon âme est bonne et ne s'éloigne pas de la pratique des vertus bienfaisantes. Je sortirai satisfait, ému, et aussi content du Théâtre que de moi-même.

Quoique ces réflexions soient sensiblement vraies, je ne les adresse pas indistinctement à tout le monde. L'homme qui craint de pleurer, celui qui refuse de s'attendrir, a un vice dans le cœur, ou de fortes raisons de n'oser y rentrer pour compter avec lui-même : ce n'est pas à lui que je parle, il est étranger à tout ce que je viens de dire. Je parle à l'homme sensible, à qui il est souvent arrivé de s'en aller aussitôt après un Drame attendrissant. Je m'adresse à celui qui préfère l'utile et douce émotion où le Spectacle l'a jeté, à la diversion des plaisanteries de la petite pièce, qui, la toile baissée, ne laissent rien dans le cœur.

Pour moi, lorsqu'un sujet tragique m'a vivement affecté, mon âme s'en occupe délicieusement pendant l'intervalle des deux pièces, et je sens long-temps que je me prête à regret à la seconde. Il me semble alors que mon cœur se referme par degrés, comme une fleur ouverte aux premiers soleils du printemps, se resserre le soir à mesure que le froid de la nuit succède à la chaleur du jour.

Quelqu'un a prétendu que le genre sérieux devait avoir plus de succès dans les Provinces qu'à Paris, parce que, disait-il, on vaut mieux là qu'ici, et que plus on est corrompu, moins on se plaît à être touché. Il est certain que celui qui fit interdire son père, enfermer son fils, qui vit dans le divorce avec sa femme, qui dédaigne son obscure famille, qui n'aime personne, et qui fait, en un mot, profession publique de mauvais cœur, ne peut voir dans ce genre de spectacle qu'une censure amère de sa conduite, un reproche public de sa dureté; il faut qu'il fuie ou qu'il se corrige, et le premier lui convient toujours davantage. Son visage le trahirait, son maintien accuserait sa conscience: *Heu quàm difficile est crimen non prodere vultu!* dit Ovide. Et l'on ne peut s'empêcher d'avouer que ces désordres sont plus sensibles dans la Capitale que partout ailleurs. Mais cette réflexion est aussi trop affligeante pour être poussée plus loin; j'aime mieux tourner son propre argument contre mon Observateur, et le succès d'Eugénie m'y servira d'autant mieux, que cette pièce faiblement travaillée, fait peut-être moins d'honneur à l'esprit qu'au cœur de son Auteur. Puisque c'est en faveur du sentiment et de l'honnêteté de la morale qu'on a fait grâce aux défauts de l'Ouvrage, il en faut conclure que Paris ne le cède point en sensibilité aux Provinces du Royaume; et pour moi, je crois que si les vices qui frappent mon Censeur, y semblent plus communs, c'est seulement en raison composée du plus grand nombre d'hommes que cette Ville rassemble, et de l'élévation du théâtre sur lequel ils sont placés.

On reproche au genre noble et sérieux de manquer de nerf, de chaleur, de force ou de sel comique : car le *vis comica* des Latins renferme toutes ces choses : voyons si ce reproche est fondé. Tout objet trop neuf pour présenter en soi des règles positives de discussion, se juge par analogie à des objets de même nature, mais plus connus. Appliquons cette méthode à la question présente. Le Drame sérieux et touchant, tient le milieu entre la Tragédie héroïque et la Comédie plaisante. Si je l'examine par le côté où il s'élève au tragique, je me demande : la chaleur et la force d'un Être théâtral se tirent-elles de son état civil ou du fond de son caractère ? Un coup-d'œil sur les modèles que la nature fournit à l'art imitateur, m'apprend que la vigueur de caractère n'appartient pas plus au Prince qu'au Particulier. Trois hommes s'élèvent du sein de Rome et se partagent l'empire du monde. Le premier est lâche et pusillanime ; le second, vaillant, présomptueux et féroce ; et le troisième, un fourbe adroit, qui dépouille les deux autres. Mais Lépide, Antoine et Octave montèrent au Triumvirat avec un caractère qui décida seul de la différence de leur sort dans la jouissance de l'usurpation commune. Et la mollesse de l'un, la violence de l'autre et l'adresse du dernier, auraient eu également leur effet, quand il ne se fût agi entre eux que du partage d'une succession privée. Tout homme est lui-même par son caractère ; il est ce qu'il plaît au sort par son état sur lequel ce caractère influe beaucoup ; d'où il suit que le Drame sérieux qui me présente des hommes vivement affectés par un événement, est susceptible d'autant de nerf, de force ou d'élévation, que la Tragédie héroïque, qui me montre aussi des hommes vivement affectés, dans des conditions seulement plus relevées. Si j'observe le Drame noble et grave par le point où il touche au comique, je ne puis disconvenir que le *vis comica* ne soit un moyen indispensable de la bonne Comédie : mais alors je demanderai pourquoi l'on imputerait au genre sérieux un défaut de chaleur qui, s'il existe, ne peut provenir que de la maladresse de l'Auteur? Puisque ce genre prend ses personnages au sein de la société, comme la Comédie gaie, les caractères qu'il leur suppose doivent-ils avoir moins de vigueur, sortir avec moins de force, dans la douleur ou la colère d'un événement qui engage l'honneur et la vie, que lorsque ces caractères sont employés à démêler des intérêts moins pressants, dans de simples embarras, ou dans des sujets purement comiques? Aussi, quand tous les Drames que j'ai ci-devant cités manqueraient de force comique, ce que je suis bien loin de penser; quand même Eugénie, dont j'ose à peine parler après tous ces modèles, serait encore plus faible, la question ne devrait jamais rouler que sur le plus ou le moins de capacité des Auteurs, et non sur un genre qui de sa nature est le moins boursouflé, mais le plus nerveux de tous : de même qu'il serait imprudent de dire du mal de l'Epopée, quand l'Iliade et la Henriade n'existeraient pas, et encore que nous n'eussions à citer pour tout exemple en ce genre, que le Clovis ou la Pucelle (j'entends celle de Chapelain).

Il s'élève une autre question, sur laquelle je dirai mon sentiment avec d'autant plus de liberté qu'elle n'est point formée en objection contre le genre que je défends. On demande si le Drame sérieux ou Tragédie domestique doit s'écrire en prose ou en vers? Par cette question, je vois déjà qu'il n'est point indifférent de l'écrire d'une ou d'autre manière, et c'est beaucoup. Mais il n'y a pas moyen d'appliquer à ce fait la méthode analogique comme au précédent : ici toutes raisons de préférence manquent, hors celles qui peuvent se tirer de la nature même des choses. Etablissons-les donc avec soin : l'exemple de M. de la Mothe, quoiqu'un peu étranger à la question, ne servira pas moins à y répandre un grand jour. L'essai malheureux qu'il fit de la prose dans son Œdipe, entraîne beaucoup d'esprits et les porte à se décider en faveur des vers. D'un autre côté M. Diderot, dans son estimable Ouvrage sur l'art dramatique, se décide pour la prose; mais seulement par sentiment, et sans entrer dans les raisons qu'il a de la préférer. Les partisans des vers, dans le fait de M. de la Mothe, avaient aussi jugé par sentiment; les uns et les autres ont également raison, parce qu'ils sont d'accord au fond. Ce n'est que faute d'explication qu'ils semblent divisés, et cette opposition apparente est précisément ce qui juge la question.

Puisque M. de la Mothe voulait rapprocher son langage de celui de la nature, il ne devait pas choisir le sujet tragique de son Drame dans les familles de Cadmus, de Tantale, ou des Atrides. Ces temps héroïques et fabuleux, où l'on voit agir pêle-mêle et se confondre partout les Dieux et les Héros, grossissent à notre imagination les objets qu'ils nous présentent et portent avec eux un merveilleux, pour lequel le rhythme pompeux et cadencé de la versification semble avoir été inventé, et auquel il s'amalgame parfaitement. Ainsi les Héros d'Homère, qui ne paraissent que grands et superbes dans l'Épopée, seraient gigantesques dans l'Histoire en prose. Son langage trop vrai et trop voisin de nous, est comme l'atelier du Sculpteur où tout est colossal. La poésie est le vrai piédestal qui met ces groupes énormes au point d'optique favorable à l'œil; et il en est de la Tragédie héroïque, comme du Poème épique. On eut donc raison de blâmer M. de la Mothe d'avoir traité le sujet héroïque d'Œdipe en langage familier. Peut-être eût-il fait une faute non moins grande contre la vérité, la vraisemblance et le bon goût, s'il eût traité en vers magnifiques un événement malheureux, arrivé parmi nous entre des Citoyens. Car suivant cette règle de la poétique d'Aristote : *Comœdia enim deteriores, Tragœdia meliores quàm nunc sunt, imitari conantur.* Si la Tragédie doit nous représenter les hommes plus grands, et la Comédie moindres qu'ils ne sont réellement, l'imitation de l'un et l'autre genre n'ayant pas une exacte vérité, leur langage n'a pas besoin d'être rigoureusement asservi aux règles de la nature. On fait faire à l'esprit humain autant de pas qu'on veut vers le merveilleux, dès qu'on lui a fait une fois franchir les barrières du naturel ; les sujets n'ayant plus alors qu'une vérité poétique ou de convention, il s'accommode aisément de tout. Voilà pourquoi la Tragédie s'écrit avec succès en vers, et la Comédie indifféremment de l'une ou de l'autre manière. Mais le genre sérieux qui tient le milieu entre les deux autres, devant nous montrer les hommes absolument tels qu'ils sont, ne peut pas se permettre la plus légère liberté contre le langage, les mœurs ou le costume de ceux qu'il met en scène. « Mais, direz-vous, le » langage de la Tragédie est très-différent » de celui de l'Epopée : plus uni, moins » chargé de métaphores, et se rapprochant » davantage de la nature, qui empêche » qu'il ne s'adapte avec succès au genre » sérieux ? » C'est bien dit. Faites seulement un pas de plus, et concluez avec moi que plus ce langage s'en rapprochera, mieux il conviendra au genre; ce qui ramène tout naturellement à préférer la prose, et c'est ce qu'a sous-entendu M. Diderot. En effet, si l'art du Comédien consiste à me faire oublier le travail que l'Auteur s'est donné d'écrire son ouvrage en vers, autant valait-il qu'il ne prît pas une peine dont tout le mérite est dans la difficulté vaincue : genre de beauté, qui fait peut-être honneur au talent, mais qui n'intéresse jamais personne en faveur du fond de l'ouvrage. Qu'on ne perde pas de vue cependant que c'est relativement au Drame sérieux que je raisonne ainsi. Si je traitais un Drame comique, peut-être voudrais-je à la gaîté du sujet joindre encore le charme de la poésie. Son coloris moins vrai, mais plus brillant que celui de la prose, donne à l'ouvrage l'air riche et fleuri d'un parterre. Si l'harmonie des vers ôte un peu de naturel aux choses fortes, en revanche elle échauffe les endroits faibles, et surtout est très-propre à embellir les détails badins d'une pièce sans intérêt. Je ne sais point mauvais gré à l'homme qui me conduit à la promenade, de me faire admirer toutes les beautés qui ornent son parc, et d'éloigner le terme de mon plaisir, par l'agrément des détails et la variété des objets : mais celui qui m'arrache à ma tranquillité pour m'entraîner avec lui dans une poursuite pénible ; celui dont on enlève la femme, la fille, l'honneur ou le bien, peut-il s'amuser en chemin ? Nous ne marchons que pour arriver ; s'il s'arrête en une carrière douloureuse, s'il me laisse entrevoir qu'il est moins pressé que moi de sortir des cruels embarras que ma compassion seule me fait partager, j'abandonne l'insensé, ou je fuis un barbare qui se joue de ma sensibilité.

Le genre sérieux n'admet donc qu'un style simple, sans fleurs ni guirlandes ; il doit tirer toute sa beauté du fond, de la texture, de l'intérêt et de la marche du sujet. Comme il est aussi vrai que la nature même, les sentences et les plumes du tragique, les pointes et les cocardes du comique lui sont absolument interdites ; jamais de maximes, à moins qu'elles ne soient mises en action. Ses personnages doivent toujours y paraître sous un tel aspect, qu'ils ayent à peine besoin de parler pour intéresser. Sa véritable éloquence est celle des situations, et le seul coloris qui lui soit permis est le langage vif, pressé, coupé, tumultueux et vrai des passions, si éloigné du compas de la césure, et de l'affectation de la rime, que tous les soins du Poète ne peuvent empêcher d'apercevoir dans son Drame s'il est en vers. Pour que le genre sérieux ait toute la vérité qu'on a droit d'exiger de lui, le premier objet de l'Auteur doit être de me transporter si loin des coulisses, et de faire si bien disparaître à mes yeux tout le badinage d'Acteurs, l'appareil théâtral, que leur souvenir ne puisse pas m'atteindre une seule fois dans tout le cours de son Drame. Or le premier effet de la conversation rimée, qui n'a qu'une vérité de convention, n'est-il pas de me ramener au théâtre, et de détruire par conséquent toute l'illusion qu'on a prétendu me faire? C'est dans le salon de Vanderk que j'ai tout-à-fait perdu de vue Préville et Brisard, pour ne voir que le bon Antoine et son excellent maître, et m'attendrir véritablement avec eux. Croyez-vous que cela me fût arrivé de même, s'ils m'eussent récité des vers? Non seulement j'aurais retrouvé les Acteurs dans les personnages, mais qui pis est, à chaque rime, j'aurais aperçu le Poète dans les Acteurs. Alors toute la vérité si précieuse de cette pièce s'évanouissait; et cet Antoine si vrai, si pathétique, m'eût paru aussi gauche et maussade avec son langage emprunté, qu'un naïf paysan qu'on affublerait d'un riche habit de livrée, avec la prétention de me le montrer au naturel. Je pense donc, comme M. Diderot, que le genre sérieux doit s'écrire en prose. Je pense qu'il ne faut pas que cette prose soit chargée d'ornements, et que l'élégance doit toujours y être sacrifiée à l'énergie, lorsqu'on est forcé de choisir entre elles.

Mon ouvrage est fort avancé, si j'ai réussi à convaincre mes lecteurs que le genre sérieux existe, qu'il est bon, qu'il offre un intérêt très-vif, une moralité directe et profonde, et ne peut avoir qu'un langage qui est celui de la nature; qu'outre les avantages communs avec les autres genres, il a de grandes beautés propres à lui seul; que c'est une carrière neuve, où le génie peut prendre un essor étendu, puisqu'elle embrasse tous les états de la vie et toutes les situations de chaque état; où l'on peut de nouveau s'emparer avec succès des grands caractères de la Comédie, qui sont à-peu-près épuisés sous leur titre propre; enfin qu'il peut sortir de ce genre de spectacle une source abondante de plaisirs et de leçons pour la société. Reste à savoir si j'ai rempli dans le Drame d'Eugénie tout ce que cet essai semble exiger de son Auteur; je suis loin de m'en flatter. La théorie de l'art peut être le fruit de l'étude et des réflexions ; mais l'exécution appartient au génie, qui ne s'apprend point.

Je n'ajouterais pas un mot de plus, si je n'avais aujourd'hui qu'à venger de sa chute un Ouvrage tombé que j'aurais eu la faiblesse de croire bon. Mais il n'est peut-être pas indifférent d'assigner ici les véritables causes du succès d'une Pièce, dont on a dit tant de mal en y pleurant de bonne grâce. Cette contradiction apparente a cela de bon, qu'elle ne peut faire la critique du Drame sans faire en même temps l'éloge du genre, et c'est ce que je voulais surtout établir.

Un intérêt vif et soutenu, dit-on, a fait seul le succès d'Eugénie. D'accord ; mais cet intérêt n'est ni l'effet du hasard ni celui d'une boutade heureuse, comme on m'a fait l'honneur de le penser; il est la conséquence naturelle de principes vrais, qui n'ont pas besoin, comme les modèles de convention, d'être aperçus pour être sentis, parce qu'ils sont puisés dans la Nature qui ne trompe pas plus les ignorants que les savants. En les analysant avec moi, le lecteur verra bien que si mon Drame n'est pas mieux fait, c'est moins parce que j'ai marché en aveugle dans un pays perdu, que pour avoir mal exécuté ce que j'avais beaucoup combiné. Le Drame lui-même suivra cette analyse ; ainsi mes moyens et mes fautes étant sous les yeux de tout le monde, et montrant que le bien appartient à la chose et le mal à moi seul, serviront également à ceux qui voudront essayer de moissonner ce nouveau champ d'honneur.

Le sujet de mon Drame est le désespoir où l'imprudence et la méchanceté d'autrui, peuvent conduire une jeune personne innocente et vertueuse, dans l'acte le plus important de la vie humaine. J'ai chargé ce tableau d'incidents qui pouvaient encore en augmenter l'intérêt. Mais j'ai serré l'intrigue de telle sorte que le moins d'Acteurs possible accomplissent tous les événements de ce jour, afin de réunir le double avantage, essentiel au genre sérieux, d'être fort dans les choses, et simple dans la manière de les traiter. J'ai donné à tous mes personnages des caractères, non pris au hasard, ni propres à contraster ensemble (ce moyen, comme l'a très-bien prouvé M. Diderot, est petit, peu vrai, et convient tout au plus à la Comédie gaie); mais je les ai choisis tels, qu'ils concourussent de la manière la plus naturelle à renforcer l'intérêt principal qui porte sur Eugénie : et combinant ensuite le jeu de tous ces caractères avec le fond de mon roman, j'ai trouvé, pour résultat, le fil de la conduite que chacun y devait tenir, et presque ses discours.

J'avais dit : ce n'est pas assez que mon héroïne soit graduellement tourmentée dans cette soirée, jusqu'à l'excès de la douleur et du désespoir; je dois, pour la rendre aussi intéressante qu'elle est malheureuse, en faire un modèle de raison, de noblesse, de dignité, de vertu, de douceur et de courage. Je veux qu'elle soit seule, et ne tire sa force que d'elle-même; je vais donc tellement l'entourer, que son père, son amant, sa tante, son frère, et jusqu'aux étrangers, tout ce qui aura quelque relation avec cette victime dévouée, ne fasse pas un pas, ne dise pas un mot qui n'aggrave le malheur dont je veux l'accabler aujourd'hui.

J'avais dit encore : ce n'est pas assez que la masse des incidents pèse sur cette infortunée; pour accroître le trouble et l'intérêt, je veux que la situation de tous les personnages soit continuellement en opposition avec leurs désirs et le caractère que je leur ai donné, et que l'événement qui les rassemble, ait toujours des aspects aussi douloureux que différents pour chacun d'eux. Ainsi Eugénie toute remplie de sa faute, voudra la diminuer en l'avouant à son père; elle en sera détournée par sa tante et son époux. Aussitôt qu'elle aura préféré son devoir à toute autre considération, des lumières affreuses, des incidents funestes suivront cet aveu, et la mettront, avant la fin du Drame, en un tel état; que l'on ne puisse s'empêcher de trembler pour sa raison et pour sa vie.

Le Comte de Clarendon, amoureux d'Eugénie, mais emporté par l'ambition, désirera cacher sous des apparences trompeuses, la perfidie que cette passion lui fait faire à sa maîtresse ; son amour prêt à le trahir, et les incidents de cette soirée, le mettront sans cesse au point d'être démasqué. Lorsque la tendresse, le repentir et l'honneur le ramèneront aux pieds d'Eugénie, il ne rencontrera partout que hauteurs, duretés et refus ; ainsi sa situation toujours opposée à son caractère et à son intérêt, le troublera sans relâche d'un bout à l'autre du roman.

Le Baron Hartley, bon père, mais homme violent, voudra faire approuver à Madame Murer, l'établissement qu'il a projeté pour Eugénie ; mais il ne trouvera dans sa fille que silence et douleur; dans sa sœur, qu'aigreur et emportement. Aussitôt qu'il saura qu'Eugénie est femme du Comte de Clarendon ; aussitôt que son amour pour elle l'aura porté à lui pardonner son mariage, à le ratifier même, il apprendra que tout n'est qu'une horrible fausseté : furieux, il voudra se venger; ses mesures seront rompues; il confiera cette vengeance à son fils, l'événement du combat le rendra plus malheureux qu'il n'était; ainsi le faisant passer sans cesse de la colère à la douleur, et de la douleur au désespoir, j'aurai rempli à son égard la tâche que je me suis imposée sur tous les personnages.

Madame Murer, fière, despotique, imprudente, et croyant avoir tout fait pour assurer le bonheur de sa nièce, éprouvera, par les soupçons d'Eugénie, par l'éloignement obstiné de son frère, et par les discours peu mesurés du Capitaine, une contrariété mortifiante pour son orgueil. A peine l'aveu d'Eugénie à son père, et la paix rétablie, auront-ils remis son amour-propre à l'aise, que la certitude d'avoir été jouée, la jètera dans une fureur incroyable. Elle combinera sa vengeance et s'en croira certaine; l'arrivée de son neveu renversera ce nouvel édifice; enfin, l'état affreux d'Eugénie, les reproches de cette infortunée, et les siens propres porteront la mort dans son âme ; plus malheureuse encore de les avoir mérités, que de s'en voir accablée !

Sir Charles, frère d'Eugénie, ne paraîtra qu'avec un homme qui vient de lui sauver la vie, et auquel il se flattera d'avoir bientôt d'autres obligations aussi importantes ; dans l'instant il apprendra que cet homme a déshonoré et trahi lâchement sa sœur. L'honneur le forcera tout à-la-fois d'être ingrat envers son bienfaiteur, de détester celui qu'il allait aimer de toute son âme, et de sauver, contre son intérêt, un monstre qu'il ne peut plus qu'avoir en horreur. Bientôt il voudra s'en venger d'une manière honorable ; le sort des armes trompera son espoir. Il ne sera pas moins à plaindre que les autres : ainsi le trouble général se fortifiant par le concours des troubles particuliers, et l'événement principal devenant de plus en plus affreux pour tout le monde, l'intérêt du Drame pourra s'accroître jusqu'à un degré infini.

C'est ainsi que j'ai raisonné mon plan.

Une autre cause principale, mais plus cachée, de l'intérêt de ce Drame, est l'attention scrupuleuse que j'ai eue d'instruire le spectateur de l'état respectif et des desseins de tous les personnages. Jusqu'à présent les Auteurs avaient souvent pris autant de peines, pour nous ménager des surprises passagères, que j'en ai mis à faire précisément le contraire. Écrivain de feu, Philosophe-Poète, à qui la Nature a prodigué la sensibilité, le génie et les lumières, célèbre Diderot, c'est vous qui le premier avez fait une règle dramatique de ce moyen sûr et rapide de remuer l'âme des spectateurs. J'avais osé le prévoir dans mon plan; mais c'est la lecture de votre immortel Ouvrage qui m'a rassuré sur son effet. Je vous ai l'obligation d'en avoir osé faire la base de tout l'intérêt de mon Drame. Il pouvait être plus adroitement mis en œuvre; mais la faiblesse de l'application n'en prouve que mieux l'efficacité du moyen.

En effet, dès qu'on sait qu'Eugénie est enceinte; qu'elle se croit et n'est pas la femme de Clarendon ; qu'il doit en épouser une autre demain ; que le frère de cette infortunée est à Londres secrètement, et peut arriver d'un moment à l'autre ; que son père ignore tout, et va peut-être l'apprendre à l'instant ; on prévoit qu'une catastrophe affreuse sera le fruit du premier coup de lumière qui éclairera les personnages. Alors le moindre mot qui tend à les tirer de l'ignorance où ils sont les uns à l'égard des autres, jète le spectateur dans un trouble dont il est surpris lui-même. Comme le danger qu'ils ignorent est toujours présent à ses yeux, qu'il espère ou craint long-temps avant eux, il approuve ou blâme leur conduite. Il voudrait avertir celle-ci, arrêter celui-là. J'ai vu des gens sensibles et naïfs, aux représentations de cette Pièce, s'écrier dans les instants où Eugénie abusée, trahie, est en pleine sécurité, *ah! la pauvre malheureuse!* Dans ceux où le Lord élude les questions qu'on lui fait, échappe aux soupçons, et emporte l'estime et l'amour de ceux qu'il trompe ; je les ai entendus crier, *va-t-en scélérat!* La vérité qui presse, arrache ces exclamations involontaires, et voilà l'éloge qui plaît à l'Auteur et le paye de ses peines. L'on doit surtout remarquer que les morceaux qui ont déchiré l'âme dans cette Pièce, ne sont ni des phrases plus fortes, ni des choses imprévues; ils n'offrent que l'expression simple et vraie de la nature, à l'instant d'une crise d'autant plus pénible pour le spectateur, qu'il l'a vue se former lentement sous ses yeux, et par des moyens communs et faibles en apparence. Ceux qui liront Eugénie dans le véritable esprit où ce Drame a été composé, sentiront souvent que l'Auteur a plus réfléchi qu'on ne croit, lorsqu'il a préféré de dire plus en peu de mots, que mieux en beaucoup de paroles. Alors le premier Acte, qu'ils avaient peut-être trouvé long et froid, leur paraîtra si nécessaire, qu'il serait impossible de prendre le moindre intérêt aux autres, si l'on n'avait pas vu celui-là. C'est lui qui nous incorpore à cette malheureuse famille, et nous fait prendre, sans nous en apercevoir, un rôle d'ami dans la Pièce. Plus il y a de choses fortes ou extraordinaires dans un Drame, et plus on doit les racheter par des incidents communs, qui seuls fondent la vérité. (C'est encore M. Diderot qui dit cela.) Que ne dit-il pas cet homme étonnant! Tout ce qu'on peut penser de vrai, de philosophique et d'excellent sur l'art dramatique, il l'a renfermé dans le quart d'un *in-douze*. J'aimerais mieux avoir fait cet Ouvrage... Revenons au mien.

Après avoir décidé le caractère et la conduite de chaque personnage, j'ai cherché s'il y avait quelque principe certain pour les faire parler convenablement à leur rôle. Dans un plan bien disposé, le fond des choses à dire est toujours donné par celui des choses à faire; mais le ton de chacun n'en reste pas moins subordonné au génie et aux lumières de l'Auteur, qui peut se tromper, soit en voyant mal ces rapports qu'il a dû combiner, soit en exécutant faiblement ce qu'il a bien *préconçu*. J'ai dit : ceux qu'un grand intérêt occupe ne recherchent point leurs phrases, ils sont simples comme la nature; lorsqu'ils se passionnent, ils peuvent devenir forts, énergiques : mais ils n'ont jamais ce qu'on appèle dans le monde de l'esprit. J'écrirai donc le fond du Drame le plus simplement qu'il me sera possible. Le seul Clarendon pourra montrer de l'esprit, c'est-à-dire de l'affectation, quand il voudra tromper ; lorsqu'il sera de bonne foi, il n'aura dans la bouche que les choses naturelles et fortes que je trouverais dans mon cœur si j'étais à sa place.

Aux premiers Actes, Eugénie sera noble, tendre et modeste dans ses discours; ensuite touchante dans la douleur, et presque muette dans le désespoir, comme toutes les âmes extrêmement sensibles. L'excès du malheur lui fera-t-il regarder la mort comme un refuge désirable et certain ; alors son style, aussi exalté que son âme, sera modelé sur sa situation, et un peu plus grand que nature.

Le Baron, homme juste et simple dans ses mœurs, en aura constamment la tournure et le style ; mais aussitôt qu'une forte passion l'animera, il jètera feu et flamme, et de ce brasier sortiront des choses vraies, brûlantes et inattendues.

Le ton de madame Murer sera le plus constant de tous. Le fond de son caractère étant de ne douter de rien, la bonté, l'aigreur, la contradiction, la fureur, en un mot, tout ce qu'elle dira portera l'empreinte de l'orgueil, qui est toujours aussi confiant et superbe en paroles, qu'imprudent et maladroit en actions.

Sir Charles doit être uni, reconnaissant dans sa première scène avec le Comte de Clarendon ; furieux, hors de lui, mais sublime s'il se peut, lorsque des ressentiments légitimes l'arracheront à sa tranquillité.

Si l'on me blâme d'avoir écrit ce Drame trop simplement, j'avoue que je suis inexcusable, car je me suis donné beaucoup de peine pour l'écrire ainsi. Telle réponse qui paraît négligée a été substituée à une réplique plus travaillée qu'on y voyait d'abord. Mais qu'il est difficile d'être simple ! Je me rappèle à ce sujet une lecture que

je fis de l'Ouvrage, il y a deux ou trois ans, à plusieurs gens de lettres. Après l'avoir attentivement écouté, l'un d'eux me dit avec une franchise estimable, qui fut un coup de lumière pour moi. » Voulez-
» vous imprimer ce Drame ou le faire
» jouer? — Pourquoi? — C'est qu'il est bien
» différent d'écrire pour être lu, ou d'é-
» crire pour être parlé. Si vous le destinez
» à l'impression, n'y touchez pas, il va
» bien. Si vous voulez le faire jouer un
» jour, montez-moi sur cet arbre si bien
» taillé, si touffu, si fleuri ; effeuillez,
» arrachez tout ce qui montre la main du
» Jardinier. La nature ne met dans ses
» productions ni cet apprêt, ni cette pro-
» fusion. Ayez la vertu d'être moins élé-
» gant, vous en serez plus vrai». Je n'hésitai pas. Avec plus de génie, je me serais rendu plus simple encore, sans cesser d'être intéressant. Mais quand le style plat, aussi voisin du naïf en poésie, que le pauvre l'est du simple en sculpture, m'aurait trompé ; quand il me ferait échouer dix fois de suite, je m'accuserais, sans

cesser de croire que le genre sérieux et touchant doit être écrit très-simplement.

Voilà les principes sur lesquels j'ai composé le Drame d'Eugénie. Cette analyse du plan me paraît donner les véritables raisons de l'intérêt que la Pièce a inspiré. La lecture de l'Ouvrage qui suit cet exposé, montrant combien l'exécution est restée au-dessous du projet, justifiera de même les critiques qu'on en a faites. Eugénie cessera d'être un problème pour beaucoup de gens, qui ne conçoivent pas encore comment l'enthousiasme et le dédain ont pu, dans le même temps, partager le Public sur le même objet. A l'égard de ceux qui, sans examen, comme sans appel, ont jugé la Pièce absolument détestable, peut être seront-ils à bon droit soupçonnés d'être hors d'état d'en juger une plus mauvaise encore.

EUGÉNIE,

DRAME

EN CINQ ACTES ET EN PROSE.

Représenté pour la première fois sur le Théâtre de la Comédie Française, le 25 juin 1767.

Une seule démarche hasardée m'a mise à la merci de tout le monde.

Eugénie, Acte III, Scène IV.

PERSONNAGES.	ACTEURS.
Le Baron HARTLEY, père d'Eugénie,	M. Préville (1).
Le Lord Comte de CLARENDON, Amant d'Eugénie, cru son Époux,	M. Bellecourt.
Madame MURER, tante d'Eugénie,	M^{ad}. Préville.
EUGÉNIE, fille du Baron,	Mlle. Doligny.
SIR CHARLES, frère d'Eugénie,	M. Velène.
COWERLY, Capitaine de haut-bord, ami du Baron,	M. Grandval.
DRINK, Valet-de-chambre du Comte de Clarendon,	M. Auger.
BETSY, Femme-de-chambre d'Eugénie,	Mlle. Fanier.
ROBERT, premier Laquais de Madame Murer,	M. Feulie.

Personnages muets.

Des Valets armés.

---

(1) *N. B.* Les Directeurs de Troupe sont avertis que ce n'est point en sa qualité de premier Comique aux Français, que le rôle du Baron Hartley a été destiné à M. Préville ; mais parce qu'il est grand Comédien. J'ai vu gâter en Province le rôle d'*Antoine* dans le *Philosophe sans le savoir;* le Valet Comique, sachant que M. Préville l'avait joué à Paris, s'en empara et se donna la torture pour rendre plaisant un rôle dans lequel M. Préville nous fait toujours pleurer.

Habillement des Personnages, suivant le Costume de chacun en Angleterre.

Le Baron HARTLEY, vieux gentilhomme du pays de Galles, doit avoir un habit gris et veste rouge à petit galon d'or, une culotte grise, des bas gris roulés, des jarretières noires sur les bas, de petites boucles à ses souliers carrés et à talons hauts, une perruque à la brigadière ou un ample bonnet, un grand chapeau à la Ragotzi, une cravate nouée et passée dans une boutonnière de l'habit, un surtout de velours noir par-dessus tout l'habillement.

Le comte de CLARENDON, jeune homme de la cour; un habit à la française des plus riches et des plus élégants : dans les quatrième et cinquième actes, un fracq tout uni à revers de même étoffe.

Madame MURER, riche veuve du pays de Galles : une robe anglaise toute ronde, de couleur sérieuse, à bottes, sans engageantes, sur un corps serré descendant bien bas; un grand fichu carré à dentelles anciennes attaché en croix sur la poitrine; un tablier très-long, sans bavette, avec une large dentelle au bas; des souliers de même étoffe que la robe; une barette anglaise à dentelle sur la tête, et par-dessus un chapeau de satin noir à rubans de même couleur.

EUGÉNIE: une robe anglaise toute ronde, de couleur gaie, à bottes, comme celle de madame Murer; le tablier de même que sa tante; des souliers blancs, un chapeau de paille doublé et bordé de rose; une barette anglaise à dentelle sous son chapeau.

SIR CHARLES: un fracq de drap bleu de roi à revers de même étoffe, boutons de métal plats, veste rouge croisée à petit galon; culotte noire, bas de fil gris, grand chapeau uni, cocarde noire; les cheveux redoublés en queue grosse et courte; manchettes plates et unies.

M. COWERLY, capitaine de haut bord: grand uniforme de marine anglaise; habit de drap bleu de roi à parements et revers de drap blanc, un galon d'or à la mousquetaire; veste blanche, même galon; double galon aux manches et aux poches de l'habit; boutons de métal en bosse unis; grand chapeau bordé; cocarde noire fort apparente, cheveux en cadenettes.

DRINK: habit brun à boutonnières d'or et à taille courte, fait à l'anglaise.

BETSY, jeune fille du pays de Galles: une robe anglaise de toile peinte, toute ronde, à bottes; très-petites manchettes; fichu carré et croisé sur la poitrine; tablier de batiste très-long; barette à l'anglaise sur la tête; point de chapeau (*).

La scène est à Londres, dans une maison écartée, appartenant au comte de Clarendon.

Pour l'intelligence de plusieurs scènes, dont l'effet dépend du jeu théâtral, j'ai cru devoir joindre ici la disposition exacte du salon. Aux deux côtés du fond, on voit deux portes : celle à droite est censée le passage par où l'on monte chez madame Murer; celle à gauche est l'appartement d'Eugénie. Sur la partie latérale du salon à droite, est la porte qui mène au jardin; vis-à-vis, à gauche, est celle d'entrée par où les visites s'annoncent. Du plafond descend un lustre allumé; sur les côtés sont des cordons de sonnettes dont on fait usage. Cette vue du salon est l'aspect relatif aux spectateurs. En lisant la pièce, on sentira la nécessité de connaître cette disposition des lieux que j'ai indiquée en partie dans le dialogue de la première scène.

(*) Ces détails d'habillements ont paru peu nécessaires à bien des gens. Nous les conservons pour donner au dix-neuvième siècle une idée des costumes du dix-huitième. Ils deviendront plus curieux de jour en jour.

EUGÉNIE.

ACTE PREMIER.

SCÈNE PREMIÈRE.

Le baron HARTLEY, madame MURER, EUGÉNIE, BETSY.

Le théâtre représente un salon à la française, du meilleur goût. Des malles et des paquets indiquent qu'on vient d'arriver. Dans un des coins est une table chargée d'un cabaret à thé. Les dames sont assises auprès. Madame Murer lit un papier anglais près de la bougie. Eugénie tient un ouvrage de broderie. Le baron est assis derrière la table. Betsy est debout à côté de lui, tenant d'une main un plateau avec un petit verre dessus; de l'autre une bouteille de marasquin empaillée : elle verse un verre au baron, et regarde après de côté et d'autre.

BETSY.

Comme tout ceci est beau! Mais c'est la chambre de ma maîtresse qu'il faut voir.

Le Baron, *après avoir bu, remettant son verre sur le plateau.*

Celle-ci à droite ?

BETSY.

Oui, Monsieur; l'autre est un passage par où l'on monte chez Madame.

LE BARON.

J'entends : ici dessus.

Madame MURER.

Vous ne sortez pas, Monsieur ? il est six heures.

LE BARON.

J'attends un carrosse... Eh bien ! Eugénie, tu ne dis mot ! est-ce que tu me boudes ? Je ne te trouve plus si gaie qu'autrefois.

EUGÉNIE.

Je suis un peu fatiguée du voyage, mon père.

LE BARON.

Tu as pourtant couru le jardin tout l'après-midi avec ta tante.

EUGÉNIE.

Cette maison est si recherchée...

Madame MURER.

Il est vrai qu'elle est d'un goût.... comme tout

ACTE PREMIER. 63

ce que le comte fait faire. On ne trouve rien à désirer ici.

EUGÉNIE *à part.*

Que celui à qui elle appartient. (*Betsy sort.*)

SCÈNE II.

EUGÉNIE, LE BARON, madame MURER, ROBERT.

ROBERT.

Monsieur, une voiture....

LE BARON *à Robert en se levant.*

Mon chapeau, ma canne....

Madame MURER.

Robert, il faudra vider ces malles et remettre un peu d'ordre ici.

ROBERT.

On n'a pas encore eu le temps de se reconnaître.

LE BARON *à Robert.*

Où dis-tu que loge le capitaine ?

ROBERT.

Dans Suffolk-Street, tout auprès du bagno.

LE BARON.

C'est bon. (*Robert sort.*)

SCÈNE III.

Madame MURER, LE BARON, EUGÉNIE.

Madame MURER.

(*Le ton de Madame Murer, dans toute cette Scène, est un peu dédaigneux.*)

J'ESPÈRE que vous n'oublierez pas de vous faire écrire chez le lord comte de Clarendon, quoiqu'il soit à Windsor; c'est un jeune seigneur fort de mes amis, qui nous prête cette maison pendant notre séjour à Londres, et vous sentez que ce sont là de ces devoirs....

LE BARON *la contrefaisant.*

Le lord comte un tel, un grand seigneur, fort mon ami : comme tout cela remplit la bouche d'une femme vaine !

Madame MURER.

Ne voulez-vous pas y aller, Monsieur?

LE BARON.

Pardonnez-moi, ma sœur; voilà trois fois que vous le dites : j'irai en sortant de chez le capitaine Cowerly.

Madame MURER.

Comme il vous plaira pour celui-là; je ne m'y intéresse, ni ne veux le voir ici.

LE BARON.

Comment! le frère d'un homme qui va épouser ma fille!

Madame MURER.

Ce n'est pas une affaire faite.

LE BARON.

C'est comme si elle l'était.

Madame MURER.

Je n'en crois rien. La belle idée de marier votre fille à ce vieux Cowerly qui n'a pas cinq cents livres sterling de revenu, et qui est encore plus ridicule que son frère le capitaine!

LE BARON.

Ma sœur, je ne souffrirai jamais qu'on avilisse

en ma présence un brave officier, mon ancien ami.

Madame MURER.

Fort bien : mais je n'attaque ni sa bravoure, ni son ancienneté : je dis seulement qu'il faut à votre fille un mari qu'elle puisse aimer.

LE BARON.

De la manière dont les hommes d'aujourd'hui sont faits, c'est assez difficile.

Madame MURER.

Raison de plus pour le choisir aimable.

LE BARON.

Honnête.

Madame MURER.

L'un n'exclut pas l'autre.

LE BARON.

Ma foi, presque toujours. Enfin j'ai donné ma parole à Cowerly.

Madame MURER.

Il aura la bonté de vous la rendre.

LE BARON.

Quelle femme! Puisqu'il faut vous dire tout, ma sœur, il y a entre nous un dédit de deux mille guinées : croyez-vous qu'on ait aussi la bonté de me le rendre?

Madame MURER.

Vous comptiez bien sur mon opposition, quand vous avez fait ce bel arrangement; il pourra vous coûter quelque chose, mais je ne changerai rien au mien. Je suis veuve et riche, ma nièce est sous ma conduite, elle attend tout de moi; et depuis la mort de sa mère, le soin de l'établir me regarde seule. Voilà ce que je vous ai dit cent fois; mais vous n'entendez rien.

LE BARON *brusquement.*

Il est donc assez inutile que je vous écoute : je m'en vais. Adieu, mon Eugénie; tu m'obéiras, n'est-ce pas? (*Il la baise au front, et sort.*)

SCÈNE IV.

Madame MURER, EUGÉNIE.

Madame MURER.

Qu'il m'amène ses Cowerly! (*Après un peu de silence.*) A votre tour, ma nièce, je vous examine.... Je conçois que la présence de votre père vous gêne, dans l'ignorance où il est de

5.

votre mariage : mais avec moi que signifie cet air ? J'ai tout fait pour vous : je vous ai mariée.... Le plus bel établissement des trois royaumes ! Votre époux est obligé de vous quitter ; vous êtes chagrine ; vous brûlez de le rejoindre à Londres : je vous y amène, tout cède à vos desirs....

Eugénie *tristement.*

Cette ignorance de mon père m'inquiète, Madame ; d'un autre côté, milord.... Devions-nous le trouver absent, lorsque nos lettres lui ont annoncé le jour de notre arrivée ?

Madame Murer.

Il est à Windsor avec la cour. Un homme de son rang n'est pas toujours le maître de quitter...

Eugénie.

Il a bien changé !

Madame Murer.

Que voulez-vous dire ?

Eugénie.

Que s'il avait eu ces torts, lorsque vous m'ordonnâtes de recevoir sa main, je ne me serais pas mise dans le cas de les lui reprocher aujourd'hui.

Madame Murer.

Lorsque je vous ordonnai, Miss ! A vous entendre, on croirait que je vous fis violence ! et cependant sans moi, victime d'un ridicule entêtement, mariée sans dot, femme d'un vieillard ombrageux, et surtout confinée pour la vie au château de Cowerly.... Car rien ne peut détacher votre père de son insipide projet.

Eugénie.

Mais si le comte a cessé de m'aimer ?

Madame Murer.

En serez-vous moins miladi Clarendon ?... Et puis, quelle idée ! un homme qui a tout sacrifié au bonheur de vous posséder !

Eugénie *pénétrée*.

Il était tendre alors. Que de larmes il versa lorsqu'il fallut nous séparer ! Je pleurais aussi, mais je sentais que les plus grandes peines ont leur douceur quand elles sont partagées. Quelle différence !

Madame Murer.

Vous oubliez donc votre nouvel état, et combien l'espoir de la voir bientôt mère, rend une jeune femme plus chère à son mari ? Ne lui avez-vous pas écrit cette nouvelle intéressante ?

Eugénie.

Son peu d'empressement n'en est que plus affligeant.

Madame MURER.

Et moi je vous dis que vos soupçons l'outragent.

EUGÉNIE.

Avec quel plaisir je m'avouerais coupable !

Madame MURER.

Vous l'êtes plus que vous ne pensez : et cette tristesse, ces larmes, ces inquiétudes.... Croyez-vous tout cela bien raisonnable ?

EUGÉNIE.

Grâces aux considérations qui tiennent notre mariage secret, il faut bien que je dévore mes peines. Mais aussi, milord.... n'être pas à Londres le jour que nous y arrivons !

Madame MURER.

Son valet de chambre est ici : je vais envoyer chez lui pour vous tranquilliser. (*Elle sonne.*)

SCÈNE V.

DRINK, Madame MURER, EUGÉNIE.

DRINK *à Eugénie.*

Que veut Milady ?

ACTE PREMIER. 71

Madame MURER.

Encore Milady! On lui a défendu cent fois de vous nommer ainsi.

EUGÉNIE *avec bonté*.

Dis-moi, Drink, quand ton maître revient-il à Londres ?

DRINK.

On l'attend à tout moment ; les relais sont sur la route depuis le matin.

Madame MURER.

Vous l'entendez. Rentrons, ma nièce. (*A Drink.*) Vous, allez voir s'il est arrivé.

DRINK.

Bon, Madame ! il serait accouru...

SCÈNE VI.

DRINK *seul*.

S'IL me paye pour mentir, il faut avouer que je m'en acquitte loyalement ; mais cela me fait de la peine... C'est un ange que cette fille-là ! Quelle douceur ! Elle apprivoiserait des tigres. Oui, il faut être pire qu'un tigre, pour avoir pu tromper une femme aussi parfaite, et l'abandonner après. Mon maître, oui je le répète, mon maître, quoique moins âgé, est cent fois plus scélérat que moi.

SCÈNE VII.

Le Comte de CLARENDON, DRINK.

LE COMTE *lui frappant sur l'épaule.*

Courage, Mons Drink !

DRINK *étonné.*

Qui diantre vous savait là, Milord ? On vous croit à Windsor.

LE COMTE.

Vous disiez donc que le plus scélérat de nous deux, ce n'est pas vous.

DRINK *d'un ton un peu résolu.*

Ma foi, Milord, puisque vous l'avez entendu...

LE COMTE.

Ce lieu est sûr apparemment ?

ACTE PREMIER.

DRINK.

Il n'y a personne. La nièce est chez la tante, le bon-homme de père est sorti.

LE COMTE *surpris*.

Le père est avec elles?

DRINK.

Sans lui et sans un vieux procès qu'on a déterré je ne sais où, aurait-on trouvé un prétexte à ce voyage?

LE COMTE.

Surcroît d'embarras! Et elles sont ici?

DRINK.

D'hier au soir.

LE COMTE.

Que dit-on de mon absence?

DRINK.

Mademoiselle a beaucoup pleuré.

LE COMTE.

Ah! je suis plus affligé qu'elle. Mais n'a-t-il rien percé du projet de mariage?

DRINK.

Oh! le diable gagne trop à vos desseins pour y nuire.

Le Comte *avec humeur.*

Je crois que le maraud s'ingère....

Drink.

Parlons, Milord, sans vous fâcher. Voilà une fille de condition qui croit être votre femme.

Le Comte.

Et qui ne l'est pas, veux-tu dire ?

Drink.

Et qui ne peut tarder à être instruite que vous en épousez une autre. Quand je pense à ce dernier trait, après le diabolique artifice qui l'a fait tomber dans nos griffes... Un contrat supposé : des registres contrefaits : un ministre de votre façon... Dieu sait... Tous les rôles distribués à chacun de nous, et joués... Quand je me rappèle la confiance de cette tante, la piété de la nièce pendant la ridicule cérémonie, et dans votre chapelle encore... Non, je crois aussi fermement qu'il n'y aura jamais pour vous, ni pour votre intendant qui fit le ministre, ni pour nous qui servîmes de témoins......

Le Comte *fait un geste furieux qui coupe la parole à Drink, et après une petite pause dit froidement.*

Monsieur Drink, vous êtes le plus sot coquin

que je connaisse. (*Il tire sa bourse et la lui donne.*) Vous n'êtes plus à moi ; sortez : mais si la moindre indiscrétion...

DRINK.

Est-ce que j'ai jamais manqué à Milord ?

LE COMTE.

Je déteste les valets raisonneurs, et je me défie surtout des fripons scrupuleux.

DRINK.

Eh bien, je ne dirai plus un seul mot : usez de moi comme il vous plaira. Mais pour la demoiselle, en vérité c'est dommage.

LE COMTE.

Vous faites l'homme de bien ; mais à la vue de l'or, votre conscience s'appaise... Je ne suis pas votre dupe.

DRINK.

Si vous le croyez, mon maître, voilà la bourse.

LE COMTE *refusant de la prendre.*

Cela suffit : mais qu'il ne vous arrive jamais... Approchez. Puisqu'on ne sait rien de ce fatal mariage...

DRINK.

Fatal ! qui vous force à le conclure ?

LE COMTE.

Le Roi qui a parlé, mon oncle qui presse : des avantages qu'on ne rencontre pas deux fois en la vie. (*A part.*) Et plus que tout, la honte que j'aurais de dévoiler mon odieuse conduite.

DRINK.

Mais comment cacher ici ?.....

LE COMTE *rêvant.*

Oh! je... Quand une fois je serai marié... Et puis, elles ne verront personne... Cette maison, quoiqu'assez près de mon hôtel, est dans un quartier perdu... Je ferai en sorte qu'elles repartent bientôt. Va toujours m'annoncer, cette visite préviendra les soupçons.....

DRINK *se retournant.*

Les soupçons ! Qui diable oserait seulement penser ce que nous exécutons nous autres ?

LE COMTE.

Il a raison. (*Il le rappèle.*) Ecoute, écoute.

DRINK.

Milord ?

LE COMTE *à lui-même, en se promenant.*

Je crois que la tête a tourné en même temps à tout le monde. (*A Drink.*) Ont-elles déjà reçu des lettres ?

ACTE PREMIER. 77

DRINK.

Pas encore.

LE COMTE *à lui-même, en se promenant.*

C'est mon intendant.... Parce qu'il est prêt à rendre l'âme.... Il me mande.... Il me fait une frayeur avec ses remords... Le malheureux !.... Après m'avoir lui-même jeté dans tous ces embarras... Je crains qu'avant de mourir, il ne me joue le tour d'écrire ici la vérité. (*A Drink.*) Tu iras toi-même à la poste.

DRINK.

Oui, Milord.

LE COMTE.

Prends-y garde au moins. Il ne faudrait qu'une lettre comme celle que j'en reçois... Tu connais son écriture.

DRINK.

J'entends. Tout ce qui viendra de là...

LE COMTE.

Fort bien. Va m'annoncer.

(*Drink sort par la porte qui conduit chez Madame Murer.*)

SCÈNE VIII.

LE COMTE *seul, se promenant avec inquiétude.*

Que je suis loin de l'air tranquille que j'affecte!... Elle croit être ma femme... Elle m'écrit... Sa lettre me poursuit... Elle espère qu'un fils me rendra bientôt notre union plus chère..... Elle aime les souffrances de son nouvel état... Misérable ambition !... Je l'adore, et j'en épouse une autre!... Elle arrive, et l'on me marie... Mon oncle .. Oh! s'il savait.... Peut-être... Non, il me déshériterait.... (*Il se jète dans un fauteuil.*) Que de peines! d'intrigues !... Si l'on calculait bien ce qu'il en coûte pour être méchant... (*Se levant brusquement.*) Les réflexions de cet homme m'ont troublé... Comme si je n'avais pas assez du cri de ma conscience, sans être encore assailli des remords de mes valets!... Elle va venir... Ah! je ne pourrai jamais soutenir sa vue. L'ascendant de sa vertu m'écrase.... La voici.... Qu'elle est belle !

SCÈNE IX.

Madame MURER, EUGÉNIE, le COMTE.

EUGÉNIE *en courant arrive la première ; puis elle s'arrête tout-à-coup en rougissant.*

LE COMTE *s'avançant vers elle, et lui prenant la main avec quelque embarras.*

UN mouvement plus naturel vous faisait précipiter vos pas, Eugénie. Aurais-je eu le malheur de mériter ?... (*A Mad. Murer qui entre, en la saluant.*) Ah ! Madame, pardon, vous me voyez confus de m'être laissé prévenir.

Madame MURER.

Vous vous moquez, Milord. Est-ce dans une maison à vous, qu'il convient de faire des façons ?

LE COMTE *prenant la main d'Eugénie.*

Que j'ai souffert, ma chère Eugénie, de la dure nécessité de m'éloigner au moment de votre arrivée ! J'aurais désobéi à mon oncle, au Roi même, si l'intérêt de notre union...

EUGÉNIE *soupirant.*

Ah ! Milord !

Madame MURER.

Elle s'afflige.

LE COMTE *vivement.*

Eh de quoi ? Vous m'effrayez ! Parlez, je vous prie.

EUGÉNIE.

Rappelez-vous, Milord, l'extrême répugnance que j'eus à recevoir votre main à l'insu de nos parents.

LE COMTE.

J'en ai trop soupiré pour l'oublier jamais.

EUGÉNIE *avec douleur.*

Votre présence me soutenait contre mes réflexions ; mais bientôt des souvenirs cruels m'assaillirent en foule... Les derniers conseils d'une mère mourante... La faute que je commettais contre mon père absent... L'air de mystère qui accompagna l'auguste cérémonie dans votre château...

Madame MURER.

N'était-il pas indispensable ?

EUGÉNIE.

Votre départ, nécessaire pour vous, mais dou-

ACTE PREMIER.

loureux pour moi..... (*baissant la voix.*) Mon état.....

LE COMTE *lui baise la main.*

Votre état, Eugénie ! Ce qui met le sceau à mon bonheur, peut-il vous affliger ? (*A part.*) Infortunée !

EUGÉNIE *tendrement.*

Ah qu'il me serait cher ! s'il ne m'exposait pas.....

LE COMTE.

Je me croirai bien malheureux, si ma présence n'a pas la force de dissiper ces nuages. Mais qu'exigez-vous de moi ? Ordonnez.

EUGÉNIE.

Puisqu'il m'est permis de demander, je désire que vous employiez auprès de mon père cet art de persuader, ah ! que vous possédez si parfaitement.

LE COMTE.

Ma chère Eugénie !

EUGÉNIE.

Je souhaiterais que nous nous occupassions tous à le tirer d'une ignorance qui ne peut durer plus long-temps sans crime et sans danger pour moi.

Madame MURER.

Le Comte seul peut décider la question.

LE COMTE *avec timidité.*

Je suivrai vos volontés en tout. Mais à Londres !... Si près de mon oncle !... S'exposer... Cette colère si redoutable de votre père... Je pensais que l'on pourrait remettre cet aveu délicat à notre retour au pays de Galles.

EUGÉNIE *vivement.*

Où vous viendrez ?

LE COMTE.

J'espérais vous y rejoindre avant peu.

EUGÉNIE *tendrement.*

Que ne l'écriviez-vous ? Un seul mot de ce dessein nous eût empêchés de venir à Londres.

LE COMTE *vivement.*

Quand vous n'auriez pas suivi d'aussi près la nouvelle que j'ai reçue de votre résolution, je me serais bien gardé d'y rien changer. Mon empressement égalait le vôtre. (*D'un ton très-affectueux.*) Aurais-je voulu suspendre un voyage qui a mille attraits pour moi ?

Madame MURER.

Il est charmant !

ACTE PREMIER.

Eugénie *baissant les yeux.*

Je n'ai plus qu'une plainte à faire : me la pardonnerez-vous, Milord ?

Le Comte.

Ne me cachez rien, je vous en conjure.

Eugénie *avec embarras.*

Un cœur sensible s'inquiète de tout. Il m'a semblé voir dans vos lettres, une espèce d'affectation à éviter de m'honorer du nom de votre femme. J'ai craint...

Le Comte *un peu décontenancé.*

Ainsi donc on me réduit à justifier ma délicatesse même! Vos soupçons m'y contraignent; je le ferai. (*prenant un ton plus rassuré.*) Tant que je fus votre amant, Eugénie, je brûlais d'acquérir le titre précieux d'époux ; marié, j'ai cru devoir en oublier les droits, et ne jamais faire parler que ceux de l'amour. Mon but, en vous épousant, fut d'unir la douce sécurité des plaisirs honnêtes, aux charmes d'une passion vive et toujours nouvelle. Je disais : quel lien que celui qui nous fait un devoir du bonheur!... Vous pleurez, Eugénie !

Eugénie *lui tend les bras et le regarde avec passion.*

Ah ! laisse-les couler... La douceur de celles-ci efface l'amertume des autres. Ah, mon cher époux ! la joie a donc aussi ses larmes !

LE COMTE *troublé.*

Eugénie !... (*à part.*) Dans quel trouble elle me jète !

Madame MURER.

Eh bien, ma nièce ?

EUGÉNIE *avec joie.*

Je n'en croirai plus mon cœur ; il fut trop timide.

LE BARON *dehors, sans être aperçu.*

Pas un scheling avec.

Madame MURER.

Reconnaissez mon frère au bruit qu'il fait en rentrant.

LE COMTE *à part.*

Il faut avoir une âme féroce pour résister à tant de charmes.

SCÈNE X.

Le BARON, le COMTE, madame MURER, EUGÉNIE.

LE BARON *en entrant crie dehors :*

RENVOYEZ-LE, vous dis-je. (*à lui-même en*

.... ah mon cher Epoux!
La Joye a donc aussy ses larmes.

ACTE PREMIER. 85

avançant.) L'indigne séjour! la sotte ville! et surtout l'impertinent usage d'aller voir des gens qu'on sait absents!

Madame MURER.

Toujours emporté!

LE BARON.

Eh bien! eh bien, ma sœur! ce n'est pas vous que cela regarde.

Madame MURER.

Je le crois, Monsieur; mais que doit penser de vous milord Clarendon?

LE BARON *saluant.*

Ah! pardon, Milord.

Madame MURER.

Il vient ici vous offrir ses bons offices auprès de vos juges...

LE BARON *au Comte.*

Excusez: l'on vous dira que j'ai passé à votre hôtel.

LE COMTE.

Je suis fâché, Monsieur...

LE BARON *se tournant vers sa fille.*

Bonjour, mon Eugénie.

Le Comte *à lui-même, se rappelant la dernière phrase d'Eugénie.*

La joie a donc aussi ses larmes !

Le Baron *au Comte.*

Comment la trouvez-vous, Milord ? Mais vous vous connaissiez déjà : son frère et elle, voilà tout ce qui me reste... Elle était gaie autrefois : les filles deviennent précieuses en grandissant. Ah ! quand elle sera mariée !.... A propos de mariage, j'allais oublier de vous faire un compliment.....

Le Comte *interrompant.*

A moi, Monsieur ? Je n'en veux recevoir que sur le bonheur que j'ai eu ce moment de présenter mes respects à ces dames.

Le Baron.

Eh ! non, non : c'est sur votre mariage.

Madame Murer.

Son mariage !

Eugénie *à part, avec frayeur.*

Ah Ciel !

Le Comte *d'un air contraint.*

Vous voulez rire.

ACTE PREMIER.

LE BARON.

Ma foi je ne l'ai pas deviné. Votre suisse a dit que vous étiez à la cour pour un mariage...

LE COMTE *interrompant*.

Ah, ah!.. oui: c'est... c'est un de mes parents. Vous savez que, pour peu qu'on tienne à quelqu'un, on va pour la signature...

LE BARON.

Non : il dit que cela vous regarde.

LE COMTE *embarrassé*.

Discours de valets... Il est bien vrai que mon oncle, ayant eu dessein de m'établir, m'a proposé depuis peu une fille de qualité fort riche ; (*regardant Eugénie.*) mais je lui ai montré tant de répugnance pour un engagement, qu'il a eu la bonté de ne pas insister. Cela s'est su, et peut-être trop répandu. Voilà l'origine d'un bruit qui n'a et n'aura jamais de fondement réel.

LE BARON.

Pardon, au moins. Je ne l'ai pas dit pour vous fâcher. Un joli homme comme vous, couru des belles...

Madame MURER.

Mon frère va s'égayer. Trouvez bon, Messieurs, que nous nous retirions.

Le Comte *saluant.*

Ce sera moi, si vous le voulez bien. J'ai quelques affaires pressées.... Je vous demande la permission, Mesdames, de vous voir le plus souvent..

Madame MURER.

Jamais aussi souvent que nous le désirons, Milord. (*Le Comte sort, le Baron l'accompagne : ils se font des politesses.*)

SCÈNE XI.

Madame MURER, EUGÉNIE.

Madame MURER.

Avec quelle adresse et quelle honnêteté pour vous il vient de s'expliquer !

EUGÉNIE, *honteuse d'un petit mouvement de frayeur, se jète dans les bras de sa tante.*

Grondez donc votre folle de nièce... A un certain mot de mon père, n'ai-je pas éprouvé un serrement de cœur affreux !... Il m'avait caché ces bruits dans la crainte de m'affliger... Comme il m'a regardée en répondant !.... Ah ! ma tante, que je l'aime !

Madame MURER *l'embrasse.*

Ma nièce, vous êtes la plus heureuse des femmes. (*Elles vont chez le Baron par la porte d'entrée.*)

FIN DU PREMIER ACTE.

JEU D'ENTR'ACTE.

Un *Domestique entre. Après avoir rangé les sièges qui sont autour de la table à thé, il en emporte le cabaret et vient remettre la table à sa place auprès du mur de côté. Il enlève des paquets dont quelques fauteuils sont chargés, et sort en regardant si tout est bien en ordre.*

L'action théâtrale ne reposant jamais, j'ai pensé qu'on pourrait essayer de lier un acte à celui qui le suit, par une action pantomime qui soutiendrait, sans la fatiguer, l'attention des spectateurs, et indiquerait ce qui se passe derrière la scène pendant l'entr'acte. Je l'ai désignée entre chaque acte. Tout ce qui tend à donner de la vérité est précieux dans un drame sérieux, et l'illusion tient plutôt aux petites choses qu'aux grandes. Les comédiens Français, qui n'ont rien négligé pour que cette pièce fît plaisir, ont craint que l'œil sévère du public ne désapprouvât tant de nouveautés à la fois : ils n'ont pas osé hasarder les entr'actes. Si on les joue en société, on verra que ce qui n'est qu'indifférent, tant que l'action n'est pas engagée, devient assez important entre les derniers actes.

ACTE II.

SCÈNE PREMIÈRE.

Drink *seul, un paquet de lettres à la main. Il se retourne en entrant, et crie au facteur qui s'en va.*

A moi seul, entendez-vous ? (*Il avance dans le salon.*) Un homme averti, en vaut deux, dit-on. Voyons ce que le facteur vient de me remettre. Il faut servir un maître qui rosse aussi fort qu'il récompense bien. (*Il lit une adresse.*) Hem, m, m, à Monsieur, Monsieur le Baron Hartley. Voilà pour le père. Quelque sanglier forcé, quelque chien éreinté, etc. etc. (*Il en lit une autre.*) Hem, m, m,... Armée d'Irlande : c'est du fils. Ceci doit encore passer ; l'ordre ne porte pas d'arrêter les paquebots. (*il en regarde une troisième.*) Hem, m, m, Lancastre : voici qui paraît suspect. (*Il lit.*) A Madame, Madame Murer, près du parc S.-James.... Pour la tante.... c'est l'écriture de M. Williams, notre marieur, l'intendant de milord.... main-basse sur celle-ci. Peste! La jeune personne eût appris... A propos, il se meurt, dit mon maître. Voyons un peu ce qu'il écrit: puisque je ne dois pas la remettre, je puis bien la lire. Il n'y a pás plus de mal à l'un qu'à l'autre, et l'on apprend quelquefois.... (*Il hésite un peu, et enfin rompant le cachet, il lit.*) » Madame, je touche au moment terrible, où je » vais rendre compte de toutes les actions de ma » vie.» (*Il parle.*) Un intendant!... le compte sera long. (*Il lit.*) » Les remords me pressent, et je » veux réparer, autant qu'il est en moi, par cet » avis tardif, le crime dont je me suis rendu » coupable, en portant le jeune Lord, comte de » Clarendon, à tromper votre malheureuse nièce » par un mariage simulé. » (*Il parle.*) Mon maître s'était douté de cette lettre :.... c'est un vrai démon pour les précautions.

SCÈNE II.

LE COMTE, DRINK.

Le Comte *arrivant par le jardin avec précaution.*

Est-ce toi, Drink?

ACTE II.

DRINK.

Milord?

LE COMTE.

Un mot, et je m'enfuis.

DRINK.

Je vous écoute.

LE COMTE.

J'avais oublié.... J'étais si troublé en sortant.... Mon mariage qui se fait demain, est dans la bouche de tout le monde : on ne parle d'autre chose.. Il faut empêcher qu'aucune visite, aujourd'hui surtout, ne vienne ici souffler le vent de la discorde.

DRINK.

Elles ne connaissent personne à Londres.

LE COMTE.

Je sais que le père est fort l'ami d'un certain capitaine Cowerly, qui ne manque jamais le lever de mon oncle : brave homme, mais dont le défaut est d'apprendre le soir à toute la ville les secrets qu'on lui a dits à l'oreille le matin dans les maisons.

DRINK.

Quelle figure est-ce?

LE COMTE.

Tu ne connais que lui. Du temps de la petite, il a soupé dix fois dans ce salon.

DRINK.

Quoi! ce bavard qui vous a brouillé depuis avec Laure, en lui reportant que lady Alton avait passé un jour entier ici?

LE COMTE.

Où diable vas-tu chercher lady Alton?

DRINK.

Ah! vraiment non! c'est plus nouveau que cela. C'était donc une des deux Ofalsen? Ma foi, je confonds les époques, il en est tant venu!

LE COMTE.

Eh non. C'est celui qui a marié cette fille soi-disant d'honneur de la reine, à ce benêt d'Harlington, quand je la quittai.

DRINK.

Ah! j'y suis, j'y suis.

LE COMTE.

S'il se présentait...

DRINK.

Laissez-moi faire. Il en sera de lui comme du

facteur, dont j'ai fort à propos barré le chemin.

LE COMTE.

Je te l'avais recommandé.

DRINK.

C'est ce que je disais. Mon maître n'oublie rien.

LE COMTE.

Eh bien ?

DRINK *s'approchant d'un air de confidence.*

J'ai détourné une furieuse lettre de ce Williams pour la tante.

LE COMTE *lui coupant la parole.*

Paix. C'est Eugénie.

SCÈNE III.

EUGÉNIE, LE COMTE, DRINK.

EUGÉNIE *faisant un cri de surprise.*
Ah, Milord!

LE COMTE *à Drink.*

Je ne puis l'éviter. Laisse-nous.

SCÈNE IV.

EUGÉNIE, LE COMTE.

Eugénie *avec joie*.

Apprenez la plus agréable nouvelle....

Le Comte.

Si elle intéresse mon Eugénie....

Eugénie.

Mon père est enchanté de vous. Ah, j'en étais bien sûre! Il fesait votre éloge à l'instant. Je me serais mise de bon cœur à ses pieds pour le remercier. Il me rendait fière de mon époux. Je me suis sentie prête à lui tout avouer.

Le Comte *ému*.

Vous me faites trembler! exposer tout ce que j'aime au brusque effet de son ressentiment!

Eugénie *vivement*.

Je sais qu'il est violent; mais il est mon père. Il est juste, il est bon. Venez, Milord, que notre profond respect le désarme. Entrons, ce moment sera le plus heureux....

ACTE II.

Le Comte *embarrassé.*

Eugénie! quoi, vous voulez?.... quoi, sans nulle précaution?....

Eugénie *avec beaucoup de feu.*

Si jamais je te fus chère, c'est aujourd'hui qu'il faut me le prouver. Donne-moi cette marque de ton amour. Viens : depuis trop long-temps les soupçons odieux outragent ta femme; les regards méchants la poursuivent. Fais cesser un si pénible état; déchire le voile qui l'expose à rougir. Tombons aux genoux de mon père. Viens, il ne nous résistera pas.

Le Comte *à part.*

Quel embarras! (*à Eugénie*) souffrez au moins que je le revoie encore avant, pour affermir ses bonnes dispositions.

Eugénie *lui prenant la main.*

Non : elles peuvent changer. La première impression est pour toi. Non, je ne te quitterai plus.

Théâtre. I.

SCÈNE V.

Madame MURER, EUGÉNIE, LE COMTE.

Le Comte *apercevant Madame Murer.*

Ah, Madame! venez m'aider à lui faire entendre raison.

Madame Murer.

Le comte ici! J'aurais dû m'en douter à l'air d'empressement dont elle est sortie. Mais de quoi s'agit-il?

Le Comte.

Sur quelques mots en ma faveur échappés à son père, sa belle âme s'est échauffée. Elle veut, elle exige que nous lui fassions à l'instant un aveu de notre union.

Madame Murer.

Ah, Milord, gardez-vous-en bien! Mon avis au contraire est que vous vous retiriez promptement. S'il s'éveillait et vous trouvait ici, ce prompt retour lui ferait soupçonner....

Le Comte *cachant sa joie sous un air empressé.*

Tout serait perdu! Je m'arrache d'auprès

d'elle avec moins de chagrin; puisque c'est à sa sûreté que je fais ce sacrifice. (*Il sort.*)

SCÈNE VI.

Madame MURER, EUGÉNIE.

EUGÉNIE *le regarde aller, et après un peu de silence, dit douloureusement:*

Il s'en va.

Madame MURER.

Mais vous avez donc tout à coup perdu l'esprit?

EUGÉNIE.

Être réduite à composer avec son devoir; n'oser regarder son père : voilà ma vie. Je suis confuse en sa présence; sa bonté me pèse, sa confiance me fait rougir, et ses caresses m'humilient. Il est si accablant de recevoir des éloges, et de sentir qu'on ne les mérite pas !

Madame MURER.

Mais à Londres où le comte a tant de ménagements à garder!.... d'ailleurs votre état ne rend pas encore cet aveu indispensable.

EUGÉNIE.

N'est-il pas plus aisé de prévenir un mal, que d'en arrêter les progrès ? Le temps fuit, l'occasion échappe, les convenances diminuent; l'embarras de parler augmente, et le malheur arrive.

Madame MURER.

Votre époux est trop délicat pour vous exposer....

EUGÉNIE *vivement*.

N'avez-vous pas trouvé, comme moi, un peu d'apprêt dans son air, de recherche dans son langage ? cela me frappe à présent que j'y réfléchis. Cette touchante simplicité qu'il avait à la campagne, était bien préférable.

Madame MURER.

Dès qu'il s'éloigne, l'imagination travaille.

SCÈNE VII.

Madame MURER, EUGÉNIE, DRINK.

Madame MURER *à Drink qui tient un paquet.*

Qu'est-ce que c'est ?

Des lettres que le facteur vient d'apporter.

DRINK.

Madame MURER *parcourant les adresses.*

D'Irlande : voici des nouvelles. (*Drink range le salon, et écoute la conversation.*)

EUGÉNIE *avec vivacité.*

De mon frère ?

Madame MURER.

Non. C'est une lettre de son cousin, qui sert dans le même corps. (*Elle lit tout bas.*)

EUGÉNIE.

Point de lettres de Sir Charles ? Il est bien étonnant !.....

Madame MURER *à Drink qui ouvre une malle.*

Laissez cela. Betsy serrera nos habits. (*Drink sort.*)

SCÈNE VIII.

Madame MURER, EUGÉNIE.

EUGÉNIE *pendant que Madame Murer lit bas.*

Son silence me surprend et m'afflige.

Madame MURER *d'un ton composé.*

S'il vous afflige, Miss, la lettre de Sir Henri ne me paraît pas propre à vous consoler. Votre frère n'a pas reçu nos dernières : c'est un terrible état que le métier de la guerre !

EUGÉNIE *troublée.*

Mon frère est mort !

Madame MURER.

Ai-je dit un mot de cela ?

EUGÉNIE.

Je n'ai pas une goutte de sang.

Madame MURER.

Puisque votre effroi va au-devant de mes précautions, lisez vous-même.

EUGÉNIE *lit en tremblant* :

« Mon cousin grièvement insulté par son co-
» lonel, l'a forcé de se battre et l'a désarmé.
» Son ennemi vient de le dénoncer ; ce qui a
» obligé Sir Charles à prendre secrètement la
» route de Londres. Mais le colonel le suit,
» pour l'accuser chez le ministre ». Ah, mon frère !

SCÈNE IX.

LE BARON, madame MURER, EUGÉNIE.

LE BARON.

Eh bien, parce que je m'endors un moment en jasant avec vous....

EUGÉNIE *troublée.*

Mon frère s'est battu.

LE BARON.

D'où savez-vous cela?

EUGÉNIE.

C'est ce que mande Sir Henri.

Madame MURER *avec importance.*

Et il a désarmé son homme; si ce n'était pas son colonel...

LE BARON.

Son colonel tout comme un autre.

EUGÉNIE.

Mon père, ma tante, occupons-nous tous des moyens de le sauver.

Madame M u r e r.

Où le prendre?

E u g é n i e.

Mon cousin dit qu'il est à Londres.

Madame M u r e r.

Mais il ne sait pas que nous y sommes.

E u g é n i e *baissant les yeux.*

Milord Clarendon ne pourrait-il pas?....

Madame M u r e r *d'un air dédaigneux.*

Le cher Lord! Ah, oui. Si Monsieur lui fait la grâce d'accepter ses services.

L e B a r o n *lui rendant son air.*

Ma foi, ce serait ma dernière ressource. Donne-moi la lettre, Eugénie. (*Il lit bas.*) Diable! (*Il lit tout haut.*) « Quand il ne réussi-» rait pas à le perdre, avertissez Sir Charles » d'être toujours sur ses gardes; le colonel a » la réputation de se défaire des gens par toutes » sortes de voies »…. Bon; cela ne peut pas être; un officier....

Madame M u r e r.

Cet événement me ramène à ce que je vous disais tantôt, Monsieur; si, au lieu de destiner votre fille à un vieux militaire sans fortune, vous trouviez bon que l'on eût pour elle des vues plus relevées. Les protections aujourd'hui....

LE BARON.

Nous y voilà encore. Ma sœur, une bonne fois pour toutes, afin de n'y jamais revenir : Vous aimez les Lords, les gens de haut parage, et moi je les déteste. Ma fille m'est trop chère pour la sacrifier à votre vanité, et la rendre malheureuse.

Madame MURER.

Et pourquoi malheureuse ?

LE BARON.

Est-ce que je ne connais pas vos petits-grands seigneurs ? Voyez-les dans les unions mêmes les plus égales pour la fortune. Une fille est mariée aujourd'hui, trahie demain, abandonnée dans quatre jours; l'infidélité, l'oubli, la galanterie ouverte, les excès les plus condamnables ne sont qu'un jeu pour eux. Bientôt le désordre de la conduite entraîne celui des affaires ; les fortunes se dissipent, les terres s'engagent, se vendent; encore la perte des biens est-elle souvent le moindre des maux qu'ils font partager à leurs malheureuses compagnes.

Madame MURER.

Mais quel rapport ce tableau, faux ou vrai, a-t-il à l'objet que nous traitons? Vous faites le procès à la jeunesse, et nullement à la qualité; c'est dans cet état au contraire que les hommes ont le plus de ressources. S'ils se sont dérangés, un jour ils deviennent sages, et alors les grâces de la cour...

LE BARON.

Arrivent tout à point pour réparer leurs sottises, n'est-ce pas? Peut-on solliciter des récompenses, quand on n'a rien fait pour son pays? Et quand le principe des demandes est aussi honteux, n'est-il pas absurde de faire fond d'avance sur des grâces qui peuvent être mille fois mieux appliquées? Mais je veux encore que son importunité les arrache; eh bien, je lui préférerai toujours un brave officier qui les aura méritées sans les obtenir; et cet homme, c'est Cowerly. S'il ne tient rien des faveurs de la cour, il a l'estime de toute l'armée; l'un vaut bien l'autre, je crois.

Madame MURER.

Mais, Monsieur....

LE BARON *impatient*.

Mais, Madame, si vous êtes éprise à ce point

de vos Lords, que n'en épousez-vous quelqu'un vous-même ?

Madame MURER *fièrement*.

Vous mériteriez que je le fisse, et que je transportasse tous mes biens dans une famille étrangère.

LE BARON *la saluant*.

A votre aise, ma sœur. Pour mes enfants moins de fortune, moins d'extravagance, moins d'occasions de sottises.

EUGÉNIE *à part*.

Toujours en querelle ! que je suis malheureuse !

SCÈNE X.

ROBERT, LE BARON, madame MURER, EUGÉNIE.

ROBERT.

Le capitaine Cowerly demande à vous voir.

LE BARON.

Il ne pouvait arriver plus à propos. Qu'il entre.

SCÈNE XI.

LE BARON, madame MURER, EUGÉNIE.

Madame MURER.

Un moment, s'il vous plaît, que nous soyions parties. Je vous l'ai dit, c'est un homme que je ne puis souffrir.

LE BARON.

Mais quelle politesse avez-vous donc vous autres? Un de nos amis communs, et qui va nous appartenir.

SCÈNE XII.

LE CAPITAINE COWERLY, LE BARON, madame MURER, EUGÉNIE.

LE CAPITAINE *d'un ton bruyant.*

Bonjour, mon très-cher.

LE BARON.

Bonjour, capitaine. Nous jouons aux barres.

ACTE II.

LE CAPITAINE.

En rentrant chez moi, j'ai trouvé ce billet que vous y avez laissé. Mais, en honneur, je m'en retournais sans vous voir.

LE BARON.

Et pourquoi?

LE CAPITAINE.

Un de vos gens, le plus obstiné valet (je ne sais où je l'ai vu), prétendait qu'il n'y avait personne au logis.

LE BARON.

Je n'ai point donné d'ordre.... Ma sœur!

Madame MURER *sèchement*.

Ni moi. A peine arrivés, nous n'attendions aucune visite.

LE CAPITAINE.

En ce cas, Baron, j'aurai doublement à me féliciter d'avoir forcé la porte, si je puis vous être utile, et si ces dames veulent bien agréer mes hommages.

LE BARON.

Capitaine, c'est ma sœur, et voici bientôt la tienne. (*Montrant sa fille.*)

Le Capitaine *à Eugénie.*

J'envie, Mademoiselle, le sort de mon frère; en vous voyant, on n'est plus étonné des précautions qu'il a prises pour assurer son bonheur.

Madame Murer *d'un air distrait.*

Comme dit fort bien Monsieur; les précautions sont toujours utiles en affaires : chacun prend les siennes.

Le Capitaine *cherchant des yeux.*

Mais où donc est-il ?

Le Baron.

Qui ?

Le Capitaine.

Votre fils.

Le Baron.

Mon fils ? Qui le sait ?

Madame Murer.

A quoi tend cette question, Monsieur ?

Le Capitaine.

N'est-ce pas son affaire qui vous attire tous à Londres ?

Le Baron.

Pas un mot de cela : un maudit procès dont je ne sais autre chose sinon que j'ai raison....

Mais connaîtrais-tu déjà l'aventure de mon fils?

LE CAPITAINE.

C'est une misère, une vétille; moins que rien.

LE BARON.

Sans doute : il n'y a que la subordination....

Madame MURER *sèchement*.

J'admire comment Monsieur a le don de tout deviner : nous en recevons la première nouvelle à l'instant.

LE CAPITAINE.

Moi, je l'ai vu, Madame.

EUGÉNIE.

Mon frère?

LE CAPITAINE.

Oui, Mademoiselle.

LE BARON.

Où? Quand? Comment?

LE CAPITAINE.

Au parc, avant-hier, sur la brune. Sir Charles est ici secrètement depuis cinq jours; il ne sort que le soir, parce qu'il s'est battu contre son colonel : il se fait appeler le chevalier Campley. N'est-ce pas cela ?

Madame MURER.

Nous n'en savons pas tant.

EUGÉNIE.

Où pourrons-nous le trouver, Monsieur ?

LE BARON.

En quel lieu loge-t-il ?

LE CAPITAINE.

Ma foi, je n'en sais rien ; mais je lui ai fait promettre de me venir voir. J'arrangerai son affaire : j'ai quelque crédit, comme vous savez.

Madame MURER *dédaigneusement*.

La seule chose dont nous ayions besoin, est justement celle que Monsieur ignore.

LE CAPITAINE.

Mais, Madame, je n'ai pas pu le prendre à la gorge pour lui faire déclarer sa demeure ; et en lisant tout-à-l'heure le billet du Baron, je croyais de bonne foi le rencontrer ici.

Madame MURER.

Cela est d'autant plus malheureux, que dans le besoin où il est d'un protecteur, nous en

ACTE II.

avons un qui peut beaucoup auprès du ministre.

LE CAPITAINE.

Oh! ce pays-ci est tout plein de gens qui font profession de pouvoir plus qu'ils ne peuvent réellement. Quel est-il? Je vous dirai bientôt....

Madame MURER *dédaigneusement.*

Ce n'est que le comte de Clarendon.

LE CAPITAINE.

Le neveu de Milord Duc?

Madame MURER.

Pas davantage.

LE CAPITAINE.

Je le crois. Son oncle l'idolâtre : il est fort de mes amis. Je me charge, si vous voulez....

Madame MURER *d'un air vain.*

Il me fait aussi l'honneur d'être un peu des miens.

LE BARON.

C'est lui qui nous loge.

LE CAPITAINE.

Vous avez raison. Je regardais en entrant.... Mais ce valet a détourné mon attention.... Eh parbleu! c'est un homme à lui. Je disais bien....

Je reconnais tout ceci. Nous avons fait quelquefois de jolis soupers dans ce salon : c'est, comme il l'appèle à la française, sa petite maison.

Madame Murer *fièrement.*

Petite maison, Monsieur?

Le Baron.

Eh petite ou grande! faut-il disputer sur un mot? Il suffit qu'il nous la prête.... Il était ici il n'y a pas une heure.

Le Capitaine.

Aujourd'hui? Je l'aurais parié à Windsor.

Le Baron.

Il en arrivait.

Le Capitaine.

C'est ma foi vrai. J'oubliais que le mariage se fait à Londres.

Madame Murer *et* Eugénie *en même temps.*

Le mariage!

Le Capitaine.

Oui, demain. Mais vous m'étonnez : il n'est pas possible que vous l'ignoriez, si vous l'avez vu réellement aujourd'hui.

ACTE II.

Le Baron.

Je le savais bien moi.

Madame Murer *dédaigneusement.*

Hum.... C'est comme la petite maison. Que voulez-vous dire ? Quel mariage ?

Le Capitaine.

Le plus grand mariage d'Angleterre : la fille du comte de Winchester : un Gouvernement que le roi donne au jeune Lord en présent de noces. Mais c'est une chose publique et que tout Londres sait.

Eugénie *à part.*

Dieux! Où me cacher ?

Madame Murer.

Je vais gager qu'il n'y a pas un mot de vrai à tout cela.

Le Capitaine.

Quoi, sérieusement? Dès que Madame nie les faits, je n'ai plus rien à dire.

Le Baron.

Il est vrai, capitaine, qu'il s'en est beaucoup défendu tantôt.

Le Capitaine.

Mais moi qui passe ma vie avec son oncle!

8.

moi qu'on a consulté sur tout ! ce sera comme il vous plaira, au reste. Ainsi donc les livrées faites, les carrosses et les diamants achetés, l'hôtel meublé, les articles signés, sont autant de chimères?

Eugénie *à part.*

Ah malheureuse !

Le Baron.

Mais, ma sœur, cela me paraît assez positif : qu'avez-vous à répondre ?

Madame Murer.

Que Monsieur a rêvé tout ce qu'il dit. Parce que je sais de très-bonne part, moi, que le Comte a d'autres engagements.

Le Capitaine.

Ah ! oui. Quelque illustre infortunée dont il aura ajouté la conquête à la liste nombreuse de ses bonnes fortunes. Nous connaissons l'homme. Je me souviens effectivement d'avoir entendu dire qu'un goût provincial l'avait tenu quelque tems éloigné de la capitale.

Madame Murer *dédaigneusement.*

Un goût provincial ?

Le Baron *riant.*

Quelque jeune innocente à qui il aura fait faire

Je ne puis plus soutenir le supplice ou je suis.

des découvertes, et dont il s'est amusé apparemment?

LE CAPITAINE.

Voilà tout.

LE BARON, *d'un air content.*

C'est bon, c'est bon. Je ne suis pas fâché que de temps en temps une pauvre abandonnée serve d'exemple aux autres, et tienne un peu ces Demoiselles en respect devant les suites de leurs petites passions. Et les père et mère, moi, c'est cela qui me réjouit.

EUGÉNIE *à part.*

Je ne puis plus soutenir le trouble où je suis.

LE CAPITAINE.

Mademoiselle me paraît incommodée.

LE BARON.

Ma fille?... qu'as-tu donc, ma chère enfant?

EUGÉNIE *tremblante.*

Je ne me sens pas bien, mon père.

Madame MURER.

Je vous l'avais dit aussi, ma chère nièce; nous devions nous retirer. Venez, laissons ces Messieurs se raconter leurs merveilleuses anecdotes.

SCÈNE XIII.

LE BARON, LE CAPITAINE.

LE BARON.

Pardon, Capitaine.

LE CAPITAINE *lui prenant la main.*

Adieu, Baron, je prends bien de la part....

LE BARON *le ramenant.*

Ah ça, mon fils, je te prie : comment dis-tu qu'il se fait appeler ?

LE CAPITAINE.

Le chevalier Campley.

LE BARON.

Campley ? Si je n'écris pas ce nom-là, je ne m'en souviendrai jamais..... C'est que j'ai là une lettre qui menace d'assassins...... Il ne va que la nuit.... seul.... Tout cela est inquiétant.

LE CAPITAINE.

J'irai demain soir au Parc, et si je le trouve, je lui sers moi-même d'escorte jusqu'ici.

LE BARON.

A merveille. (*Ils sortent par la porte du Vestibule.*)

FIN DU SECOND ACTE.

JEU D'ENTR'ACTE.

Betsy *sort de la chambre d'Eugénie, ouvre une malle et en tire plusieurs robes l'une après l'autre qu'elle secoue, qu'elle déplisse, et qu'elle étend sur le sopha du fond du salon. Elle ôte ensuite de la malle quelques ajustements et un chapeau galant de sa Maîtresse, qu'elle s'essaye avec complaisance devant une glace, après avoir regardé si personne ne peut la voir. Elle se met à genoux devant une seconde malle, et l'ouvre pour en tirer de nouvelles hardes. Au milieu de ce travail, Drink et Robert entrent en se disputant : c'est là l'instant où l'orchestre doit cesser de jouer, et où l'Acte commence.*

ACTE III.

SCÈNE PREMIÈRE.

BETSY, DRINK, ROBERT.

DRINK *à Robert, en disputant :*

ET moi je te prie de te mêler de tes affaires. Quand je refuse la porte à quelqu'un, es-tu fait pour l'annoncer ?

ROBERT.

Mais, c'est que vous ignorez que le capitaine Cowerly est l'intime ami de Monsieur.

DRINK *plus haut, en colère.*

L'intime ami du diable. Est-ce à toi d'entrer dans les raisons ? Es-tu valet-de-chambre ici ?

BETSY *à genoux, se retourne.*

Chut.... Parlez plus bas. Ma Maîtresse est chez elle : elle est incommodée. (*Elle prend des robes sous son bras et va pour entrer chez Eugénie.*)

DRINK *courant après.*

Miss, Miss, n'avez-vous plus rien à prendre dans les malles? (*Il veut l'embrasser.*)

BETSY *s'esquivant.*

Ah, sans doute........ Non, vous pouvez les emporter. (*Elle entre chez Eugénie.*)

SCÈNE II.

DRINK, ROBERT.

DRINK *revient prendre la malle.*

Que cela t'arrive encore.

ROBERT.

Voilà bien du bruit pour rien. (*Ils enlèvent une malle, et sortent.*)

SCÈNE III.

EUGÉNIE, BETSY.

EUGÉNIE *sort de chez elle, marche lentement comme quelqu'un enseveli dans une rêverie profonde. Betsy qui la suit, lui donne un fauteuil ; elle s'assied en portant son mouchoir à ses yeux sans parler. Betsy la considère quelque temps, fait le geste de la compassion, soupire, prend d'autres hardes et rentre dans la chambre de sa Maîtresse.*

SCÈNE IV.

EUGÉNIE *assise, d'un ton bien douloureux.*

J'ai beau rêver, je ne puis percer l'obscurité qui m'environne. Quand je cherche à me rassurer, tout m'accable...... Personne dans le sein de qui répandre ma douleur....... (*Les valets viennent chercher la deuxième malle, Eugénie reste en silence tant qu'ils sont dans le Salon.*) Des valets à qui je n'ai plus même le droit de commander. Une seule démarche hasardée m'a mise à la merci de tout le monde..... Oh ma mère ! c'est bien aujourd'hui que je dois vous pleurer ! (*Elle se lève vivement.*) C'est trop souffrir..... Quand cet aveu me rendrait la plus malheureuse des femmes, je dirai tout à mon père. L'état le plus funeste est moins pénible que mon agitation..... Mais les craintes de ma tante..... ses défenses...... Tout aujourd'hui doit céder au respect filial. Ah malheureuse ! c'était alors qu'il fallait penser ainsi. Dieux ! le voici ! (*Elle tombe dans son siége.*)

SCÈNE V.

EUGÉNIE, LE BARON.

LE BARON.

Tu es ressortie, mon enfant ; ton état m'inquiète.

EUGÉNIE *à part.*

Que lui dirai-je ? (*Elle veut se lever, son père la fait rasseoir.*)

LE BARON *avec bonté.*

Tes yeux sont rouges : tu as pleuré. Ma sœur t'aura sans doute......

EUGÉNIE *tremblante.*

Non, non, Monsieur ; ses bontés et les vôtres seront toujours présentes à ma mémoire.

LE BARON.

Ta tante prétend que je t'ai affligée tantôt. Je

badinais avec le Capitaine, et le tout pour la contrarier un moment ; car elle est engouée de ce Milord, qui franchement est bien le plus mauvais sujet..... Dès qu'on en dit un mot, elle vous saute aux yeux. Que nous importe qu'il se soit amusé d'une folle, et qu'il l'ait abandonnée ? Ce n'est pas la centième. On ferait peut-être mieux de ne pas rire de ces choses-là ; mais lorsqu'elles n'intéressent personne, et que les détails en sont plaisants... C'est une drôle de femme avec son esprit. Au reste, si notre conversation t'a déplu, je t'en demande pardon, mon enfant.

Eugénie *à part.*

Je suis hors de moi !

Le Baron *tirant un siège auprès d'elle, et la baisant avant de s'asseoir.*

Viens, mon Eugénie, baise-moi. Tu es sage, toi, honnête, douce : tu mérites toute ma tendresse.

Eugénie *troublée, se lève.*

Mon père !....

Le Baron *attendri.*

Qu'as-tu, mon enfant ? Tu ne m'aimes plus du tout.

Eugénie *se laissant tomber à genoux.*

Ah ! mon père....

LE BARON *étonné.*

Qu'avez-vous donc, Miss ? Je ne vous reconnais plus.

EUGÉNIE *tremblante.*

C'est moi.....

LE BARON *vivement.*

Quoi ? c'est moi.

EUGÉNIE *éperdue se cachant le visage.*

Vous la voyez....

LE BARON *brusquement.*

Vous m'impatientez. Qu'est-ce que je vois ?

EUGÉNIE *morte de frayeur.*

C'est moi.... Le comte.... Mon père....

LE BARON, *avec violence.*

C'est moi.... Le Comte.... Mon père.... Achevez : parlerez-vous ?

EUGÉNIE *se cache la tête entre les genoux de son père sans répondre.*

Seriez-vous cette malheureuse ?

EUGÉNIE, *sentant que les soupçons vont trop loin, lui dit d'une voix étouffée par la crainte:*

Je suis mariée.

Le Baron *se lève et la repousse avec indignation.*

Mariée ! Sans mon consentement ! (*Eugénie tombe : un mouvement de tendresse fait courir le baron à sa fille pour la relever.*)

SCÈNE VI.

Madame MURER *accourant*, LE BARON, EUGÉNIE.

Madame MURER.

Quel vacarme ! quels cris ! A qui en avez-vous donc, Monsieur ?

Le Baron *relevait sa fille ; il la jète sur son fauteuil et reprend toute sa colère.*

Ma sœur, ma sœur, laissez-moi. Je vous ai confié l'éducation de ma fille : félicitez-vous : l'insolente Miss mariée à l'insçu de ses parents.

Madame MURER *froidement.*

Point du tout : je le sais.

Le Baron *en colère.*

Comment, vous le savez ?

Madame MURER *froidement.*

Oui, je le sais.

LE BARON.

Et qui suis-je donc, moi?

Madame MURER *froidement.*

Vous êtes un homme très-violent, et le plus déraisonnable Gentilhomme d'Angleterre.

LE BARON, *étouffant de fureur.*

Eh mais.... Eh mais, vous me feriez mourir avec votre sang froid et vos injures! On m'ose déclarer....

Madame MURER *fièrement.*

Voilà son tort. Je le lui avais défendu : c'est par là seulement qu'elle mérite tout l'effroi que vous lui causez.

EUGÉNIE *pleurant.*

Ma tante, vous l'irritez encore. Suis-je assez malheureuse !

Madame MURER *froidement.*

Laissez-moi parler, Milady.

LE BARON.

Milady ?

ACTE III.

Madame MURER.

Oui, Milady; et c'est moi qui l'ai mariée de mon autorité privée au Lord Comte de Clarendon.

LE BARON, *outré*.

A ce Milord?

Madame MURER.

A lui-même.

LE BARON.

Je devais bien me douter que votre misérable vanité....

Madame MURER *s'échauffant*.

Quelles objections avez-vous à faire?

LE BARON.

Contre lui? mille. Et une seule les renferme toutes : c'est un libertin déclaré.

Madame MURER.

Vous en avez fait tantôt un éloge si magnifique.

LE BARON.

Il est bien question de cela! Je louais son esprit, sa figure, un certain éclat, des avantages qui le distinguent; mais qui me l'auraient fait redouter plus qu'un autre, dès qu'il en abuse au mépris de ses mœurs et de sa réputation.

Théâtre. I.

Madame MURER.

Vous êtes toujours outré. Eh bien, il s'est autrefois permis des libertés qu'il est le premier à condamner aujourd'hui : car c'est un homme plein d'honneur.

LE BARON.

Avec les hommes, et scélérat avec les femmes : voilà le mot. Mais votre sexe a toujours eu dans le cœur un sentiment secret de préférence pour les gens de ce caractère.

EUGÉNIE *toute en larmes.*

Ah mon père ! si vous le connaissiez mieux, vous regretteriez....

LE BARON.

C'est toi qui pleureras de l'avoir méconnu..... Une femme juger son séducteur !

Madame MURER.

Mais moi ?....

LE BARON *furieux.*

Vous ?.... vous êtes mille fois....

Madame MURER.

Point de mots, des choses.

LE BARON *avec feu.*

C'est un homme incapable de remords sur un

genre de faute, dont la multiplicité seule fait ses délices ; fomentant de gaîté de cœur dans la famille d'autrui des désordres qui feraient son désespoir dans la sienne ; plein de mépris pour toutes les femmes, parmi lesquelles il cherche ses victimes, ou choisit les complices de ses déréglements.

Madame M U R E R.

Mais vous conviendrez que sa femme est au moins exceptée de ce mépris général ; et plus vous reconnaissez de mérite à votre fille, plus elle est propre à le ramener.

L E B A R O N.

Je vous remercie pour elle, ma sœur. Ainsi donc le bonheur que vous lui avez ménagé, est d'être attachée au sort d'un homme sans mœurs ; de partager les affections bannales de son mari avec vingt femmes méprisables. La voilà destinée, en attendant une réformation incertaine, à répandre des larmes, dont il aura peut-être la bassesse de faire un triomphe à ses yeux ; la fille la plus modeste est devenue l'esclave d'un libertin, dont le cœur corrompu regarde comme un ridicule la tendresse et la fidélité qu'il exige de sa femme. Je te croyais plus délicate, Eugénie.

Eugénie, *du ton du ressentiment que le respect réprime.*

En vérité, Monsieur, je me flatte que jamais le modèle d'un portrait aussi vil n'aurait été dangereux pour moi.

Madame Murer, *avec impatience.*

Mais c'est que le Comte n'est point du tout l'homme que vous dépeignez. Peut-être a-t-il, dans le feu de la première jeunesse, un peu trop négligé de faire parler avantageusement de ses mœurs; mais....

Le Baron.

Et quel garant a pu vous donner pour l'avenir celui qui jusqu'à présent à méprisé la censure publique sur le point le plus important ?

Madame Murer.

Quel garant! Tout ce qui inspire la confiance, cimente l'estime et augmente la bonne opinion ; la franchise de son caractère qui le rend supérieur au déguisement, même dans ce qui lui est contraire ; la noblesse de ses procédés avec ses inférieurs ; sa générosité pour ses domestiques, et la bonté de son cœur qui le porte à soulager tous les malheureux.

Eugénie, *avec amour.*

Ce n'est pas un ennemi de la vertu, je vous assure, mon père.

ACTE III.

LE BARON.

Voilà comme on érige tout en vertus dans ceux qu'on veut défendre. Il est humain, il est grand, généreux, obligeant : tout cela n'est-il pas bien méritoire? Amenez-moi quelqu'un pour qui ces choses-là ne soient pas un plaisir? Et qu'en voulez-vous conclure?

Madame MURER.

Qu'un homme aussi noble, aussi bienfaisant pour tout le monde, ne peut pas devenir injuste et cruel uniquement pour l'objet de son amour.

LE BARON *adouci.*

Je le voudrais, mais....

EUGÉNIE.

Ne lui faites pas, je vous prie, le tort d'en douter.

LE BARON *plus doucement.*

Mon enfant, l'âme d'un libertin est inexplicable ; mais tu te flattes en vain d'un changement de conduite. Les plaisanteries du Capitaine sur sa dernière aventure n'avaient pas rapport à des temps antérieurs à son mariage avec toi.

Madame MURER.

C'est où je vous attendais. Tout cet amer badinage a porté sur votre fille, dont l'union mystérieuse a donné jour à mille fausses conjectures; mais quand vous saurez qu'il l'adore....

Le Baron *haussant les épaules.*

Il l'adore! c'est encore un de leurs termes, *adorer.* Toujours au-delà du vrai. Les honnêtes gens aiment leurs femmes; ceux qui les trompent les adorent: mais les femmes veulent être adorées.

Madame Murer.

Vous penserez différemment, lorsque vous apprendrez qu'un gage de la plus parfaite union...

Le Baron.

Comment?

Madame Murer, *du ton de quelqu'un qui croit en dire assez :*

Lorsqu'avant peu....

Le Baron *à sa fille.*

Bon! Est-ce qu'elle dit vrai?

Eugénie *fléchissant le genou.*

Ah, mon père! comblez par votre bénédiction le bonheur de votre fille.

Le Baron *la relevant avec tendresse.*

Réellement? Eh bien.... eh bien.... eh bien, mon enfant, puisque c'est ainsi, j'approuve tout. (*A part.*) Aussi bien est-ce un mal sans remède.

EUGÉNIE.

De quel poids mon cœur est soulagé!

Madame MURER *avec joie.*

Milady, embrassez votre père.

LE BARON *baisant Eugénie.*

Laisse-là Milady : sois toujours mon Eugénie.

EUGÉNIE.

(*Avec feu.*) Toute la vie, mon père. (*Par exclamation.*) Ah Milord, quel jour heureux pour nous !

LE BARON, *du ton d'un homme que ce mot de Milord ramène à d'autres idées.*

Mais dites-moi donc un peu, vous autres : puisqu'elle est la femme de ce Milord, que diable veulent-ils dire avec cet autre mariage ? Car aussi on n'y comprend rien.

Madame MURER.

Il vous l'a dit tantôt. Discours de valets, bruits populaires.

EUGÉNIE.

J'en ai été troublée malgré moi.

LE BARON.

C'est que cela n'est pas net, au moins.

Madame MURER.

Drink est son homme de confiance : il n'y a qu'à l'interroger vous-même. (*Elle sonne.*)

SCÈNE VII.

(*Cette Scène marche rapidement.*)

LE BARON, Madame MURER, DRINK, EUGÉNIE.

LE BARON.

Vous avez raison ; je saurai bientôt.... (*Saisissant Drink au collet.*) Viens ici fripon : dis-moi tout ce que tu sais du mariage.

DRINK *regarde autour de lui d'un air embarrassé.*

Du mariage ! Est-ce qu'on aurait appris........ Oh maudit Intendant !....

LE BARON *vivement.*

Cet Intendant ? Parleras-tu ?.... Faut-il ?....

DRINK *effrayé.*

Non, non, Monsieur..... Il n'est pas besoin

que vous vous fâchiez pour cela. C'est le mariage que vous demandez ?

LE BARON.

Oui.

DRINK.

(*A part.*) Il faut mentir ici. (*Haut.*) Il est véritable, le mariage.

LE BARON.

Véritable ? Eh bien, ma sœur ?

Madame MURER.

Il vous ment.

DRINK.

Je ne mens pas, Monsieur.

LE BARON, *avec violence.*

Tu ne mens pas, misérable ?

DRINK *à part.*

Allons, tout est découvert; quelqu'autre lettre sera venue.

LE BARON.

Raconte-moi le fait : je veux l'entendre mot à mot de ta bouche.

DRINK.

Monsieur...... puisque vous le savez aussi bien que moi....

LE BARON.

Traître !

Madame MURER *retenant le Baron.*

Mon frère !

LE BARON.

Qu'il laisse son verbiage, et qu'il avoue.

DRINK *cherchant et tirant une lettre de sa poche.*

Puisqu'il n'y a plus moyen de dissimuler..... Voici une lettre de M. Williams, l'intendant de Milord.

LE BARON *lui arrachant la lettre.*

Pour qui ?

DRINK.

Elle est adressée à Madame.

Madame MURER.

A moi ? D'où me vient cette préférence ? Et quel rapport cet Intendant....

DRINK *surpris.*

Comment, quel rapport ? C'est le même qui a fait le mariage....

Madame MURER *prenant la lettre au Baron.*

D'honneur, si j'y entends quelque chose. Elle est décachetée.

ACTE III.

LE BARON.

Mais apprends-moi comment il peut penser à se marier, étant l'époux de ma fille ?

DRINK *tout-à-fait troublé.*

Quoi, Monsieur ! C'est du nouveau mariage que vous parlez ?

LE BARON.

Et du quel donc ?

Madame MURER *a lu.*

Ah le scélérat ! (*Elle porte les mains à son visage qu'elle couvre de la lettre chiffonnée.*)

LE BARON.

Qu'est-ce que c'est ?

DRINK.

Me voilà perdu, je n'ai plus qu'à quitter l'Angleterre. (*Il sort.*)

SCÈNE VIII.

LE BARON, Madame MURER, EUGÉNIE.

Madame MURER *avec horreur.*

Il nous a trompés indignement ! Ma nièce n'est pas sa femme.

EUGÉNIE *les bras levés.*

Dieu tout puissant ! (*Elle tombe dans un fauteuil.*)

Madame MURER.

Son Intendant a servi de ministre, et toute la race infernale, de complices.

LE BARON *frappant du pied.*

Rage ! fureur ! ô femmes, qu'avez-vous fait ?

Madame MURER *effrayée.*

Mon frère, par pitié, suspendez vos reproches. Ne voyez-vous pas l'état où elle est ?

EUGÉNIE *se relevant.*

Non, ne l'arrêtez pas. Je n'ai plus rien à craindre que de vivre..... Mon père, j'implore votre colère....

LE BARON *hors de lui.*

Et tu l'as méritée.... Sexe perfide ! Femmes à jamais le trouble et le déshonneur des familles ! Noyez-vous maintenant dans des larmes inutiles... Avez-vous cru vous soustraire à mon obéissance ? Avez-vous cru violer impunément le plus saint des devoirs ?.... Tu l'as osé ; toutes tes démarches se sont trouvées fausses ; tu as été séduite, trompée, déshonorée ; et le Ciel t'en punit par l'abandon de ton père et sa malédiction.

Otez vous de mes yeux
Vous m'avez rendu le plus misérable des hommes.

Eugénie *s'élançant vers le Baron, et le retenant à bras le corps.*

Ah mon père ! ayez pitié de mon désespoir ; révoquez l'épouvantable arrêt que vous venez de prononcer.

Le Baron *attendri, la repousse doucement.*

Otez-vous de mes yeux : vous m'avez rendu le plus misérable des hommes. (*Il sort.*)

SCÈNE IX.

Madame MURER, EUGÉNIE.

Eugénie *courant dans les bras de sa tante.*

Ah, Madame ! m'abandonnerez-vous aussi ?

Madame Murer.

Non, mon enfant; écoutez-moi.

Eugénie.

Ah ! ma tante, venez, secondez - moi : courons nous jeter aux pieds de mon père, implorons ses bontés, et sortons tous d'une odieuse maison....

Madame Murer.

Ce n'est pas mon avis : il faut y rester au contraire, et écrire au Comte que vous l'attendez ici ce soir.

Eugénie *avec horreur.*

Lui !..... moi !..... vous me faites frémir.

Madame Murer.

Il le faut. Il viendra, vous l'accablerez de reproches, j'y joindrai les miens ; il apprendra que votre père veut implorer le secours des lois : la crainte ou le repentir peut le ramener.

Eugénie *outrée.*

Et je serais assez lâche, après son indignité !... Je devrais respecter un jour celui que je ne peux plus estimer ! J'irais aux pieds des autels jurer la fidélité au parjure, la soumission à l'homme sans foi, et une tendresse éternelle au perfide qui m'a sacrifiée ! Plutôt mourir mille fois !

Madame Murer *fermement.*

Prenez garde, Miss, qu'ici l'opprobre serait le fruit du découragement.

Eugénie *au désespoir.*

L'opprobre ! m'en reste-t-il encore à redouter ? Dégradée par tant d'outrages, abandonnée de tout le monde, anéantie sous la malédiction de mon père, en horreur à moi-même, je n'ai plus qu'à mourir. (*Elle rentre dans sa chambre.*)

SCÈNE X.

Madame MURER *seule la regarde aller.*

ELLE me quitte et n'écrit pas... (*Elle se promène.*) Un père en fureur qui ne connaît plus rien, une fille au désespoir qui n'écoute personne; un amant scélérat qui comble la mesure... Quelle horrible situation! (*Elle rêve un moment.*) Vengeance, soutiens mon courage! Je vais écrire moi-même au Comte : s'il vient..... Traître, tu paieras cher les peines que tu nous causes!

FIN DU TROISIÈME ACTE.

JEU D'ENTR'ACTE.

Un *Domestique entre, range le salon, éteint le lustre et les bougies de l'appartement. On entend une sonnette de l'intérieur : il écoute, et indique par son geste que c'est Madame Murer qui sonne. Il y court. Un moment après, il repasse avec un bougeoir allumé, et sort par la porte du vestibule; il rentre sans lumière, suivi de plusieurs Domestiques auxquels il parle bas, et ils passent tous à petit bruit chez Mad. Murer, qui est alors censée leur donner ses ordres. Les valets repassent dans le salon, courent dehors par le vestibule, et rentrent chez Madame Murer par le même salon, armés de couteaux de chasse, d'épées et de flambeaux non allumés. Un moment après, Robert entre par le vestibule une lettre à la main, un bougeoir dans l'autre; comme c'est la réponse du comte de Clarendon qu'il rapporte, il se presse de passer chez Madame Murer pour la lui remettre. Il y a ici un petit intervalle de temps sans mouvement, et le quatrième Acte commence.*

ACTE IV.

SCÈNE PREMIÈRE.

Madame MURER, ROBERT *portant un bougeoir, rallume les bougies qui ont été éteintes sur la table pendant l'entr'acte : le Salon est obscur.*

Madame MURER *tient un billet, et en marchant se parle à elle-même.*

IL viendra. (*Au Laquais.*) Vous avez été bien long temps ?

ROBERT.

Il n'était pas rentré : j'ai attendu. Et puis c'est un tapage dans l'hôtel ! il se marie demain, tout est sens dessus-dessous : on ne savait où prendre de l'encre et du papier.

Madame MURER *à part.*

Il viendra..... Écoute, Robert, fais exactement ce que je vais t'ordonner. Va dans le jardin, tout auprès de la petite porte; tiens-toi là sans remuer ; et quand tu entendras le bruit d'une clef dans la serrure, viens vite ici m'en donner avis.

ROBERT.

Il doit donc entrer par-là ?

Madame MURER.

Faites ce qu'on vous dit.

Robert sort par la porte du jardin.

SCÈNE II.

Madame MURER *seule, se promenant et frappant du billet sur sa main.*

IL viendra !.... Je te tiens donc à mon tour, fourbe insigne ! Le parti est violent..... c'est le plus sûr..... Il convient si bien au caractère du père..... Je dois pourtant l'en prévenir. (*Elle regarde sa montre.*) J'ai le temps..... Il est à consoler sa fille : il a jeté son feu maintenant... c'est comme je le veux... Il faut dompter cet homme pour le ramener. Le voici. Qu'il a l'air accablé !

SCÈNE III.

Le BARON, Madame MURER.

Madame MURER *d'un ton sombre.*

Eh bien, Monsieur, êtes-vous satisfait? Il s'en est peu fallu que votre fille ne soit morte de frayeur.

Le Baron *s'assied sans rien dire près de la table, et s'appuie la tête sur les mains d'un air accablé.*

Madame Murer *continuant.*

Des éclats! de la fureur! sans choix de personnes.

Le Baron *sourdement.*

Ceux qui ont fait le mal le reprochent aux autres.

Madame MURER.

Un homme livré à ses emportements!

Le Baron *désespéré.*

Vous abusez de mon état et de ma patience. Vous avez juré de me faire mourir de chagrin.

Laissez-nous, gardez votre héritage; il est trop cher : aussi bien ma malheureuse fille n'en aura-t-elle peut-être bientôt plus besoin. (*Il se lève et se promène avec égarement.*)

Madame MURER.

Vous n'avez jamais su prendre un parti.

LE BARON.

Je l'ai pris mon parti !

Madame MURER.

Quel est-il ?

LE BARON *marchant plus vite et gesticulant violemment.*

J'irai à la Cour..... oui, je vais y aller..... Je tombe aux pieds du Roi : il ne me rejètera pas. (*Madame Murer hoche la tête*) Et pourquoi me rejèterait-il ? Il est père..... Je l'ai vu embrasser ses enfants.

Madame MURER.

La belle idée ! Et que lui direz-vous ?

LE BARON *s'arrêtant devant elle.*

Ce que je lui dirai ! Je lui dirai : Sire..... Vous êtes père, bon père..... je le suis aussi ; mais j'ai le cœur déchiré sur mon fils et sur ma fille. Sire, vous êtes humain, bienfaisant... Quand un des vôtres fut en danger, nous pleurions tous de vos larmes; vous ne serez pas insensible aux miennes. Mon fils s'est battu, mais en homme d'honneur; il sert Votre Majesté comme son bisaïeul, qui fut emporté sous les yeux du feu Roi; il sert comme mon père, qui fut tué en défendant la patrie dans les derniers troubles ; il sert comme je servais lorsque j'eus l'honneur d'être blessé en Allemagne..... J'ouvrirai mon habit..... il verra mon estomac... mes blessures. Il m'écoutera, et j'ajouterai : un suborneur est venu en mon absence violer notre retraite et l'hospitalité ; il a déshonoré ma fille par un faux mariage..... Je vous demande à genoux, Sire, grâce pour mon fils et justice pour ma fille.

Madame MURER.

Mais ce suborneur est un homme qualifié, puissant.

LE BARON *vivement.*

S'il est qualifié, je suis gentilhomme..... Enfin je suis un homme..... Le Roi est juste ; à ses pieds toutes ces différences d'état ne sont rien : ma sœur, il n'y a d'élévation que pour celui qui regarde d'en-bas; au-dessus tout est égal ; et j'ai vu le Roi parler avec bonté au moindre de ses sujets comme au plus grand.

(*Il va et vient*).

Madame MURER *d'un ton ferme.*

Croyez-moi, Monsieur le Baron, nous suffirons à notre vengeance.

LE BARON *n'a entendu que le dernier mot.*

Oui, vengeance!... et qu'on le livre à toute la rigueur des lois.

Madame MURER *très-ferme.*

Les lois ! la puissance et le crédit les étouffent souvent ; et puis c'est demain qu'il prétend se marier. Il faut le prévenir : incertitude ! lenteur ! est-ce ainsi qu'on se venge ? Eh ! la justice naturelle reprend ses droits partout où la justice civile ne peut étendre les siens. (*Après un peu de silence, d'un ton plus bas.*) Enfin, mon frère, il est temps de vous dire mon secret : avant deux heures le Comte sera votre gendre, ou il est mort.

LE BARON.

Comment cela ?

Madame MURER *s'approche de lui.*

Écoutez-moi. J'ai envoyé à Milord Duc un détail très-étendu des atrocités de son neveu, sans néanmoins lui rien dire de mon projet ; ensuite.... votre fille n'a jamais voulu s'y prêter ; mais j'ai écrit pour elle au scélérat, qu'elle l'attend ce soir.

ACTE IV.

LE BARON.

Il ne viendra pas.

Madame MURER *lui montrant le billet.*

Au coup de minuit..... voici sa réponse. J'ai fait armer vos gens et les miens : vous le surprendrez chez elle. J'ai ici un ministre tout prêt : qu'il tremble à son tour.

LE BARON *surpris.*

Quoi, ma sœur, un guet-apens ! Des piéges !

Madame MURER *avec impatience.*

Y a-t-on regardé de si près pour nous faire le plus sanglant outrage ?

LE BARON.

Vous avez raison ; mais quand il arrivera, j'irai au-devant de lui, je l'attaquerai.

Madame MURER *avec effroi.*

Il vous tuera.

LE BARON.

Il me tuera ! Eh bien, je n'aurai pas survécu à mon déshonneur.

SCÈNE IV.

Madame MURER *seule*.

Va, vieillard indocile ! je saurai me passer de toi. J'ai fait le mal, c'est à moi seule à le réparer.

SCÈNE V.

Madame MURER, ROBERT.

Robert *accourant*.

Madame, j'ai entendu essayer une clef à la serrure ; je suis accouru de toutes mes forces.

Madame Murer.

Rentrons vite. Je vais prendre ma nièce chez elle ; éteignez, éteignez. (*Le Laquais éteint les bougies, ils sortent.*)

SCÈNE VI.

LE COMTE, SIR CHARLES.

Le Comte est en fracq, le chapeau sur la tête et l'épée au fourreau dans une main; de l'autre il conduit Sir Charles, qui a son épée nue sous le bras. Le salon est obscur.

LE COMTE.

Vous êtes ici en sûreté, Monsieur; cette maison est à moi, quoique j'aye usé de mystère en y entrant.... N'êtes-vous pas blessé ?

SIR CHARLES.

Je n'ai qu'un coup à mon habit; mais apprenez-moi de grâce, Monsieur, à qui j'ai l'obligation de la vie. Sans votre heureuse rencontre, sans votre généreux courage, j'aurais infailliblement succombé : ces quatre coquins en voulaient à mes jours.

LE COMTE.

Ce service n'est rien, vous eussiez sûrement fait la même chose en pareil cas : on m'appelle le Comte de Clarendon.

SIR CHARLES *vivement.*

Quoi, c'est le Comte de Clarendon!.... J'étais destiné à vous tout devoir, Milord, et à tenir de vous l'honneur et la vie.

LE COMTE.

Comment serais-je assez heureux?...

SIR CHARLES.

Je vous suis adressé de Dublin.

LE COMTE.

Vous êtes le Chevalier Campley, pour qui ma sœur et ma cousine m'ont écrit d'Irlande des lettres si pressantes, et que j'ai trouvé sur la liste des visites à ma porte?

SIR CHARLES.

C'est moi-même. Depuis cinq jours je m'y suis présenté tous les soirs; aujourd'hui vous veniez de sortir à pied; l'on m'a indiqué votre route, j'ai couru, et j'étais prêt à vous rejoindre lorsqu'ils m'ont attaqué; c'est la deuxième fois depuis mon arrivée; mais ce soir sans vous, Milord....

LE COMTE.

Je suis enchanté de cette rencontre : le bien que ces Dames m'écrivent de vous...

ACTE IV.

SIR CHARLES.

Je me suis annoncé sous le nom de Campley, quoique ce ne soit pas le mien.

LE COMTE.

Ma sœur me mande qu'une affaire d'honneur vous force à le déguiser ici.

SIR CHARLES.

Contre mon Colonel. Il me poursuit ; mais vous jugez à ce qui m'arrive, quel homme est cet adversaire.

LE COMTE.

Cela est horrible ! nous en parlerons demain. Vous ne me quitterez pas de la nuit, crainte d'accident : je vous ferai donner un lit chez moi. J'éprouve cependant un singulier embarras à votre sujet.

SIR CHARLES.

Ordonnez de moi, je vous prie.

LE COMTE.

La circonstance m'oblige à vous faire un aveu. Je suis attendu dans cette maison pour une explication secrète : j'y venais à pied, lorsque j'ai eu le bonheur de vous être utile.

SIR CHARLES *souriant*.

Ne perdez pas avec moi un tems précieux.

LE COMTE.

Non : ce n'est pas ce que vous pensez sûrement. Mais vous savez que les mariages d'intérêt rompent souvent des liaisons agréables : c'est précisément mon histoire. Une fille charmante qui s'est donnée à moi, et que j'aime à la folie, loge ici depuis quelques jours avec sa famille; elle a eu vent de mon mariage, on m'a écrit ce soir : je viens... assez embarrassé, je l'avoue.

SIR CHARLES.

C'est une grisette, sans doute ?

LE COMTE.

Ah, rien moins! Voilà ce qui m'afflige et qui m'embarrasse. J'ai même un soupçon que ceci pourra bien avoir un jour des suites... Il y a un frère... Mais je crois entendre le signal convenu. Souffrez que je vous laisse un moment au jardin : vous voyez jusqu'où va déjà ma confiance en votre amitié. (*Le Comte le mène au jardin, revient et ferme la porte après lui.*)

SCÈNE VII.

Madame MURER, EUGÉNIE, LE COMTE *a posé son épée sur le fauteuil le plus près de la porte;* BETSY *tient une lumière, elle rallume les bougies sur la table, et se retire ensuite.*

Madame MURER *attirant Eugénie à elle.*

C'EST trop résister, Eugénie, je le veux absolument.

LE COMTE *d'un air empressé.*

J'arrive l'effroi dans l'âme. Un billet que j'ai reçu ce soir m'a glacé le sang : et les deux heures qui ont précédé ce moment ont été les plus cruelles de ma vie.

Madame MURER *fièrement.*

Ce n'est pas votre exactitude qu'il faut défendre.

LE COMTE.

Quel sombre accueil ! A quoi dois-je l'attribuer ?

Madame MURER *indignée.*

Descendez dans votre cœur.

LE COMTE.

Que dites-vous? Ces vains bruits d'un mariage auraient-ils opéré?...

EUGÉNIE *vivement à elle-même.*

Affreuse dissimulation !

Madame MURER *lui fermant la bouche de sa main.*

N'épuisez pas le reste de vos forces, ma chère nièce. (*Au Comte.*) Ainsi, tout ce qu'on rapporte à ce sujet n'est donc qu'un faux bruit ? (*Eugénie s'assied et couvre son visage de son mouchoir.*)

LE COMTE *moins ferme.*

Daignez revenir sur le passé, et jugez vous-même : comment se pourrait-il ?...

Madame MURER *l'examinant.*

Vous vous troublez....

LE COMTE *troublé.*

Si je ne suis pas cru, j'aurai pour moi... j'invoquerai les bontés de ma chère Eugénie.

Madame MURER *froidement.*

Pourquoi n'osez-vous l'appeler votre femme ?

ACTE IV.

EUGÉNIE *outrée, à elle-même*:

Qui m'aurait dit que mon indignation pût s'accroître encore!

LE COMTE *absolument déconcerté*.

En vérité, Madame, je ne conçois rien à ces étranges discours.

Madame MURER *avec fureur*.

Démens donc, vil corrupteur, le témoignage de tes odieux complices ; démens celui de ta conscience qui imprime sur ton front la difformité du crime confondu : lis. (*Elle lui donne la lettre de Williams. Le Comte la lit. Madame Murer le regarde avec attention pendant qu'il lit.*)

LE COMTE *a lu et dit à part*:

Tout est connu.

Madame MURER.

Il reste anéanti.

LE COMTE *hésitant*.

Je le suis en effet ; et je dois m'accuser puisque toutes les apparences me condamnent. Oui, je suis coupable. La frayeur de vous perdre, et la crainte d'un oncle trop puissant m'ont fait commettre la faute de m'assurer de vous par des voies illégitimes : mais je jure de tout réparer.

Madame Murer *à part.*

Et plus tôt que tu ne crois.

Le Comte *plus vite.*

Vous fûtes outragée sans doute, Eugénie ; mais votre vertu en est-elle moins pure ? a-t-elle pu souffrir un instant de mon injustice ? Un profond secret met votre honneur à couvert ; et si vous daignez accepter ma main, à qui aurais-je fait tort qu'à moi ? L'amant et l'époux ne se confondront-ils pas aux yeux de mon Eugénie ? Ah ! l'égarement d'un jour une fois pardonné, sera suivi d'un bonheur inaltérable.

Eugénie *se lève et le regarde avec dédain.*

O le plus faux des hommes ! fuis loin de moi. J'ai en horreur tes justifications. Va jurer aux pieds d'une autre femme des sentiments que tu ne connus jamais. Je ne veux t'appartenir à aucun titre : je sais mourir. (*Elle entre dans sa chambre.*)

Madame Murer *au Comte, en entrant après elle et emportant la lumière.*

L'abandonnerez-vous en cet état affreux ?

Le Comte *avec chaleur.*

Non, je la suis.

SCÈNE VIII.

LE COMTE seul.

ELLE se croit déshonorée, il suffit; elle est à moi, elle sera à moi. Ah, qu'ai-je fait! Pour l'abandonner, il ne fallait pas la revoir.

SCÈNE IX.

LE COMTE, SIR CHARLES rentrant.

SIR CHARLES *dans l'obscurité.*

Milord?

LE COMTE.

Est-ce vous, chevalier Campley?

SIR CHARLES.

C'est moi.

LE COMTE.

Pardon : encore un moment, et nous sortons ensemble. (*Il veut entrer chez Eugénie.*)

SIR CHARLES *l'arrêtant par le bras.*

Mais ne craignez-vous rien, Milord? Pour

une heure aussi avancée, je vois bien du monde sur pied.

LE COMTE *n'écoutant point.*

Ce sont des valets : je vous rejoins.

SCÈNE X.

SIR CHARLES *seul, d'un air de méfiance.*

IL y a un grand mouvement dans cette maison : on va, l'on court. J'ai vu du monde dans le jardin : on vient d'en fermer la porte... Il a l'air troublé, Milord... L'explication doit avoir été orageuse.

SCÈNE XI.

SIR CHARLES, Madame MURER.

Madame MURER *sort de la chambre d'Eugénie sans lumière, et dit à elle-même en marchant.*

LE voilà à ses genoux, l'instant est favorable : allons. (*Elle traverse le salon et sort par la porte du jardin.*)

SCÈNE XII.

SIR CHARLES *seul écoute, et n'entendant plus rien, dit* :

Ha ! ha ! cette voix a un rapport singulier....... (*Il se promène en fesant le geste de quelqu'un qui rejète une idée bizarre.*) C'est un homme bien lâche que ce Colonel !..... car ces gens n'étaient pas des voleurs..... Mais quelle foule de biens réunis dans la rencontre de Milord Clarendon ! mon libérateur ! l'homme qui doit solliciter ma grâce auprès du Roi ! Que de titres pour l'aimer !..... J'entends du bruit..... je vois de la lumière : écoutons.

SCÈNE XIII.

Madame MURER, SIR CHARLES.

Madame MURER *rentre, et dit à des gens qui sont derrière elle* :

N'entrez que quand on vous le dira ; vous vous rangerez tous vers la porte, et à sa sortie vous fondrez sur lui et l'arrêterez. Prenez bien garde qu'il ne vous échappe. (*Elle traverse le Salon en silence et rentre chez Eugénie. Les Laquais retournent au jardin.*)

Sir Charles *après avoir écouté.*

Il y a de la trahison ! Serais-je assez heureux pour être à mon tour utile à mon nouvel ami ?.....

SCÈNE XIV.

LE BARON, SIR CHARLES.

Le Baron *entre par la porte du vestibule, le chapeau sur la tête et l'épée au côté sans lumière.*

Le projet de ma sœur m'inquiète; Clarendon serait-il ici?

Sir Charles *tire son épée, et marchant fièrement au Baron, lui met la pointe sur le cœur, et lui dit :*

Qui que vous soyez, n'avancez pas.

Le Baron *crie, en portant la main à la garde de l'épée :*

Quel est donc l'insolent ?

Sir Charles *d'un ton encore plus fier.*

N'avance pas, ou tu es mort.

SCÈNE XV.

LE BARON, SIR CHARLES.

Des valets armés entrent précipitamment avec des flambeaux allumés par la porte du jardin.

Le Baron *reconnaissant Sir Charles.*

Mon fils !

Sir Charles.

O Ciel ! mon père !

Le Baron.

Par quel bonheur es-tu chez moi à cette heure ?

Sir Charles.

Chez vous ! Et quel est donc cet appartement ? (*Montrant celui où il a vu entrer le Comte.*)

LE BARON.

C'est celui de ta sœur.

SIR CHARLES *avec un mouvement terrible.*

Ah, grands Dieux ! Quelle indignité !

SCÈNE XVI.

Mad. MURER, LE BARON, SIR CHARLES, LES GENS.

Madame MURER *accourant au bruit, et s'écriant d'étonnement :*

SIR Charles !....... C'est le Ciel qui nous l'envoie.

SIR CHARLES *au désespoir.*

Affreux événement ! Je n'ai plus que le choix d'être ingrat ou déshonoré.

Madame MURER.

Il va sortir.

SIR CHARLES *troublé.*

Ma sœur ! mon libérateur ! Je suis épouvanté de ma situation.

Madame MURER.

Osez-vous balancer ?

SIR CHARLES *les dents serrées.*

Balancer?..... Non, je suis décidé.

Madame MURER *aux valets.*

Approchez tous.

SCÈNE XVII.

Madame MURER, LE BARON, SIR CHARLES, LES GENS, BETSY, LE COMTE, EUGÉNIE.

EUGÉNIE *au bruit ouvre sa porte, et retenant le Comte, dit:*

ILS sont armés! O Dieux! ne sortez pas.

LE COMTE *la repoussant.*

Je suis trahi. (*A Sir Charles.*) Mon ami, donnez-moi mon épée. (*Sir Charles, qui tient toujours son épée nue, court se saisir de celle du Comte.*)

Presque en même-temps.

EUGÉNIE *effrayée.*
C'est mon frère!
LE COMTE.
Son frère!
SIR CHARLES *furieux.*
Oui, son frère.

Le Comte *à Eugénie, avec mépris.*

Ainsi donc vous m'attiriez dans un piége abominable !

Eugénie *troublée.*

Il m'accuse !

Le Comte.

Votre colère, vos dédains n'étaient qu'une feinte pour leur donner le loisir de me surprendre.

Eugénie *tombant mourante sur un fauteuil, Betsy la soutient.*

Voilà le dernier malheur.

Madame Murer *au Comte.*

Tous ces discours sont inutiles : il faut l'épouser sur-le-champ, ou périr.

Le Comte *avec indignation.*

Je céderais au vil motif de la crainte ! Ma main serait le fruit d'une basse capitulation !...... Jamais.

Madame Murer.

Qu'as-tu donc promis tout-à-l'heure ?

Le Comte *sur le même ton.*

Je rendais hommage à la vertu malheureuse :

Laissez faire mon fils.

ACTE IV.

sa douleur était plus forte qu'un million de bras armés. Elle amollissait mon cœur, elle allait triompher ; mais je méprise des assassins.

Le Baron.

M'as-tu cru capable de l'être ? Juges-tu de moi par le déshonneur où tu nous plonges ?

Madame Murer *fortement aux valets.*

Saisissez-le.

Sir Charles *se jète entre le Comte et les valets.*

Arrêtez.

Madame Murer *plus fort.*

Saisissez-le, vous dis-je.

Sir Charles *d'une voix et d'un geste terribles.*

Le premier qui fait un pas.....

Le Baron *aux valets.*

Laissez faire mon fils.

Madame Murer *va se jeter dans un fauteuil, en croisant ses mains sur son front, comme une personne au désespoir.*

Sir Charles *au Comte, du ton d'un homme qui contient une grande colère.*

Ma présence vous rend ici, Milord, ce que

vous avez fait pour moi : nous sommes quittes. Les moyens qu'on emploie contre vous sont indignes de gens de notre état. Voilà votre épée. (*Il la lui présente.*) C'est désormais contre moi seul que vous en ferez usage. Vous êtes libre, Milord, sortez. Je vais assurer votre retraite : nous nous verrons demain.

Le Comte *étonné, regardant Eugénie et Sir Charles tour-à-tour, dit à plusieurs reprises :*

Monsieur, je.... j'y compte..... je vous attendrai chez moi. (*Il regarde de nouveau Eugénie en soupirant comme un homme désolé. Il sort par la porte du jardin ; le Baron retient les valets, et lui livre le passage.*)

SCÈNE XVIII.

EUGÉNIE, LE BARON, Madame MURER, leurs Gens, SIR CHARLES.

Madame Murer *furieuse, se relevant et s'adressant à son neveu :*

C'était donc pour l'arracher de nos mains que tu t'es rencontré ici ?

SIR CHARLES *troublé.*

Vous me plaindrez tous, lorsque vous saurez..... Vous serez vengés, n'en doutez pas...... Mais cette Eugénie dont toute la famille était si vaine.....

Madame MURER *d'un ton furieux.*

Sir Charles........ vengez votre sœur, et ne l'accusez pas. Elle est l'innocente victime....... Entrons chez elle : venez, vous frémirez de mon récit.

SIR CHARLES *pénétré de douleur.*

Elle n'est pas coupable ! Ah, ma sœur ! pardonne mon erreur. Reçois..... (*Il lui prend les mains.*) Elle ne m'entend pas. (*A sa tante.*) Ne songez qu'à la secourir. (*Madame Murer, Betsy, et Robert qui se détache du groupe des valets, emmènent Eugénie dans sa chambre pardessous les bras.*)

SCÈNE XIX.

LE BARON, SIR CHARLES, les Gens.

Sir Charles *du ton le plus terrible, en prenant la main du Baron.*

Et vous, mon père! recevez pour elle le serment que je fais.... Oui, si la rage qui me possède ne m'a pas étouffé; si le feu qui dévore le sang de cette infortunée ne l'a pas tari avant le jour; je jure, par vous, qu'une vengeance éclatante aura devancé sa mort.

Le Baron.

Viens, mon cher fils. (*Ils entrent chez Eugénie. Les laquais sortent par la porte du vestibule avec leurs flambeaux.*)

FIN DU QUATRIÈME ACTE.

ACTE IV.

JEU D'ENTR'ACTE.

Betsy *sort de l'appartement d'Eugénie, très-affligée, un bougeoir à la main, car il est pleine nuit. Elle va chez Madame Murer, et en rapporte une cave à flacons qu'elle pose sur la table du salon, ainsi que sa lumière. Elle ouvre la cave, et examine si ces flacons sont ceux qu'on demande. Elle porte ensuite la cave chez sa maîtresse, après avoir allumé les bougies qui sont sur la table. Un instant après, le Baron sort de chez sa fille d'un air pénétré, tenant d'une main un bougeoir allumé, et de l'autre cherchant une clef dans ses goussets; il s'en va par la porte du vestibule qui conduit chez lui, et en revient promptement avec un flacon de sels, ce qui annonce qu'Eugénie est dans une crise affreuse. Il rentre chez elle. On sonne de l'intérieur; un Laquais arrive au coup de sonnette. Betsy vient de l'appartement de sa maîtresse en pleurant, et lui dit tout bas de rester au salon pour être plus à portée. Elle sort par le vestibule. Le Laquais s'assied sur le canapé du fond, et s'étend en bâillant de fatigue. Betsy revient avec une serviette sur son bras, une écuelle de porcelaine couverte à la main; elle rentre chez Eugénie. Un moment après, les Acteurs paraissent, le valet se retire, et le cinquième Acte commence. Il serait assez bien que l'orchestre, pendant cet Entracte, ne jouât que de la musique douce et triste, même avec des sourdines, comme si ce n'était qu'un bruit éloigné de quelque maison voisine; le cœur de tout le monde est trop en presse dans celle-ci pour qu'on puisse supposer qu'il s'y fait de la musique.*

ACTE V.

SCÈNE PREMIÈRE.

SIR CHARLES, madame MURER, *sortant de la chambre d'Eugénie.*

Madame MURER.

Passons ici maintenant qu'elle est un peu calmée; nous y parlerons avec plus de liberté.

Sir Charles *d'un ton terrible.*

Après ce que vous venez de me dire, après tout ce que j'ai appris.... l'outrage et l'horreur sont à leur comble. Ma fureur ne connaît plus de bornes. Le sort en est jeté : il va périr.

SCÈNE II.

Mad. MURER, SIR CHARLES, EUGÉNIE *sortant de sa chambre, l'air troublé, l'habillement en désordre, les cheveux à bas, sans collier ni rouge, et absolument décoiffée.*

EUGÉNIE.

Qu'ai-je entendu ? Mon frère....

SIR CHARLES *lui baisant la main.*

Chère et malheureuse Eugénie ! si je n'ai pu prévenir le crime, au moins j'aurai la triste satisfaction de le punir.

EUGÉNIE *cherchant à le retenir.*

Arrêtez.... Quel fruit attendez-vous ?

SIR CHARLES *avec fermeté.*

Ma sœur, quand on n'a plus le choix des moyens, il faut se faire une vertu de la nécessité.

EUGÉNIE *d'une voix altérée.*

Vous parlez de vertu ! et vous allez égorger votre semblable !

Sir Charles *indigné.*

Mon semblable! un monstre!

Eugénie.

Il vous a sauvé la vie.

Sir Charles *fièrement.*

Je ne lui dois plus rien.

Eugénie *éperdue.*

Grand Dieu! sauvez-moi de mon désespoir... Mon frère... au nom de la tendresse, et surtout au nom du malheur qui m'accable... Serai-je moins infortunée, moins perdue, quand le nom d'un parjure... quand son souvenir sera effacé sur la terre?... (*Plus fort.*) Et si votre présomption se trouvait punie par le fer de votre ennemi? quel coup affreux pour un père! Vous l'appui de sa vieillesse, vous allez mettre au hasard cette vie dont il a tant besoin!... (*D'une voix brisée.*) pour une malheureuse fille que tous vos efforts ne peuvent plus sauver. Je vais mourir.

(Madame Murer *se jète sur un siége contre la table et appuie sa tête dessus.*)

Sir Charles *avec feu.*

Tu vivras... pour jouir de ta vengeance.

EUGÉNIE *désespérée, du ton le plus violent.*

Non je n'en suis pas digne. En faut-il des preuves ? Ah! je me méprise trop pour les dissimuler. Tout perfide qu'il est, mon cœur se révolte encore pour lui : je sens que je l'aime malgré moi. Je sens que, si j'ai le courage de le mépriser vivant, rien ne pourra m'empêcher de le pleurer mort. Je détesterai votre victoire ; vous me deviendrez odieux ; mes reproches insensés vous poursuivront partout : je vous accuserai de l'avoir enlevé au repentir.

SIR CHARLES *en colère.*

L'honneur outragé s'indigne de tes discours, et méprise tes larmes. Adieu, je vole a mon devoir.

EUGÉNIE *égarée.*

Ah, barbare ! arrêtez. . . . . . Quelle horrible marque d'attachement allez-vous m'offrir ?

(*Madame Murer la retient, Sir Charles sort.*)

SCÈNE III.

EUGÉNIE, Madame MURER, BETSY.

EUGÉNIE *continuant avec égarement.*

LE spectacle de son épée sanglante, arrachée du sein de mon époux..... (*D'un ton étouffé.*) Mon époux ! Quel nom j'ai prononcé ! Mes yeux se troublent.... les sanglots me suffoquent...
(*Madame Murer et Betsy s'asseyent.*)

Madame MURER.

Modérez l'excès de votre affliction.

EUGÉNIE *pleurant amèrement.*

Non : l'on ne connaîtra jamais la moitié de mes tourments. L'insensé qu'il est ! s'il savait quel cœur il a déchiré !

Madame MURER *pleurant aussi.*

Consolez-vous, ma chère fille : l'horrible histoire sera ensevelie dans un profond secret. Espérez, mon enfant.

EUGÉNIE *hors d'elle-même.*

Non je n'espérerai plus : je suis lasse de courir au devant du malheur. Eh plût à Dieu que je fusse entrée dans la tombe, le jour qu'au mépris du respect de mon père, je me rendis à vos instances ! Votre cruelle tendresse a creusé l'abîme où l'on m'a entraînée.

Madame MURER *avec saisissement.*

Quoi!...vous aussi, Miss!...

EUGÉNIE *troublée.*

Je m'égare.... Ah! pardon, Madame : oubliez une malheureuse..... (*D'une voix ténébreuse.*) Où donc est Sir Charles?... Il ne m'a pas entendue....Le sang va couler.... Mon frère ou son ennemi percé de coups.....

SCÈNE IV.

Les Acteurs précédents, LE BARON *entre.*

EUGÉNIE *lui crie avec désespoir :*

Mon père, vous l'avez laissé sortir!

LE BARON *pénétré.*

Crois-tu mon cœur moins déchiré que le tien? N'augmente pas mes peines, lorsque le courage de ton frère va tout réparer, *(à part)* ou nous rendre doublement à plaindre.

Eugénie *au désespoir, avec feu.*

Pouvez-vous l'espérer, mon père ? La vengeance de sa famille ne vivra-t-elle pas pour faire tomber votre fils à son tour ? Nos parents aussi fiers que les siens, laisseront-ils cette mort impunie ? Quel est donc le terme où le carnage devra s'arrêter ? Est-ce quand le sang des deux maisons sera tout-à-fait épuisé ?

Le Baron *avec colère.*

Imprudente ! Un cœur aussi crédule, avec autant de moyens de te garantir ! (*Betsy sort par le vestibule.*)

SCÈNE V.

EUGÉNIE, Mad. MURER, LE BARON, SIR CHARLES, *sans épée.*

Le Baron *appercevant Sir Charles.*

Mon fils !

Madame Murer.

Sitôt de retour !

ACTE V.

LE BARON.

Sommes-nous vengés ?

SIR CHARLES, *d'un air consterné.*

O mon père ! vous voyez un malheureux......
A deux pas d'ici, j'ai trouvé le Comte, il a voulu me parler; sans l'écouter, je l'ai forcé de se défendre ; mais lorsque je le chargeais le plus vigoureusement.... ô rage !.... mon épée rompue...

LE BARON.

Eh bien, mon fils ?....

SIR CHARLES.

Vous n'avez plus d'armes, m'a dit froidement le Comte; je ne regarde point cette affaire comme terminée ; j'approuve votre ressentiment; je connais, comme vous, les lois de l'honneur ; nous nous verrons dans peu.... Il est parti....

Madame MURER.

Pour aller terminer son mariage : voilà ce que j'avais prévu.

SIR CHARLES, *d'un ton désespéré.*

Je suis prêt à m'arracher la vie. Ma sœur ! ma chère Eugénie ! je t'avais promis un défenseur, le sort a trompé mon attente.

Eugénie, *assise, d'un ton mourant.*

Le Ciel a eu pitié de mes larmes; il n'a pas permis qu'un autre fût entraîné dans ma ruine..... O mon père!...O mon frère !... serez-vous plus inflexibles que lui? La douleur qui me tue va laver la tache que j'ai imprimée sur toute ma famille. (*Ici sa voix baisse par degrés.*) Mais ce sacrifice lui suffit; j'étais seule coupable, et le juste Ciel veut que j'expie ma faute par le déshonneur, le désespoir et la mort. (*Elle tombe épuisée, madame Murer la reçoit dans ses bras.*)

SCÈNE VI.

LE BARON, SIR CHARLES, Mad. MURER, EUGÉNIE (*les yeux fermés, renversée sur le fauteuil*), BETSY.

Betsy *accourant.*

On frappe à coups redoublés.

Madame Murer.

A l'heure qu'il est.... si matin.... Courez. Qu'on n'ouvre pas. (*Betsy sort.*)

SCÈNE VII.

Mad. MURER, LE BARON, SIR CHARLES, EUGÉNIE.

LE BARON.

Pourquoi ?

Madame MURER.

Il y a tout à craindre.... un homme aussi méchant.... son oncle....

LE BARON.

Que peut-on nous faire ?

Madame MURER.

Après ce qui s'est passé cette nuit, mon frère... un ordre supérieur..... votre fils... que sait-on ?...

SIR CHARLES.

Il n'est pas capable de cette lâcheté.

Madame MURER.

Il est capable de tout.

SCÈNE VIII.

Les mêmes Acteurs, BETSY *accourant*.

BETSY *toute essoufflée*.

C'est le comte de Clarendon.

SIR CHARLES, Madame MURER, *ensemble*.

Clarendon !

LE BARON.

Je le voudrais.

BETSY.

Je l'ai vu dans la cour..... le même habit. Il me suit.

SCÈNE IX et dernière.

Les mêmes, le comte DE CLARENDON *entre précipitamment, sans épée*.

LE BARON, *avec horreur*.

C'est lui.

Madame MURER.

Il veut la voir mourir.

ACTE V.

LE BARON.

Il mourra avant elle. (*Il avance vers lui, et met l'épée à la main.*) Défends-toi, perfide.

SIR CHARLES *se jetant au devant de lui.*

Mon père, il est sans armes.

LE COMTE.

J'ai cru que le repentir était la seule qui convînt au coupable. (*Il court se mettre aux genoux d'Eugénie.*) Eugénie, tu triomphes. Je ne suis plus cet insensé qui s'avilissait en te trompant; je te jure un amour, un respect éternels. (*Se levant avec effroi.*) O Ciel! l'horreur et la mort m'environnent! que s'est-il donc passé?

SIR CHARLES *pleurant.*

Ces nouvelles arrivent trop tard; l'objet de tant de larmes n'est plus en état de recevoir aucune consolation.

LE COMTE *vivement.*

Non, non. L'excès de la douleur seul a porté le trouble dans ses esprits.

Madame MURER *pleurant.*

Hélas! nous n'espérons plus rien. (*Betsy est*

debout derrière le fauteuil de sa maîtresse, et s'essuye les yeux avec son tablier.)

LE COMTE *effrayé.*

Craindriez-vous pour elle? Ah! laissez-moi me flatter que je ne suis pas si coupable. (*D'un ton plus doux.*) Eugénie! chère épouse! Cette voix qui avait tant d'empire sur ton cœur, ne peut-elle plus rien sur toi? (*Il lui prend la main.*)

EUGÉNIE, *rappelée à elle par le mouvement qu'elle reçoit, regarde en silence, fait un mouvement d'horreur en voyant le Comte, se retourne, et dit :*

Dieux !.... j'ai cru le voir....

LE COMTE *se remettant à ses pieds.*

Oui, c'est moi.

EUGÉNIE, *dans les bras de sa tante, dit en frissonnant sans regarder :*

C'est lui!

LE COMTE.

L'ambition m'égarait, l'honneur et l'amour me ramènent à vos pieds.... nos beaux jours ne sont pas finis.

ACTE V.

Eugénie, *les yeux fermés, et levant les bras.*

Qu'on me laisse.... qu'on me laisse....

Le Comte, *avec feu.*

Non, jamais. Ecoutez-moi. Cette nuit, en vous quittant, le cœur plein d'amour pour vous, et d'admiration pour un si noble ennemi (*il montre Sir Charles en se levant*), j'ai couru me jeter aux pieds de mon oncle, et lui faire un aveu de tous mes attentats. Le repentir m'élevait au-dessus de la honte. Il a vu mes remords, ma douleur; il a lu l'acte faux qui atteste mon crime et vos vertus. Mon désespoir et mes larmes l'ont fait consentir à mon union avec vous ; il serait venu lui-même ici vous l'annoncer : mais, le dirai-je, il a craint que je ne pusse jamais obtenir mon pardon. Prononcez, Eugénie, décidez de mon sort.

Eugénie, *d'une voix faible, lente et coupée.*

C'est vous !.... j'ai recueilli le peu de forces qui me restent, pour vous répondre.... ne m'interrompez point.... Je rends grâces à la générosité de Milord Duc.... je vous crois même sincère en ce moment...... mais l'état humiliant, dans lequel vous n'avez pas craint de me plonger.... l'opprobre, dont vous avez couvert celle que vous deviez chérir, ont rompu tous les liens....

Le Comte *vivement*.

N'achevez pas. Je puis vous être odieux; mais vous m'appartenez; mes forfaits nous ont tellement unis l'un à l'autre.....

Eugénie *douloureusement*.

Malheureux!... qu'osez-vous rappeler ?

Le Comte, *avec feu*.

J'oserai tout pour vous obtenir. Au défaut d'autres droits, je rappellerai mes crimes pour m'en faire des titres. Oui, vous êtes à moi. Mon amour, les outrages dont vous vous plaignez, mon repentir, tout vous enchaîne et vous ôte la liberté de refuser ma main; vous n'avez plus le choix de votre place, elle est fixée au milieu de ma famille : interrogez l'honneur; consultez vos parents; ayez la noble fierté de sentir ce que vous vous devez.

Le Baron *au Comte*.

Ce qu'elle se doit, est de refuser l'offre que vous lui faites; je ne suis pas insensible à votre procédé, mais j'aime mieux la consoler toute ma vie du malheur de vous avoir connu, que de

ACTE V.

la livrer à celui qui a pu la tromper une fois. Sa fermeté lui rend toute mon estime.

Le Comte *pénétré.*

Laissez-vous toucher, Eugénie; je ne survivrais pas à des refus obstinés.

Eugénie *veut se lever pour sortir, sa faiblesse la fait retomber assise.*

Cessez de me tourmenter par de vaines instances; le parti que j'ai pris est inébranlable; j'ai le monde en horreur.

Le Comte *regardant autour de lui, s'adresse enfin à Madame Murer.*

Madame, je n'espère plus qu'en vous.

Madame Murer *fièrement.*

Je consens qu'elle vous pardonne, si vous pouvez vous pardonner à vous-même.

Le Comte, *d'une voix forte et d'un ton de dignité.*

Vous avez raison; celui qui s'est rendu si criminel, est à jamais indigne de partager son sort. Vous n'ajouterez rien dont je ne sois pénétré d'avance.... (*A Eugénie avec plus de chaleur.*) Mais, cruelle! quand le ciel et la terre déposent contre mon indignité, aucun murmure ne se fait-il entendre dans ton sein ? et l'être infortuné qui te devra bientôt le jour, n'a-t-il pas des droits plus sacrés que ta résolution ? C'est pour lui que j'élève une voix coupable ; lui raviras-tu, par une double cruauté, l'état qui lui est dû ? et l'amour outragé ne cédera-t-il pas au cri de la nature ? (*En s'adressant à tous.*) Barbares! si vous ne vous rendez pas à ces raisons, vous êtes tous, s'il se peut, plus inhumains, plus féroces que le monstre qui a pu outrager sa vertu, et qui meurt de douleur à vos pieds. (*Il tombe aux pieds du baron.*) Mon père!

Le Baron *le relevant, lui serre les mains, et après un moment de silence :*

Je vous la donne.

Le Comte *s'écrie :*

Eugénie!

Le Baron *à Eugénie.*

Rendons-nous, ma fille ; celui qui se repent de bonne foi, est plus loin du mal que celui qui ne le connut jamais.

Eugénie *regarde son père, laisse tomber sa main dans celle du Comte, et va parler. Le Comte lui coupe la parole.*

Le Comte, *par exclamation.*

Elle me pardonne!

Je vous la donne.

ACTE V.

EUGÉNIE, *après un soupir :*

Va ! tu mérites de vaincre ; ta grâce est dans mon sein, et le père d'un enfant si désiré ne peut jamais m'être odieux. Ah, mon frère ! ah, ma tante ! la vue du contentement que je fais naître en vous, me remplit de joie à mon tour. (*Madame Murer l'embrasse avec joie.*)

LE COMTE *transporté.*

Eugénie me pardonne ; ah ! la mienne est extrême ; cet événement va nous rendre tous aussi heureux que vous êtes digne de l'être, et que j'ai peu mérité de le devenir.

SIR CHARLES *au Comte.*

Généreux ami ! que d'éloges nous vous devons !

LE COMTE.

Je rougirais de moi, si je n'avais aspiré qu'à les obtenir : le bonheur avec Eugénie, la paix avec moi-même, et l'estime des honnêtes gens ; voilà le seul but auquel j'ose prétendre.

LE BARON *avec joie.*

Mes enfants, chacun de vous a fait son devoir aujourd'hui : vous en recevez la récompense. N'oubliez donc jamais qu'il n'y a de vrais biens sur la terre, que dans l'exercice de la vertu.

Le Comte *baisant la main d'Eugénie avec enthousiasme.*

O ma chère Eugénie !....

Tous se rassemblent autour d'elle, et la toile tombe.

FIN DU CINQUIÈME ET DERNIER ACTE.

LES DEUX AMIS,

ou

LE NÉGOCIANT DE LYON,

DRAME

EN CINQ ACTES ET EN PROSE.

Représenté pour la première fois sur le Théâtre de la Comédie Française, à Paris, le 13 janvier 1770.

Qu'opposerez-vous aux faux jugements, à l'injure, aux clameurs?

Rien.

Les deux Amis, Acte IV, Scène VII.

AVERTISSEMENT
DE L'AUTEUR.

Pour faciliter les positions théâtrales aux acteurs de province ou de société qui joueront ce drame, on a fait imprimer, au commencement de chaque scène, le nom des personnages, dans l'ordre où les comédiens français se sont placés, de la droite à la gauche, au regard des spectateurs. Le seul mouvement du milieu des scènes reste abandonné à l'intelligence des acteurs.

Cette attention de tout indiquer peut paraître minutieuse aux indifférents; mais elle est agréable à ceux qui se destinent au théâtre, ou qui en font leur amusement; surtout s'ils savent avec quel soin les comédiens français les plus consommés dans leur art, se consultent, et varient leurs positions théâtrales aux répétitions, jusqu'à ce qu'ils ayent rencontré les plus favorables, qui sont alors consacrées, pour eux et leurs successeurs, dans le manuscrit déposé à leur bibliothèque.

C'est en faveur des mêmes personnes que l'on a partout indiqué la pantomime. Elles sauront gré à celui qui s'est donné quelques peines pour leur en épargner; et si le drame, par cette façon de l'écrire, perd un peu de sa chaleur à la lecture, il y gagnera beaucoup de vérité à la représentation.

PERSONNAGES. ACTEURS.

AURELLY, riche Négociant de Lyon, homme vif, honnête, franc et naïf. *M. Préville.*

MÉLAC père, Receveur général des Fermes, à Lyon, Philosophe sensible. *M. Brizard.*

PAULINE, Nièce d'Aurelly, élevée par Mélac père, jeune personne au-dessus de son âge. *Mlle. Doligny.*

MÉLAC fils, élevé avec Pauline, jeune homme bouillant, et d'une sensibilité excessive. *M. Molé.*

SAINT-ALBAN, Fermier général en tournée, homme du monde estimable. *M. Belcour.*

DABINS, Caissier d'Aurelly, Protégé de Mélac père, homme de jugement, et fort attaché à son Proctecteur. *M. Pin.*

ANDRÉ, Domestique de la maison, garçon très-simple. *M. Feulie.*

La Scène est à Lyon, dans le Salon commun d'une Maison occupée par Aurelly et Mélac.

LES DEUX AMIS.

ACTE PREMIER.

SCÈNE PREMIÈRE.

PAULINE, MÉLAC Fils.

*Il est dix heures du matin. Le Théâtre représente un Salon; à l'un des côtés est un clavecin ouvert avec un pupitre chargé de Musique. Pauline en peignoir est assise devant; elle joue une pièce. Mélac debout à côté d'elle, en habit du matin, ses cheveux relevés avec un peigne, un violon à la main, l'accompagne. La toile se lève aux premières mesures de l'*Andante (1).

PAULINE *après que la pièce est jouée.*

Comment trouvez-vous cette sonate?

MÉLAC fils.

Votre brillante exécution la fait beaucoup valoir.

---

(1) Pendant que les Acteurs sont censés faire de la

PAULINE.

C'est votre avis que je demande, et non des éloges.

MÉLAC fils.

Je le dis aussi ; elle me plairait moins sous les doigts d'un autre.

PAULINE *se lève.*

Fort bien ; mais je m'en vais, je n'ai point encore vu mon oncle.

MÉLAC fils *l'arréte.*

Il est sorti ; il va......

PAULINE.

A la bourse, apparemment ?

MÉLAC fils.

Je le crois. Le paiement s'ouvre demain. Ce temps critique et dangereux pour les négociants de Lyon exige qu'ils se voient.....

PAULINE.

Il s'est retiré bien tard cette nuit !

Musique, les premiers violons de l'orchestre jouent, avec des sourdines, un *andante*, que les seconds-dessus et les basses accompagnent en pinçant, ce qui complète l'illusion du petit concert que le spectacle représente.

Mélac fils.

Ils ont long-temps jasé. Mon père se plaignait à lui des fermiers-généraux, qui me refusent la survivance de sa place de receveur général des Fermes.

Pauline.

Bien malhonnêtement, sans doute ?

Mélac fils.

Sous prétexte qu'ils l'ont donnée. « Voilà » comme vous êtes, lui disait votre oncle. Ne » demandant jamais, un autre sollicite, il ob- » tient le prix de vos longs services. » Mais savez-vous ce que j'ai pensé, Pauline ? c'est que si quelqu'un dans la compagnie nous a desservis, ce ne peut être que Saint-Alban.

Pauline.

Que vous êtes injuste ! J'ai vu tout ce qu'il a écrit en votre faveur.

Mélac fils.

On fait voir ce qu'on veut.

Pauline

Vous vous plaisez bien à l'accuser.

Mélac fils.

Pas tant que vous à le défendre.

PAULINE *fâchée.*

Vous m'impatientez. Depuis son départ, il faut donc se résoudre à voir toutes nos conversations rentrer dans celle-ci ?

MÉLAC fils, *d'un air fin.*

Allons, la paix. — Ils ont ensuite parlé de votre établissement..... du mien..... Mon père m'a fait signe, je me suis retiré; mais, en sortant, j'ai entendu qu'il disait un mot..... Ah ! Pauline.....

(*Il veut lui prendre la main.*)

PAULINE *se recule.*

Eh bien, Monsieur !

MÉLAC fils.

Un certain mot.....

PAULINE *l'interrompt.*

Je ne suis pas curieuse. — Parlons de la petite fête que nous préparons à mon oncle, à l'occasion de ses lettres de noblesse : y songez-vous ?

MÉLAC fils.

J'ai tout arrangé dans ma tête. Nous commencerons par un concert ; peu de monde, nous et nos maîtres. Sur la fin, on viendra l'avertir qu'on le demande. Pendant son absence, un tapis, deux paravents feront l'affaire, et nous lui donnerons la plus jolie petite pièce.....

PAULINE.

Oh ! point de comédie.

MÉLAC fils.

Pourquoi ?

PAULINE.

Vous connaissez la faiblesse de ma poitrine.

MÉLAC fils.

On ne crie pas la comédie, ce n'est qu'en parlant qu'on la joue bien. Figure charmante ! organe flexible et touchant ! de l'âme surtout..... Que vous manque-t-il ? une jeune actrice se fait toujours assez entendre lorsqu'elle a le talent de se faire écouter.

PAULINE.

Oh ! ce n'est ni d'éloquence, ni d'adresse qu'on vous accusera de manquer, pour ramener les gens à vos idées..... Et les couplets que je vous ai demandés ?

MÉLAC fils, *tendrement*.

Vous craignez qu'on ne les oublie ! injuste Pauline !.....

PAULINE *l'interrompt en s'asseyant.*

Essayons encore une pièce avant de m'habiller.

MÉLAC fils, *s'assurant de l'accord du violon.*

Volontiers.

PAULINE.

Donnez-moi le nouveau livre.

MÉLAC fils, *avec humeur.*

Pourquoi ne pas suivre le même ?

PAULINE.

Pour sortir un peu de l'ancien genre. Au reste, comme c'était uniquement pour vous.....

MÉLAC fils, *d'un air incrédule.*

Oui, pour moi !

PAULINE *riant.*

Voilà bien les ingrats ! cherchant toujours à diminuer l'obligation, pour n'être point tenus de la reconnaissance ! Cette musique n'est-elle pas plus piquante, plus variée ?

MÉLAC fils, *mécontent.*

Piquante, variée, délicieuse ! C'est le beau Saint-Alban qui vous l'a choisie à Paris.

PAULINE.

Et toujours Saint-Alban ! Vous êtes bien

étrange ! Votre souverain bonheur serait que personne ne m'aimât !

MÉLAC fils.

Je ne serai donc jamais heureux.

PAULINE.

Vous voudriez..... qu'on ne pût me souffrir.

MÉLAC fils.

Je ne désire point l'impossible.

PAULINE *gaîment.*

Hé ! il ne faudrait pas trop vous presser pour vous le faire avouer ingénument.

MÉLAC fils.

Non ; mais il est assez simple que je n'aime point un homme qui affiche des sentiments pour vous.

PAULINE.

Pour le venger de cette humeur, vous accompagnerez sa favorite.

MÉLAC fils.

Oh ! non.

(*Il pose le violon sur une chaise.*)

PAULINE.

Vous me refusez ?

Mélac fils.

J'aime mieux demander pardon de tout ce que j'ai dit. (*Il se met à genoux.*)

Pauline.

Et moi je le veux.

Mélac fils.

C'est une tyrannie.

Pauline *plaisantant*.

Obéissez, ou je ne vous appelle plus mon frère.

Mélac fils, *d'un air hypocrite, en se relevant.*

Si ce nom vous déplaît, vous avez un autre moyen de m'y faire renoncer.

Pauline.

Et c'est ?

Mélac fils.

De m'en permettre un plus doux.

SCÈNE II.

PAULINE, MÉLAC fils, MÉLAC père.

(*Mélac père paraît dans le fond.*)

PAULINE.

Je ne vous entends pas.

MÉLAC fils.

Vous ne m'entendez pas ? Je vais.....

PAULINE *lui coupant la parole.*

Je vais..... je vais jouer la pièce : m'accompagnerez-vous, oui ou non ?

MÉLAC fils *lui baise la main.*

Pardon, pardon ; mais pour celle-ci, en vérité elle est trop difficile.

PAULINE *avec une petite moue.*

Hum........ Mauvais caractère ! je sais ce qui vous la fait voir ainsi. (*Il lui baise les mains, elle se fâche.*) Finissez, M. de Mélac, je vous l'ai déjà dit. Ces libertés m'offensent : laissez mes mains.

MÉLAC fils.

Qui pourrait refuser..... (*Il continue à lui baiser les mains.*) un juste hommage..... à leur dextérité ?

(*Mélac père se retire avec mystère.*)

SCÈNE III.

MÉLAC fils, PAULINE.

PAULINE *s'échappant.*

ENCORE? obstiné! mutin! disputeur! audadacieux! jaloux!.... Car vous méritez tous ces noms-là. Vous refusez de m'accompagner, vous en aurez ce soir la honte publique.

SCÈNE IV.

MÉLAC fils, *seul.*

MON cœur la suit.... Ah! Pauline.... Je plaisante avec elle.... Je dispute.... Je l'obstine.... Sans ce détour, je n'oserais jamais.... Si mon père m'eût obtenu cette survivance, mon état une fois fait.... « Je le veux absolument, dit-elle,

Qui pourrait refuser......
Un juste hommage à leur dextérité.

Acte I. Scène II.

» obéissez »…. J'aime à la voir prendre ainsi possession de moi sans qu'elle s'en doute…. (*Il va fermer le clavecin.*) Oui; mais elle a beau dire, je ne jouerai point la musique de son Saint-Alban…. Que je le hais avec son esprit, sa richesse et son air affectueux! il avait bien affaire de rester trois semaines ici, ce beau fermier-général! On l'envoie en tournée…

SCÈNE V.

MÉLAC fils, MELAC père.

MÉLAC père, *jouant l'étonné*.

Tout seul, mon fils! il me semblait avoir entendu de la musique.

MÉLAC fils.

C'était Pauline, mon père; elle est allée s'habiller.

MÉLAC père.

Mais, vous Mélac, vous n'êtes pas décemment : ces cheveux….

MÉLAC fils.

Elle était en peignoir elle-même.

MÉLAC père.

Cette aimable confiance de l'innocence n'autorise point à lui manquer.

MÉLAC fils.

Moi, lui manquer, mon père!

MÉLAC père.

Oui, mon fils, c'est lui manquer que de vous montrer à ses yeux dans ce désordre. Parce qu'elle ignore le danger, ou vous estime assez pour n'en point craindre avec vous, est-ce une raison d'oublier ce que vous devez à son sexe, à son âge, à son état ?

MÉLAC fils.

Je ne vais point chez elle ainsi. Ce salon nous est commun, nous y avons toujours étudié le matin.... Quand on demeure ensemble.... Mais mon père, jusqu'à présent, vous ne m'avez rien dit.... Est-ce monsieur Aurelly qui fait cette remarque?

MÉLAC père.

Son oncle? Non, mon ami. Aussi simple qu'honnête, Aurelly ne suppose jamais le mal où il ne le voit pas ; mais tout occupé de son commerce, il s'est reposé sur moi des mœurs et de l'éducation de sa nièce, et je dois la garantir par mes soins.....

MÉLAC fils.

La garantir!

MÉLAC père.

Elle n'est plus un enfant, mon fils; et ces familiarités d'autrefois.....

MÉLAC fils, *un peu déconcerté.*

J'espère ne jamais m'oublier devant elle, et lui montrer toujours autant de respect que je renferme d'attachement.

MÉLAC père.

Pourquoi le renfermer, s'il n'est que raisonnable? Riez avec elle, dans la société, devant moi, devant son oncle, très-bien : mais c'est lorsque vous la trouvez seule, mon fils, qu'il faut la respecter. La première punition de celui qui manque à la décence, est d'en perdre bientôt le goût; une faute en amène une autre, elles s'accumulent; le cœur se déprave; on ne sent plus le frein de l'honnêteté que pour s'armer contre lui : on commence par être faible, on finit par être vicieux.

MÉLAC fils, *déconcerté.*

Mon père, ai-je donc mérité une aussi sévère réprimande?

Théâtre. I.

MÉLAC père, *d'un ton plus doux.*

Des avis ne sont point des reproches. Allez, mon fils; mais n'oubliez jamais que la nièce de votre ami, du bienfaiteur de votre père, doit être sacrée pour vous. Souvenez-vous qu'elle n'a point de mère qui veille à sa sûreté. Songez que mon honneur et le vôtre doivent être ici les appuis de son innocence et de sa réputation. Allez vous habiller.

SCÈNE VI.

MÉLAC père, *seul.*

S'IL s'était douté que je l'eusse vu, il eût mis, à se disculper, toute l'attention qu'il a donnée à ma morale. On ne se ment pas à soi-même; et s'il a tort, il se fera bien sans moi l'application de la leçon. Ceci me rappelle avec quel soin Aurelly détournait la conversation hier au soir, quand je la mis sur l'établissement de sa nièce. Sa nièce!... Mais est-il bien vrai qu'elle le soit?... Son embarras en m'en parlant semblait tenir.... de la confusion.... Je me perds dans mes soupçons.... Quoi qu'il en soit, je ne veux pas que mon ami puisse jamais me reprocher d'avoir fermé les yeux sur leur conduite.

SCÈNE VII.

MÉLAC père, ANDRÉ, *en papillotes et en veste du matin, un ballet de plumes sous son bras, entre, regarde de côté et d'autre, et s'en retourne.*

ANDRÉ.

Il n'y est pas, monsieur Dabins.

MÉLAC père.

Qu'est-ce?

ANDRÉ.

Ah! ce n'est rien. C'est ce gros Monsieur.....

MÉLAC père.

Quel Monsieur?

ANDRÉ, *d'un ton niais.*

Celui qui vient.... Qui m'a tant fait rire le jour de cette histoire....

MÉLAC père.

Est-ce qu'il n'a pas de nom?

ANDRÉ.

Si fait, il a un nom. Monsieur.... Monsieur.... C'est qu'il s'appelle encore autrement.

####### Mélac père.

Autrement que quoi?

####### André.

Je l'ai bien entendu peut-être.... Paris, deux et demi; Marseille, Canada, trente-huit, que sais-je?

####### Mélac père, *riant de pitié.*

Ah! l'agent de change?

####### André.

C'est ça.

####### Mélac père.

Mais ce n'est pas moi qu'il cherche?

####### André.

C'est monsieur Dabins.

####### Mélac père.

Qu'il passe à la caisse d'Aurelly.

####### André.

Il en vient; ce caissier n'est-il pas déjà sorti!

####### Mélac père.

Un jour comme celui-ci! Il est donc fou!

####### André.

Je ne sais pas.

####### Mélac père.

Voyez à sa chambre, au jardin, partout.

ANDRÉ *va et revient.*

Moi, j'ai mon ouvrage.... et si je ne le trouve pas, qu'est-ce qu'il faut que je lui dise?

MÉLAC père.

Rien. Car on ne finirait plus....

SCÈNE VIII.

MÉLAC père, *seul.*

Qui croirait qu'un garçon aussi simple fût le fait d'un homme bouillant, d'Aurelly? sa règle est assez juste. Aux gens de cet état, moins d'esprit, moins de corruption.

SCÈNE IX.

DABINS, MÉLAC père.

MÉLAC père.

On vous cherche, monsieur Dabins.

DABINS, *d'un air effrayé.*

Depuis une heure, monsieur, j'épie le moment de vous trouver seul.

MÉLAC père.

Que me voulez-vous?

DABINS.

Puis-je parler en liberté?

MÉLAC père.

Vous êtes pâle, défait, votre voix est tremblante!

DABINS.

Ah! Monsieur!

MÉLAC père.

Expliquez-vous.

DABINS.

Comment vous apprendre le malheur?...

DABINS.

Sortez de ce trouble. Parlez.

DABINS.

Cette lettre que je reçois à l'instant...

MÉLAC père.

Que dit-elle de sinistre?

DABINS.

Vous aimez monsieur Aurelly?

ACTE PREMIER.

MÉLAC père.

Si je l'aime! Vous me faites trembler.

DABINS.

A moins d'un miracle, il faut qu'il manque à ses paiements demain. Il faut....

MÉLAC père, *regardant de tous côtés.*

Malheureux! si quelqu'un vous entendait..... Vous perdez le sens... D'où savez vous?.... Cela ne saurait être.

DABINS.

J'ai prévu votre surprise et votre douleur; mais le fait n'est que trop avéré.

MÉLAC père.

Avéré! dites-vous? — Je n'ose l'interroger. — Monsieur Dabins, songez-vous à l'importance?.... Il m'a troublé.

DABINS.

Monsieur Aurelly avait, à Paris, pour huit cent mille francs d'effets.

MÉLAC père.

Chez son ami Monsieur de Préfort, je le sais.

DABINS.

Il me dit, il y a quelque temps, d'écrire à ce

correspondant de les vendre, et de m'envoyer tout le papier sur Lyon qu'on pourrait trouver.

MÉLAC père.

Après ?

DABINS.

Au lieu d'argent que j'attendais aujourd'hui, son fils me dépêche un courrier, qui a gagné douze heures sur celui de la poste.

MÉLAC père.

Eh bien ! ce courrier ?

DABINS.

M'apprend qu'au moment de négocier nos effets, Monsieur de Préfort s'est trouvé atteint d'un mal violent, qui l'a emporté en deux jours, et qu'on a mis aussitôt le scellé sur son cabinet.

MÉLAC père.

Pourquoi cet effroi ? Je regrète Préfort ; mais il laisse une fortune immense. Aurelly réclamera ses effets, qui lui seront remis. C'est tout au plus un retard : achevez.

DABINS.

J'ai tout dit. Notre paiement était fondé sur ces rentrées qui n'ont jamais manqué ; nous n'avons pas dix mille francs en caisse.

ACTE PREMIER.

MÉLAC père.

Et vous devez en payer demain ?

DABINS.

Six cent mille. Il y a de quoi perdre l'esprit.

MÉLAC père.

Il me quitte : il ne sait donc point ?

DABINS.

Voilà mon embarras. Vous connaissez sa probité, ses principes... Il en mourra—... Un homme si bon, si bienfesant.... Mais, Monsieur, il n'y a que vous qui puissiez vous charger de lui apprendre...

MÉLAC père.

Il n'est pas possible qu'Aurelly n'ait pas chez lui de quoi parer à cet accident.

DABINS.

Il a du bien, d'excellents immeubles, cette maison, sa terre; mais avoir à payer demain six cent mille francs, et pas un sou !

MÉLAC père.

Attendez. Je lui connais cent mille écus qu'un ami, m'a-t-il dit, lui a confiés.

DABINS.

Il ne les a plus : Monsieur de Préfort s'était

chargé de les convertir en effets pareils à ceux qu'il lui avait procurés. Aujourd'hui tout est là, tout manque à la fois.

MÉLAC père.

Onze cent mille francs arrêtés, au moment de payer!

DABINS.

Il périt au milieu des richesses.

MÉLAC père *se promène.*

Vous l'avez dit, il en mourra; l'homme le plus vertueux! le plus sage!.... une réputation si intacte! s'il suspend ses paiements, s'il faut que son honneur.... Il en mourra, l'infortuné: voilà ce qu'il y a de bien certain.

(*Il se promène plus vite*).

DABINS.

Si l'on eût reçu la nouvelle huit jours plus tôt...

MÉLAC père.

C'est un homme perdu.

DABINS.

Ces lettres de noblesse encore lui font tant de jaloux! Vous verrez, Monsieur, les amis que lui laissera l'infortune: il n'y a peut-être pas un

ACTE PREMIER. 219

négociant dans Lyon qui ne fût bien-aise au fond du cœur.... Trouver de l'argent! il ne faut pas s'en flatter.

MÉLAC père *se promène.*

J'ai bien ici cent mille francs à moi.

DABINS.

Qu'est-ce que cela!

MÉLAC père, *rêvant.*

En effet, qu'est-ce que cela!

DABINS.

A peine le sixième de ce qu'il nous faut.

MÉLAC père, *s'arrête.*

Monsieur Dabins.

DABINS.

Monsieur.

MÉLAC père.

Où est votre courrier?

DABINS.

Je l'ai fait cacher.

MÉLAC père.

Monsieur Dabins, allez m'attendre dans mon cabinet. Ne voyez personne, enfermez-vous, enfermez-vous soigneusement. Je vous rejoins, j'ai besoin de me recueillir....

DABINS.

Sur la manière de lui annoncer?

MÉLAC père.

C'est lui. Partez, sans dire un mot.

SCÈNE X.

MÉLAC père, DABINS, AURELLY.

AURELLY.

Bonjour, Mélac. Ah! te voilà, Dabins? J'ai trouvé l'agent de change qui te cherche; il emporte mes deux effets sur Pétersbourg. Eh bien? nos fonds de Paris?

(*Il ôte son épée qu'il pose sur une chaise.*)

MÉLAC père, *vivement.*

C'est ce dont il me parlait, en me demandant si je n'avais pas quelques papiers à échanger pour simplifier son opération.

AURELLY.

Comme tu es rouge, Mélac!

MÉLAC père.

Ce n'est rien.

AURELLY, *à Dabins qui sort:*

Monsieur Dabins, le bordereau de tous mes paiements en état pour ce soir.

(*Dabins sort.*)

SCÈNE XI.

MÉLAC père, AURELLY.

AURELLY, *gaîment.*

Je t'ai bien désiré tout à l'heure à l'intendance, tu m'aurais vu batailler...

MÉLAC père.

Contre qui ?

AURELLY.

Ce nouveau Noble, si plein de sa dignité, si gros d'argent et si bouffi d'orgueil, qu'il croit toujours se commettre, lorsqu'il salue un roturier.

MÉLAC père, *distrait.*

Moins il y a de distance entre les hommes, plus ils sont pointilleux pour la faire remarquer.

AURELLY.

Celui-ci, qui, jusqu'à l'époque de mes lettres de noblesse, ne m'avait jamais regardé, s'avise de me complimenter aujourd'hui d'un ton supérieur: « Je me flatte (m'a-t-il dit), que vous quittez en-
» fin le commerce avec la roture ».

MÉLAC père, *à part*.

Ah! Dieux!

AURELLY.

Quoi?

MÉLAC père, *s'efforçant de rire*.

Je crois l'entendre.

AURELLY.

Au contraire, Monsieur, ai-je répondu; je ne puis mieux reconnaître le nouveau bien que je lui dois, qu'en continuant à l'exercer avec honneur.

MÉLAC père, *embarrassé*.

Ah! mon ami! le commerce expose à de si terribles revers!

AURELLY.

Tu m'y fais songer: l'agent de change ne s'explique pas; mais, à son air, je gagerais que le paiement ne se passera pas sans quelque banqueroute considérable.

MÉLAC père.

Je ne vois jamais ce temps de crise, sans éprouver un serrement de cœur sur le sort de ceux à qui il peut être fatal.

AURELLY.

Et moi, je dis que la pitié qu'on a pour les fripons, n'est qu'une misérable faiblesse; un vol qu'on fait aux honnêtes gens. La race des bons est elle éteinte ? Pour....

MÉLAC père.

Je ne parle point des fripons.

AURELLY, *avec chaleur.*

Les mal-honnêtes gens reconnus sont moins à craindre que ceux-ci : l'on s'en méfie ; leur réputation garantit au moins de leur mauvaise foi.

MÉLAC père.

Fort bien : mais...

AURELLY.

Mais un méchant qui travailla vingt-ans à passer pour honnête-homme, porte un coup mortel à la confiance, quand son fantôme d'honneur disparaît : l'exemple de sa fausse probité fait qu'on n'ose plus se fier à la véritable.

MÉLAC père, *douloureusement*.

Mon cher Aurelly, n'y a-t-il donc point de faillites excusables? Il ne faut qu'une mort, un retard de fonds, il ne faut qu'une banqueroute frauduleuse un peu considérable, pour en entraîner une foule de malheureuses.

AURELLY.

Malheureuses ou non; la sûreté du commerce ne permet pas d'admettre ces subtiles différences: et les faillites qui sont exemptes de mauvaise foi, ne le sont presque jamais de témérité.

MÉLAC père.

Mais c'est outrer les choses, que de confondre ainsi....

AURELLY.

Je voudrais qu'il y eût là-dessus des lois si sévères qu'elles forçassent enfin tous les hommes d'être justes.

MÉLAC père.

Eh! mon ami, les lois contiennent les méchants sans les rendre meilleurs; et les mœurs les plus pures ne peuvent sauver un honnête homme d'un malheur imprévu.

AURELLY.

Monsieur, la probité du négociant importe à

trop de gens, pour qu'on lui fasse grâce en pareil cas.

MÉLAC père.

Mais, écoutez-moi.

AURELLY.

Je vais plus loin. Je soutiens que l'honneur des autres est engagé à ce que celui qui ne paye pas soit flétri publiquement.

MÉLAC père, *mettant ses mains sur son visage.*

Ah! bon dieu!

AURELLY.

Oui, flétri. S'il est malheureux, entre mourir et paraître indigne de vivre, le choix est bientôt fait, je crois. Qu'il meure de douleur; mais que son exemple terrible augmente la prudence ou la bonne foi de ceux qui l'ont sous les yeux.

MÉLAC père, *s'échauffant.*

Vous comdamnez, sans distinction, à l'opprobre un infortuné comme un coupable?

AURELLY.

Je n'y mets pas de différence.

MÉLAC père.

Quoi! si l'un de vos amis, victime des événemens?...

AURELLY.

Je serais son juge le plus sévère.

MÉLAC père, *le regardant fixement.*

Si c'était moi ?

AURELLY.

Si c'était toi ?... Son air m'a fait trembler.

MÉLAC père.

Vous ne répondez pas ?

AURELLY *fièrement.*

Si c'était vous ?... (*Avec effusion.*) Mais prémièrement, tu n'es pas négociant : et voilà comme tu fais toujours ; quand tu ne peux convaincre mon esprit, tu attaques mon cœur.

MÉLAC père, *à part.*

Oh ciel ! comment lui apprendre ?...

SCÈNE XII.

MÉLAC père, PAULINE, AURELLY.

PAULINE, *habillée.*

Ah! voilà mon oncle de retour.

MÉLAC père, *à part, avec douleur.*

Et sa nièce!

PAULINE.

Bonjour, mon cher oncle; avez-vous mieux reposé cette nuit que la précédente?

AURELLY.

Fort bien; et toi?

PAULINE.

Votre conversation si sérieuse du souper m'a un peu agitée : elle m'a laissé une impression.... j'ai peu dormi.

AURELLY *en riant.*

Nous aurons soin à l'avenir de monter nos bavardages sur un ton plus gai. Nous ne devons pas troubler les nuits de celle qui nous rend les jours si agréables. (Pauline *l'embrasse.*)

MÉLAC père, *à part.*

Sa sécurité me perce l'âme.

AURELLY.

Ah çà, mon enfant, quel amusement nous disposes-tu aujourd'hui ?

PAULINE.

Cette après-midi ? Grand assaut de musique entre l'obstiné Mélac et moi ; vous serez les juges. Vous savez qu'il donne la préférence au violon sur tout autre instrument.

AURELLY *gaîment.*

Et toi, tu défends le clavecin à outrance ?

PAULINE.

Je soutiens l'honneur du clavecin. La loi du combat est que le vaincu sera réduit à ne faire qu'accompagner l'autre, qui brillera seul tout le reste du concert; et je vous confie que j'ai de quoi le faire mourir de dépit.

AURELLY.

Bravo ! Bravo !

MÉLAC père, *d'un ton pénétré.*

Ne ferions-nous pas mieux, mes amis, de remettre ce concert ? Tant de gens sont à Lyon dans

le trouble et l'inquiétude : « il me semble (dira-
» t-on) que ceux-ci fassent parade de leur ai-
» sance, pour insulter à l'embarras où les autres
» sont plongés. » On comparera cette joie déplacée avec le désespoir qui poignarde peut-être
en ce moment d'honnêtes gens qui ne s'en vantent
pas.

AURELLY *riant.*

Ah, ah, ah ! vois-tu comment ce grave philosophe détruit nos projets d'un seul mot ? Il faut
bien lui céder pour avoir la paix. Remets ton
cartel à un autre jour.

MÉLAC père, *à part, en sortant.*

Allons sauver, s'il se peut, l'honneur et la vie
à ce malheureux.

SCÈNE XIII.

PAULINE, AURELLY.

AURELLY.

Mais..... il a quelque chose aujourd'hui......
N'as-tu pas remarqué ?

PAULINE.

En effet, j'ai cru voir un nuage....

AURELLY.

Ah ! la philosophie a aussi ses humeurs.

PAULINE.

Que disiez-vous donc ?

AURELLY.

Nous parlions faillites, banqueroutes.

PAULINE.

C'est cela. Son âme est si sensible, que le malheur même de ceux qu'il ne connaît pas l'afflige.

SCÈNE XIV.

PAULINE, ANDRÉ, AURELLY.

ANDRÉ *criant et courant:*

Monsieur ! Monsieur !

PAULINE *fait un cri de surprise.*

Ah !....

AURELLY.

Qu'est-ce donc ?

ANDRÉ, *avec joie.*

Le valet-de-chambre de monsieur le Grand-Fermier (1), descend de cheval dans la cour.

AURELLY, *avec humeur.*

Eh bien ! vous ne pouvez pas dire cela sans courir, et nous crier aux oreilles ?

PAULINE.

Il m'a fait une frayeur....

ANDRÉ.

Dame, est-ce que ce n'est donc rien ? monsieur le Grand-Fermier qui arrive !

AURELLY.

Saint-Alban ?

ANDRÉ.

Monsieur de la Fleur l'a laissé à la dernière poste.

PAULINE, *avec humeur.*

Quand nous l'aurions appris deux minutes plus tard ?

AURELLY, *à Pauline.*

Quel dommage que le concert soit dérangé !

―――――――――――

(1) Les gens du peuple de toutes les provinces méridionales de la France nommaient ainsi les fermiers du roi.

Tu voulais des juges; en voici un que tu ne récuserais pas.... Il repasse bientôt! Qu'on fasse rafraîchir son courier.

ANDRÉ.

Bon! il n'a fait qu'un saut dans l'office. Pour un valet-de-chambre, on ne dira pas qu'il est fier, lui.

AURELLY.

Suis-moi.

ANDRÉ.

Quel appartement faut-il disposer ?

AURELLY.

Suis-moi, te dis-je; je vais donner des ordres.

SCÈNE XV.

PAULINE, *seule, avec chagrin.*

Saint-Alban !...... C'est son amour qui le ramène.... J'ai le cœur serré. (*Elle soupire.*) La persécution de celui-ci, la jalousie qu'elle donne à Mélac, et surtout la nécessité de cacher sous un air libre un sentiment que je ne puis dompter... En vérité, mon état devient plus pénible de jour en jour.

FIN DU PREMIER ACTE.

ACTE II.

SCÈNE PREMIÈRE.

MÉLAC fils, *en habit de ville*, PAULINE.

PAULINE, *avec une gaité affectée.*

Pour quelqu'un qui a fait une aussi belle toilette, vous avez une terrible humeur.

MÉLAC fils.

C'est votre gaité qui me la donne, mademoiselle ; c'est ce retour précipité. Saint-Alban doit rester trois mois en tournée ; il en passe un ici ; et à peine est-il parti, qu'on le voit revenir.

PAULINE.

S'il a des affaires à Paris ?

MÉLAC fils.

La Fleur dit qu'il n'y va pas. Un tel empressement ne regarde que vous, Mademoiselle.

PAULINE, *en riant.*

Depuis quand suis-je *Mademoiselle?* les doux noms de frère et de sœur....

MÉLAC fils, *avec feu.*

Saint-Alban vous aime : il est riche, en place, estimé ; je vois tout mon malheur. Il vous aime, il vous obtiendra, et j'en mourrai de chagrin.

PAULINE *galment.*

Dites-moi, je vous prie, où vous prenez toutes les folies qui vous échappent?

MÉLAC fils.

Écoutez, Pauline. Vous faites profession de sincérité ; assurez-moi qu'il ne vous a rien dit, et je serai calmé.

PAULINE.

Que voulez-vous qu'il m'ait dit ?

MÉLAC fils.

Que vous êtes belle ; qu'il vous aime.

PAULINE.

C'est une phrase si commune; et vous aussi, vous me l'avez dit : tous les jeunes gens reçus dans cette maison ne se donnent-ils pas les airs de tenir le même langage ?

ACTE II.

MÉLAC fils.

Aucun d'eux, sans doute, n'a pu vous voir avec indifférence ; mais s'ils vous connaissaient comme moi....

PAULINE.

Ils me verraient bien haïssable.

MÉLAC fils.

Ils n'auraient plus besoin de vous trouver si belle, pour vous aimer éperdument. Revenons....

PAULINE.

Dans un homme comme Saint-Alban, ces propos que vous redoutez ne sont que des galanteries d'usage et sans conséquence ; de la part des autres, c'est pure étourderie.... de la vôtre....

MÉLAC fils.

De la mienne ?

PAULINE *gaîment*.

De la vôtre..... Mais je voudrais bien savoir pourquoi vous vous donnez les airs de m'interroger ? Il faut avoir de grands titres pour user de pareils privilèges.

MÉLAC fils

Ah! Pauline ! il arrive, et vous plaisantez !

PAULINE *sérieusement.*

Brisons-là, je vous prie. Peut-être auriez-vous à vous plaindre de moi, si quelqu'autre avait lieu de s'en louer.

MÉLAC fils, *avec feu.*

Ce Saint-Alban me fait trembler; ôtez-moi cette inquiétude.

PAULINE.

Que vous êtes importun !

MÉLAC fils.

Défendez-moi seulement d'en avoir.

PAULINE.

Oh ! quand il veut une chose !..... (*Etourdiment.*) Si je vous le défends, m'obéirez-vous ?

MÉLAC fils, *lui baisant les mains avec transport.*

Ma chère Pauline !

PAULINE *s'échappant.*

Toujours le même ! on ne peut dire un mot, sans être forcé de quereller ou de vous fuir.

(*Elle sort.*)

SCÈNE II.

MÉLAC fils, *seul, avec joie.*

« M'obéirez-vous ! »..... A-t-elle mis dans ce peu de mots tout le sentiment que j'y aperçois ? « M'obéirez-vous ! » Mais pourquoi cet heureux présage est-il troublé par l'arrivée du Fermier-Général ?

SCÈNE III.

MÉLAC père, *en habit de campagne, entre en rêvant, un crayon et du papier à la main,* MÉLAC fils.

MÉLAC fils, *avec surprise.*

AH ! mon père ! vous avez changé d'habit ?

MÉLAC père, *sans regarder, d'un ton sombre.*

Voyez si ma chaise est prête.

MÉLAC fils.

Vous partez, mon père ?

MÉLAC père, *du même ton.*
Oui.

MÉLAC fils.

Vous ne prenez pas votre carrosse?

MÉLAC père.

Non.

MÉLAC fils.

Vous n'allez donc pas à.... ?

MÉLAC père.

Je vais à Paris.

MÉLAC fils, *inquiet.*

Un voyage aussi subit....

MÉLAC père.

Il ne sera pas long.

MÉLAC fils.

N'annoncerait-il aucun accident ?

MÉLAC père.

Affaires de compagnie.

MÉLAC fils.

Ah !.... Mais savez-vous qui l'on attend ici aujourd'hui.

MÉLAC père.

Qui que ce soit. Qu'on m'avertisse quand les chevaux seront venus.

ACTE II.

MÉLAC fils.

C'est que cela pourrait déranger....

MÉLAC père.

Rien, rien. Quelle heure est-il?

MÉLAC fils.

Il n'est pas midi.

MÉLAC père.

Avant deux heures je suis en route.

MÉLAC fils.

Vous ne me donnez aucun ordre, mon père?

MÉLAC père.

Laissez-moi seul un moment; je ne puis vous écouter en celui-ci.

MÉLAC fils, *en sortant.*

En poste..... à Paris..... Si promptement.... Un air glacé!.... Je ne comprends pas, moi....
(*Il se retire lentement en examinant son père.*)

SCÈNE IV.

MÉLAC père, *se promenant.*

ENTRE une action criminelle et un acte de vertu, l'on n'est pas incertain.... Mais avoir à choisir entre deux devoirs qui se contrarient et s'excluent.... Si je laisse périr mon ami, pouvant le sauver, mon ingratitude.... son malheur.... mes reproches.... sa douleur..... la mienne.... Je sens tout cela.... Mon cœur se déchire. Si je dispose un moment, en sa faveur, des fonds qu'on me laisse..... Après tout ils ne courent aucun risque. (*Il soupire.*) Scrupules ! prudence ! je vous entends : vous m'éloignez du malheureux qui souffre, mais la compassion qui m'en rapproche est si puissante !...Voudrais-je être plus heureux, à condition de devenir dur, inhumain, ingrat?.... — C'en est fait ; où la raison est insuffisante, le sentiment doit triompher : s'il m'égare, au moins je serai seul à plaindre ; et mon ami sauvé, mon malheur ne me laissera pas sans consolation.

SCÈNE V.

MÉLAC père, DABINS *arrive avec un gros paquet de lettres-de-change dans une main, un papier dans l'autre.*

MÉLAC père.

LE compte est-il juste, monsieur Dabins? Dans le trouble où sous sommes, on se trompe aisément. Rappelons les articles, avant de nous séparer. Sept mille cinq cents louis en or que vous avez passés vous-même par le jardin.

DABINS.

Monsieur, le bordereau des sommes est en tête de ma reconnaissance.
(*Il la lui remet.*)

MÉLAC père *lit.*

» Je soussigné, caissier de monsieur Aurelly,
» ai reçu de monsieur de Mélac, receveur gé-
» néral des fermes, à Lyon, la somme de six
» cent mille livres..... » Cela va bien; disposez vos payements sans éclat, comme si vos effets eussent été négociés à Paris : moi, j'attends ma chaise pour partir.

DABINS.

Et vous insistez sur ce qu'il ne sache pas?....

MÉLAC père.

Quel que soit son danger, je le connais; la crainte de me nuire lui ferait tout refuser.

DABINS.

Ainsi vous le quittez de la reconnaissance.

MÉLAC père.

Exiger de la reconnaissance, c'est vendre ses services; mais ce n'est pas ici le cas. Aurelly m'a souvent donné l'exemple de ce que je fais pour lui.

DABINS.

Oh ! Monsieur ! votre vertu s'exagère....

MÉLAC père.

Non, cher Dabins; depuis trente ans que je lui dois mon état et mon bien-être, voici la seule occasion que j'aye eue de prendre ma revanche. Je quittais le service, où j'avais eu bientôt consumé le chétif patrimoine d'un cadet de ma province. Je revenais chez moi, blessé, réformé, ruiné, sans biens, ni ressources. Le hasard me fit rencontrer ici ce digne Aurelly, mon ami dès l'enfance. Avec quelle tendresse il m'offrit un asyle ! Il sollicita, il obtint, à mon insçu, la place que j'occupe encore ; il fit plus, il vainquit ma répugnance pour un état aussi éloigné de celui que j'avais embrassé. » Prenez, prenez, me dit-il ; et si vous craignez » que l'état n'honore pas assez l'homme, ce sera » l'homme qui honorera l'état. Plus l'abus d'un » métier est facile, moins il faut l'être au choix » des gens qui doivent l'exercer ; et qui sait, » dans celui-ci, le bien qu'un homme vertueux » peut faire ? tout le mal qu'il peut empêcher ? » Son zèle éloquent me gagna; il m'instruisit au

N'ajoutés pas un mot. Les cent mille francs que vous ten<!---->
en lettres de change, sont a moi; puis-je en user mieux<!---->
gré de mon cœur?.......

Acte II. Scene

travail, il me servit de père, ô mon cher Aurelly !

DABINS.

Vous m'avez interdit toute représentation.

MÉLAC père.

N'ajoutez pas un mot. Les cent mille francs que vous tenez en lettres de change, sont à moi ; puis-je en user mieux au gré de mon cœur ? A l'égard du reste, Saint-Alban est en tournée pour trois mois.... Aurelly aura le temps nécessaire....

DABINS.

Mais, d'un moment à l'autre, il peut vous venir tel ordre....

MÉLAC père.

Je vous ai dit que je vais à Paris : j'y aurai bientôt recouvré les effets d'Aurelly ; j'en ferai de l'argent, si l'on m'en demande. Ce n'est ici qu'un bon office, comme vous voyez.

DABINS.

Monsieur, je vous admire.

MÉLAC père.

Allez ; mon ami, qu'il ne vous retrouve point avec moi.

SCÈNE VI.

MÉLAC père, *seul. Il s'assied.*

AH! respirons un moment. Cette nouvelle m'avait étouffé... Il riait, le malheureux homme, en regardant sa nièce. Chaque plaisanterie qui lui échappait me fesait frémir. (*Il se lève.*) Quand je pense qu'il était possible que cet argent m'eût été demandé ! au lieu de venir à son secours, il eût fallu lui annoncer..... Ah! Dieux !....

SCÈNE VII.

DABINS, *accourant avec effroi*; MÉLAC père.

DABINS.

Monsieur de Saint-Alban....

MÉLAC père

Eh bien ?

DABINS.

Il arrive.

ACTE II. 245

MÉLAC père.

Saint-Alban!

DABINS.

On le conduit ici. Je suis rentré pour vous sauver la première surprise.

(*Il s'enfuit.*)

SCÈNE VIII.

MÉLAC père, *seul.*

Saint-Alban!...... Que ne suis-je parti ? S'il allait me parler d'argent ! au pis aller, je lui dirais.... Je pourrais lui dire que les receveurs particuliers n'ont pas encore... Un mensonge?.... Il vaudrait mieux cent fois.... Mais je m'alarme, et peut-être il ne fait que passer.

SCÈNE IX.

AURELLY, SAINT-ALBAN, MÉLAC père, MÉLAC fils.

SAINT-ALBAN.

Pardonnez à mon empressement, Messieurs, l'incivilité de me montrer en habit de voyage.

MÉLAC fils, *à part, avec humeur.*

Son empressement ! il n'en dit pas l'objet.

MÉLAC père, *à Saint-Alban.*

Vous voyez que j'y suis moi-même.

SAINT-ALBAN.

Partez-vous ?

MÉLAC père.

Avec bien du regret, Monsieur, puisque vous arrivez.

AURELLY.

Cette course est brusque.

MÉLAC père.

Elle est nécessaire.

AURELLY.

Si c'est, comme le dit ton fils, des affaires de compagnie....

MÉLAC père, *embarrassé.*

De compagnie.... relatives à la compagnie.... Puis-je voir, sans déplaisir, passer ma survivance à quelqu'étranger ?

AURELLY *riant.*

Ah, ah, ah, ah.

ACTE II.

SAINT-ALBAN.

Il m'est bien agréable d'arriver à temps pour vous arrêter.

AURELLY.

Est-ce que je l'aurais laissé partir! (*A Mélac père.*) Tu peux renvoyer les chevaux de poste.

MÉLAC père.

Pour quelle raison?

SAINT-ALBAN.

C'est que la place que vous allez solliciter, est accordée à monsieur votre fils.

MÉLAC fils, *avec surprise.*

L'emploi de mon père?

AURELLY *le contrefait plaisamment.*

Eh oui! l'emploi de mon père.

MÉLAC fils, *à part.*

Ah! Pauline!

SAINT-ALBAN *remet un papier à Mélac père.*

En voici l'assurance. Quelque désir que j'aye eu de vous servir en cette affaire, je ne puis vous cacher que vous en devez toute la faveur aux sollicitations de monsieur Aurelly.

MÉLAC père.

Monsieur, son généreux caractère ne se dément point. Mais un autre avait, dit-on, obtenu cette grâce.

AURELLY *gaîment.*

C'était moi.

MÉLAC père.

Ce solliciteur dont le crédit?....

AURELLY.

C'était moi.

MÉLAC fils.

Cet homme qui avait pris les devants?....

AURELLY.

C'était moi. Je m'en occupais depuis long-temps : ne m'a-t-il pas élevé une nièce charmante?

MÉLAC fils, *vivement.*

Oui, charmante.

SAINT-ALBAN.

Ah ! charmante, en effet.

MÉLAC fils *rougit de son transport.* SAINT-ALBAN *le fixe avec curiosité.*

AURELLY *prenant les mains de Mélac père.*

Ne m'a-t-il pas promis d'étendre ses soins jusqu'à mon fils, lorsqu'il sera en âge d'en profiter ?

Il faut bien que j'établisse le sien, ah, ah, ah; ah....

MÉLAC père, *à part*.

A quel ami je rends service!

MÉLAC fils, *vivement à Aurelly*.

C'était donc cela qu'hier au soir.... vous feigniez..... Quelle surprise ! ah ! Monsieur !..... (*A part.*) Je ne me sens pas de joie; courons annoncer cette nouvelle à Pauline.

(*Il sort en courant.*)

SCÈNE X.

AURELLY, SAINT-ALBAN, MÉLAC père.

MÉLAC père.

EH bien !.... l'étourdi, qui oublie de vous faire ses remercîmens !

AURELLY.

Tu renvoies les chevaux ?

MÉLAC père.

Mon voyage est indispensable.

AURELLY.

Encore ?

Saint-Alban à *Aurelly*.

Si c'est pour ce que je présume, je suppléerai à sa course. Mais, avant que d'en parler, recevez mon compliment, Monsieur, sur la distinction flatteuse que vous venez d'obtenir. Le plus digne usage des lettres de noblesse est, sans doute, de décorer des citoyens aussi utiles que vous.

Aurelly.

Utiles. Voilà le mot. Qu'un homme soit philosophe, qu'il soit savant, qu'il soit sobre, économe, ou brave : eh bien !... tant mieux pour lui. Mais, qu'est-ce que je gagne à cela, moi ? L'utilité dont nos vertus et nos talents sont pour les autres, est la balance où je pèse leur mérite.

Saint-Alban.

C'est à peu près sur ce pied que chacun les estime.

Mélac père, *à part*.

Comment faire maintenant pour partir ?

Aurelly.

Moi, par exemple, je me cite, parce qu'il en est question, je fais battre journellement deux cents métiers dans Lyon. Le triple de bras est nécessaire aux apprêts de mes soies. Mes plantations de muriers, et mes vers en occupent autant. Mes envois se détaillent chez tous les marchands du royaume, tout cela vit, tout cela gagne, et l'industrie portant le prix des matières au centuple, il n'y a pas une de ces créatures, à commencer par moi, qui ne rende gaîment à l'État un tribut proportionné au gain que son émulation lui procure.

SAINT-ALBAN.

Jamais il ne perdra cette belle chaleur.

AURELLY.

Et tout l'or que la guerre disperse, Messieurs, qui le fait rentrer à la paix ? Qui osera disputer au commerce l'honneur de rendre à l'État épuisé, le nerf et les richesses qu'il n'a plus ? Tous les citoyens sentent l'importance de cette tâche : le négociant seul la remplit. Au moment où le guerrier se repose, le négociant a le bonheur d'être à son tour l'homme de la patrie.

SAINT-ALBAN.

Vous avez raison.

AURELLY.

Mais laissons cette conversation, Monsieur : qui vous ramène sitôt en ville ?

SAINT-ALBAN.

Probablement le même objet qui fesait partir

monsieur de Mélac. Ma compagnie me rappèle; elle me charge.... Vous permettez que nous traitions devant vous....

AURELLY.

Vous vous moquez. Pour peu que....

SAINT-ALBAN.

Il n'y a point de mystère. L'objet de ma mission est de rassembler tous les fonds de cette province épars dans les caisses de nos divers receveurs, et de les faire passer sur-le-champ à Paris.

MÉLAC père, *à part.*

Qu'entends-je ?

AURELLY.

Ce n'est pas l'affaire d'un moment.

SAINT-ALBAN.

J'avais d'abord cru l'opération plus pénible : mais j'ai appris, dans ma tournée, que j'avais des grâces à rendre à l'exactitude de monsieur de Mélac : il m'a sauvé les trois quarts de l'ouvrage.

MÉLAC père, *interdit.*

Monsieur....

AURELLY.

Ah ! vous pouvez vous flatter, Messieurs, que

ACTE II.

vous n'avez pas beaucoup de receveurs de cette fidélité : il est exact et toujours prêt. Il ne fait pas travailler vos fonds, lui.

SAINT-ALBAN.

Nous estimons trop monsieur de Mélac pour lui faire un mérite d'une chose aussi simple. Commençons donc par envoyer cet argent si désiré. Alors, dégagé de tous soins, je pourrai jouir du plaisir de philosopher quelques jours avec vous.

(*Mélac père paraît plongé dans une profonde rêverie. Saint-Alban continue à Aurelly.*)

A propos, Monsieur, vous ne me dites rien de mademoiselle votre nièce, la plus aimable....

AURELLY.

Monsieur, il lui est arrivé un grand malheur.

SAINT-ALBAN.

Un malheur!

AURELLY.

Oui Monsieur. Elle avait arrangé pour ce soir le plus beau, le plus brillant concert....

SAINT-ALBAN.

Qui peut avoir renversé ce charmant projet?

AURELLY.

Faut-il le demander ? notre philosophe. Il nous a remontré qu'en ce temps de crise, mille honnêtes gens étaient peut-être au désespoir sur les payements, et que ce ton de fête.... Voyez son air consterné dès qu'on en parle.

MÉLAC père, *revenant à lui.*

Je.... je rêvais aux diverses sommes qui m'ont été remises.

SAINT-ALBAN.

J'ai l'état ici. Environ cinq cent mille francs. Voulez-vous que nous passions dans votre cabinet ?

MÉLAC père, *embarrassé.*

Si vous vous reposiez quelques jours ?

AURELLY.

Eh mais tu pars !

MÉLAC père, *plus troublé.*

Je différerais....

SAINT-ALBAN.

Ah bon Dieu ! me reposer ! Il y a cinq nuits que je n'arrête point ; et ce n'est qu'après m'être bien assuré que tous les fonds de la province étaient en vos mains, que j'ai repris ma route pour cette ville.

MÉLAC père, *à part.*

Tout est perdu.

SAINT-ALBAN, *d'un ton dégagé.*

Je suis d'une paresse........ l'ennemi juré du travail. J'ai toutes les peines du monde à m'arracher à l'inaction, pour m'occuper d'affaires ; mais aussi, quand je suis lancé, je ne m'arrête plus que tout ne soit terminé. Il est assez plaisant que cette impatience d'être oisif me tienne lieu du mérite contraire aux yeux de ma compagnie.

AURELLY.

Moi, je vous conseille de vous enfermer avant le dîner; la diligence part cette nuit, vous pourrez y placer le caisson.

SAINT-ALBAN.

C'est bien dit.

AURELLY.

S'ils font les difficiles, ils ont un fort ballot à moi ; votre argent prendra sa place : il est plus pressé que mon envoi.

SAINT-ALBAN.

Rien de plus obligeant.

AURELLY.

Allons, allons, débarrassez-vous la tête.

MÉLAC père, *outré*, *à Aurelly*.

Et vous..... n'embarrassez pas la vôtre, mon officieux ami.

AURELLY.

Comment donc !

MÉLAC père, *déconcerté*, *à Saint-Alban*.

Monsieur, vous me prenez dans un moment.... au dépourvu....

SAINT-ALBAN.

Que dites-vous, Monsieur ?

MÉLAC père.

Je dis.... (*à part.*) Ah ! je sens la rougeur qui me surmonte.... Il faut l'avouer; ce que vous me demandez est impossible.

SAINT-ALBAN.

Impossible ! Et vous partiez ?

MÉLAC père.

Il est vrai.

SAINT-ALBAN.

Savez-vous, Monsieur, quels soupçons l'on pourrait prendre ?....

ACTE II.

AURELLY *vivement.*

Fi donc, monsieur de Saint-Alban !

SAINT-ALBAN, *à Aurelly.*

Je vous demande pardon; mais l'air, le ton, les discours me paraissent si clairs. Ce voyage....

AURELLY.

N'y a-t-il pas mille raisons ?....

SAINT-ALBAN.

Un instant, je vous prie. — Avez-vous touché le montant de toutes les recettes, Monsieur de Mélac?

MÉLAC père, *accablé.*

Je ne puis le nier.

SAINT-ALBAN.

Pouvez-vous faire partir aujourd'hui tout l'argent que vous devez avoir? (*Mélac père ne répond rien.*) Parlez, Monsieur; car mes ordres sont tels que, sur votre réponse, il faut que je prène un parti sur-le-champ.

MÉLAC *père rêve, sa tête appuyée sur sa main.*

AURELLY *vivement.*

Vous ne répondez pas?

MÉLAC père, *outré*, *à Aurelly*.

Cruel homme ! (*A Saint-Alban, d'un air accablé.*) Je ne le puis, avant trois semaines au moins.

SAINT-ALBAN.

Trois semaines ! Il ne m'est pas permis d'accorder trois jours. L'argent est annoncé. — C'est avec regret, Monsieur.....

MÉLAC père.

Je ne saurais l'empêcher : mais jamais tant de douleurs à la fois n'ont assailli un honnête homme. (*Il sort.*)

AURELLY *criant*.

Vous sortez !

SCÈNE XI.

AURELLY, SAINT-ALBAN.

SAINT-ALBAN.

Y concevez-vous quelque chose ?

AURELLY.

Je crois que la tête lui a tourné.

ACTE II.

SAINT-ALBAN.

Vous sentez que je ne peux me dispenser.....

AURELLY.

Ne prenez point encore de parti.

SAINT-ALBAN.

Monsieur.... quoi que vous puissiez dire...

AURELLY.

Ayez confiance en moi. Mélac n'est pas capable d'une action vile ni malhonnête.

SAINT-ALBAN.

Songez donc qu'il partait. Je répondrais de l'évènement à ma compagnie.

AURELLY *vivement.*

Monsieur...... Vous allez perdre un honnête homme, son fils, son état, son honneur, tout est abîmé, ruiné.

SAINT-ALBAN.

J'en suis au désespoir; mais, n'étant que chargé d'ordres, il ne m'est pas permis de faire des grâces.

AURELLY.

N'a-t-il pas ses cautions ? Que voulez-vous de

plus? Je me fais garant de tout. Donnez-moi le temps d'éclaircir....

SAINT-ALBAN.

Un mot, à mon tour. Je ne dois pas prendre le change. Il ne s'agit plus de caution ici. C'est cinq cent mille francs qu'il faut, que j'ai annoncés, que la compagnie attend : avancerez-vous cette somme aujourd'hui ?

AURELLY.

A la veille du paiement? Tout le crédit du plus riche banquier ne lui ferait pas trouver un sac dans Lyon.

SCÈNE XII.

AURELLY, PAULINE, SAINT-ALBAN.

PAULINE *inquiète*.

Qu'a donc monsieur de Mélac, mon oncle? il sort d'avec vous dans un état affreux. J'ai voulu lui parler, il s'est enfermé brusquement sans me répondre.

AURELLY.

Eh! mon enfant! Il se trouve un vide de cinq

ACTE II.

cent mille francs dans sa caisse, on ne sait ni comment, ni pourquoi. Je veux m'éclaircir : monsieur de Saint-Alban refuse le temps nécessaire.

PAULINE *effrayée*.

Ah ! Monsieur, si vous avez de l'estime pour nous.....

SAINT-ALBAN *tendrement*.

De l'estime !.....

AURELLY.

Seulement jusqu'à demain, que je puisse découvrir.....

PAULINE.

Jusqu'à demain, Monsieur.... Nous refuserez-vous cette grâce ?

SAINT-ALBAN.

Ah ! Mademoiselle, je donnerais ma vie pour vous obliger : mais mon devoir a des droits sacrés que vous ne pouvez méconnaître, vous qui remplissez si bien tous les vôtres.

AURELLY.

Différer d'un jour, est-ce une faveur incompatible ?.....

SAINT-ALBAN.

N'abusez point de votre ascendant : il ne convient à ma mission, ni à mon honneur que je vous écoute plus long-temps.

PAULINE *outrée.*

Comme il vous plaira, Monsieur; mais j'ai assez de confiance en l'honnêteté de monsieur de Mélac, pour croire qu'on se trompe à son égard, et qu'il n'aura besoin ni de l'appui de ses amis, ni des grâces de ses chefs.

SAINT-ALBAN.

Puissiez-vous dire vrai, Mademoiselle! mais dans l'état où sont les choses, il n'est pas décent que j'accepte un logement dans cette maison. Pardon si je vous quitte.

AURELLY, *avec chaleur.*

Et moi, je ne vous quitte pas, en quelque endroit que vous alliez.

SCÈNE XIII.

PAULINE *seule, dans l'accablement.*

QU'AI-JE dit !...... Un trouble affreux m'avait saisie...... Je ne l'ai pas assez ménagé...... Ma frayeur a-t-elle trahi mon secret ?..... O Mélac ! S'il avait lu dans mon cœur !..... Quel mal j'aurais peut-être fait à ton père ! Il vient.

SCÈNE XIV.

PAULINE, MÉLAC fils.

Mélac fils *entre d'un air transporté.*

Pauline, Pauline, il faut que ma joie éclate à vos yeux.

PAULINE.

Votre joie !

MÉLAC fils.

Vous savez que rien ne m'intéresse, que ce qui peut nous rapprocher.....

PAULINE.

Quel moment prenez-vous!..... Et quel ton!....

MÉLAC fils.

Dussiez-vous me traiter d'importun, d'audacieux, c'est celui d'un amant qui peut désormais vous offrir son cœur et sa main.

PAULINE.

L'un de nous est hors de sens.

MÉLAC fils.

C'est moi! C'est moi! la joie qui me transporte....

PAULINE.

La joie !

MÉLAC fils.

Votre oncle ne sort-il pas d'ici ?

PAULINE.

Tout ce que j'entends est si contraire à ses discours.....

MÉLAC fils.

Il aura voulu vous inquiéter.

PAULINE.

M'inquiéter !..... Comment ?..... Pourquoi m'effrayer ?

MÉLAC fils.

Ce n'est qu'un badinage obligeant.

PAULINE *avec dépit.*

On n'en fait pas d'aussi cruel.

MÉLAC fils.

Quelle charmante colère ! Elle me ravit : elle me touche plus que ma survivance même.

PAULINE.

Je ne vous entends pas.

MÉLAC fils, *vivement.*

Ils n'ont rien dit !..... La survivance, oui, je

l'ai enfin ; Saint-Alban nous en a remis l'assurance ; votre oncle, qui le savait, ne nous l'a caché que pour jouir de notre surprise. Dans l'excès de ma joie, je les ai quittés pour vous en apporter la nouvelle ; et depuis un quart-d'heure, je maudis les fâcheux qui m'arrêtent. Ah Pauline ! au lieu de partager cette joie.....

PAULINE, *d'un ton étouffé.*

Vous n'avez rien appris de plus ?

MÉLAC fils.

Non.

PAULINE.

Je ne puis me résoudre à lui percer l'âme.

MÉLAC fils.

Vous pleurez, ma chère Pauline !

PAULINE.

Malheureux !..... Vous veniez m'annoncer une nouvelle charmante, — il faut que je vous en apprène une horrible.

MÉLAC fils.

On veut nous séparer ?

PAULINE *hésitant.*

Ah Mélac ! si ce qu'on dit est vrai..... votre père.....

MÉLAC fils.

Mon père ?

PAULINE.

On soupçonne.....

MÉLAC fils.

Quoi ?

PAULINE.

Qu'il aurait détourné les fonds.....

MÉLAC fils.

L'argent de sa caisse ?

PAULINE.

Voilà ce qu'ils ont dit.

MÉLAC fils.

Quelle horreur !

PAULINE.

Saint-Alban n'en a plus trouvé.

MÉLAC fils.

C'est une imposture; hier au soir j'y comptai cinq cent mille livres : mais il vous aime; et, s'il cherche à nuire à mon père, croyez que c'est pour m'éloigner de vous.

PAULINE.

Puissiez-vous n'avoir pas d'autre malheur à

redouter! Non, mon cher Mélac, vous n'aurez jamais de rivaux dans le cœur de Pauline.

MÉLAC fils.

Vous m'aimez!

PAULINE.

Que cet aveu soutienne votre courage! nous en aurons besoin. Saint-Alban est jaloux. Le sort de votre père me fait trembler.

MÉLAC fils.

Lui faites-vous, Pauline, l'injure de le croire coupable?

PAULINE.

Ah ne voyez que mon effroi. Mais nous perdons un temps précieux. Courez à votre père, allez le consoler.

MÉLAC fils.

Je vais l'enflammer de courroux contre un traître.

PAULINE.

S'il n'y avait que Saint-Alban qui l'accusât..... mais mon oncle lui-même.....

MÉLAC fils.

Votre oncle!

PAULINE.

Il va revenir. Vous connaissez sa franchise, elle

ne lui permet pas toujours de garder, avec les malheureux, les ménagements dont ils ont tant besoin.....

MÉLAC fils.

Vous me glacez le sang.

PAULINE.

Soyez présent aux explications; que votre bon esprit en prévienne l'aigreur. Si votre père est embarrassé, mon oncle est le seul dont on puisse espérer un prompt secours....

MÉLAC fils, *troublé*.

Quoi! votre oncle est persuadé.....

PAULINE.

Craignez surtout de vous oublier avec lui: songez que notre sort en dépend. (*avec une grande effusion.*) Mon cher Mélac..... Dans le péril qui nous menace, ah!.... vous m'aurez assez méritée, si vous réussissez à m'obtenir.

MÉLAC fils.

O mélange inouï!..... Non! je ne puis comprendre..... N'importe, vous serez obéie. — Je me contiendrai. — Vous connaîtrez, Pauline, s'il est des ordres remplis comme ceux que l'amour exécute.

(*Il lui baise la main, et ils sortent.*)

FIN DU SECOND ACTE.

ACTE III.

SCÈNE PREMIÈRE.

MÉLAC père, MÉLAC fils.

MÉLAC père, *avec chagrin.*

Ne me suivez pas, mon fils.

MÉLAC fils.

Eh! le puis-je, mon père!

MÉLAC père.

Je vous l'ordonne.

MÉLAC fils.

Vous abandonner dans un moment si fâcheux!

MÉLAC père.

Votre douleur m'importune..... elle m'offense.

MÉLAC fils.

Je connais trop mon père, pour soupçonner rien qui lui soit injurieux. Mais si votre bonté me laissait percer un mystère.....

Mélac père.

Mon fils !

Mélac fils.

Refuserez-vous de m'indiquer les moyens de vous servir ? d'adoucir au moins vos peines ?

Mélac père.

Il est des devoirs dont ton âge et ta vivacité t'empêcheraient de sentir toute l'obligation.

Mélac fils.

Vous m'avez appris à respecter tous ceux qui sont sacrés pour vous. Ayez confiance aux principes de votre fils ; ce sont les vôtres.

Mélac père.

Mon ami, tu commences ta carrière quand je finis la mienne ; et l'on voit différemment. L'intérêt du passé touche peu les jeunes gens, ils sacrifient beaucoup à l'espérance. Mais quand la vieillesse vient nous rider le visage, et nous courber le corps ; dégoûtés du présent, effrayés sur l'avenir, que reste-t-il à l'homme ? L'unique plaisir d'être content du passé. (*d'un ton plus ferme*) J'ai fait ce que j'ai dû ; je vous défends de me presser d'avantage.

Mélac fils.

Les suites de cette journée me font mourir de frayeur.

MÉLAC père.

Saint-Alban est généreux, il ne se déterminera pas légèrement à perdre un homme dont il a pensé du bien jusqu'à ce jour.

MÉLAC fils.

Ah mon père! si c'est là l'espoir qui soutient votre courage, le mien m'abandonne entièrement. Saint-Alban est notre ennemi.

MÉLAC père.

Ne faisons point injure, mon fils, à celui qui n'écoute que la voix de son devoir.

MÉLAC fils.

Il aime Pauline. Il n'est revenu que pour elle, il me croit son rival. Jugez s'il nous hait, et si la jalousie ne lui fera pas pousser les choses.....

MÉLAC père.

Elle pourrait l'indisposer; mais quelle apparence que Saint-Alban ?.....

MÉLAC fils.

En me confiant ce secret, Pauline ne m'a pas caché combien elle s'alarme pour vous.

MÉLAC père.

D'où naîtrait sa jalousie ? — Nuire à ses desseins ! Nous ! Y a-t-il un seul instant de notre vie où nous ne mîssions pas tous nos soins à faire entrer Aurelly dans des vues aussi avantageuses pour sa nièce, s'il avait la folie de s'y refuser ? Courez donc le tirer d'erreur, mon fils. — Mais non : il convient que ce soit moi-même ; et ce soir.....

(*Il fait un mouvement pour sortir.*)

Mélac fils *se mettant devant lui.*

Ah ! mon père, arrêtez..... Elle m'aime, elle vient de me l'avouer. N'aurai-je donc reçu sa foi que pour la trahir à l'instant ?

Mélac père, *surpris.*

Reçu sa foi !

Mélac fils.

Le premier usage que je ferais des droits qu'elle m'a donnés, serait de les transmettre à mon ennemi !

Mélac père *s'échauffant.*

Des droits ? Quel discours ! Quel délire !

Mélac fils.

La céder à Saint-Alban, me couvrirait de honte inutilement.

Mélac père.

Mon fils.....

ACTE III.

MÉLAC fils.

Pauline outragée me mépriserait sans ratifier cet indigne traité.

MÉLAC père, *en colère*.

Quoi donc, Monsieur! Me croyez-vous déjà si méprisable? Mon infortune a-t-elle éteint en vous le respect? Vous ne m'écoutez plus.....

MÉLAC fils.

Ah mon père! Ah Pauline!

MÉLAC père.

Vous seriez-vous flatté qu'elle se donnerait à vous malgré son oncle? vous la connaissez mal. Aurelly n'a jamais eu de vues sur vous : j'en suis certain. Quels sont donc vos projets?

MÉLAC fils.

Je suis au désespoir.

SCÈNE II.

AURELLY, MÉLAC père, MÉLAC fils.

AURELLY *se met dans un fauteuil en s'essuyant le visage, et dit :*

Me voilà revenu.

MÉLAC fils *tremblant*.

Vous quittez Saint-Alban, Monsieur; n'avez-vous rien gagné sur cet homme impitoyable?

AURELLY *brusquement*.

Saint-Alban n'est point dur : c'est un homme juste. Chargé, par sa compagnie, d'ordres pressants, il trouve un vide immense dans la caisse où il venait puiser des ressources : il m'a objecté mes principes, je suis resté muet. Il allait faire saisir les papiers de monsieur.....

MÉLAC fils *effrayé*.

Saisir les papiers !

AURELLY.

A peine ai-je obtenu de lui le temps de venir prendre quelqu'éclaircissement sur une aventure aussi incroyable.

MÉLAC père.

Il m'est affreux de vous affliger : mais je n'en puis donner aucun, mon ami.

AURELLY.

Je rougirais toute ma vie d'avoir été le vôtre, si vous étiez coupable d'une si basse infidélité.

MÉLAC père.

Rougissez-donc..... car je le suis.

ACTE III.

AURELLY *s'échauffant*.

Vous l'êtes !

MÉLAC fils.

Cela ne se peut pas :

AURELLY, *d'un ton plus doux.*

Avez-vous eu l'imprudence d'obliger quelqu'un avec ces fonds ? Parlez. — Au moins vous avez une reconnaissance, un titre, une excuse qui permette à vos amis de s'employer pour vous.

MÉLAC père, *vivement.*

Je n'ai pas dit que j'eusse prêté l'argent.

AURELLY.

Vous l'aviez lundi.

MÉLAC fils, *tremblant.*

Hier encore, je l'ai vu, mon père.

AURELLY.

Cent mille francs à vous, destinés à l'établissement de votre fils, où sont-ils ?

MÉLAC père.

Toutes les pertes du monde me toucheraient moins que l'impossibilité de justifier ma conduite.

18.

AURELLY.

Vous gardez le silence avec moi?

MÉLAC fils.

Mon père.....

MÉLAC père.

Plus vous êtes mon ami, moins je puis parler.

AURELLY.

Votre ami!.... je ne le suis plus.

MÉLAC fils.

Ah monsieur!

AURELLY.

« Si c'était moi? » me disait-il ce matin. — Ainsi donc, en défendant les malhonnêtes gens, c'était ta cause que tu plaidais?

MÉLAC père.

Je n'ai plaidé que celle des infortunés.

AURELLY.

Avec quel sang-froid!..... Je mourrais de douleur, si rien de semblable.....

MÉLAC père, *vivement*.

Ami, je n'en suis que trop certain.

ACTE III. 277

AURELLY.

Et tu soutiens mes reproches !

MÉLAC père.

Plût au ciel que j'eusse pu les éviter !

AURELLY.

En fuyant honteusement.

MÉLAC père.

Moi fuir !

AURELLY.

Ne partiez-vous pas ? — Je ne parle point du tort que tu fais à tes garants : mais malheureux ! n'avez-vous donc attendu, pour vous déshonorer, que le temps nécessaire pour apprendre à n'en point rougir ?

MÉLAC fils, *pénétré.*

Ah Monsieur !

MÉLAC père, *avec dignité.*

N'avez-vous jamais été blâmé pour l'action même dont votre vertu se glorifiait ?

AURELLY *s'échauffant.*

Invoquer la vertu lorsqu'on manque à l'honneur !

MÉLAC fils, *d'un ton sombre.*

Monsieur.....

MÉLAC père, *avec douceur.*

Aurelly, je puis beaucoup souffrir de vous.

AURELLY, *avec feu.*

Les voilà donc ces philosophes ! Ils font indifféremment le bien ou le mal, selon qu'il sert à leurs vues !.....

MÉLAC fils, *plus fort.*

Monsieur Aurelly !.....

AURELLY.

Vantant à tous propos la vertu, dont ils se moquent ; et ne songeant qu'à leurs intérêts, dont ils ne parlent jamais !

MÉLAC fils, *s'échauffant.*

Monsieur Aurelly !.....

AURELLY, *plus vite.*

Comment un principe d'honnêteté les arrêterait-il, eux qui n'ont jamais fait le bien que pour tromper impunément les hommes !

MÉLAC père, *avec douleur.*

J'ai pu quelquefois me tromper moi-même.....

AURELLY, *en fureur.*

Un honnête homme qui s'est trompé, ne rougit pas de mettre sa conduite au grand jour.

ACTE III.

MÉLAC père.

Il est des moments où, forcé de se taire, il doit se contenter du témoignage de son cœur.

AURELLY, *hors de lui.*

Le témoignage de son cœur! L'intérêt personnel renverse ici toutes les idées.

MÉLAC père, *emporté par la chaleur d'Aurelly.*

Eh bien! injuste ami.... (*à part.*) Ah Dieux! qu'allais-je faire!

AURELLY.

Tu voulais parler.

MÉLAC père, *avec chagrin.*

Je ne répondrai plus.   (*Il va s'asseoir.*)

AURELLY, *indigné.*

Va! tu me fais bien du mal; tu me rends à jamais soupçonneux, méfiant et dur. Toutes les fois que je verrai l'empreinte de la vertu sur le visage de quelqu'un, je me souviendrai de toi.

MÉLAC fils, *en colère.*

Finissez, Monsieur.

AURELLY.

Je dirai : ce masque imposteur m'a séduit trop long-temps, et je fuirai cet homme.

MÉLAC fils.

Finissez, vous dis-je. Quittez ce ton outrageant! De quel droit osez-vous le prendre avec mon père?

AURELLY.

Quel droit, jeune homme? Celui que toute âme honnête a sur un coupable.

MÉLAC fils.

L'est-il à votre égard?

AURELLY.

Oui, puisqu'il se manque à lui-même.

MÉLAC fils, *outré*.

Arrêtez, ou je ne garde plus de mesure avec vous....

MÉLAC père, *se levant.*

Quel emportement, mon fils! il a raison, et si j'avais à rougir de ma conduite, les reproches de cet honnête homme.... Laissez-nous.

SCÈNE III.

AURELLY, PAULINE, MÉLAC fils, MÉLAC père.

PAULINE.

Un instant a détruit le bonheur et la paix de notre maison! — Ah mon oncle!

AURELLY.

Tu me vois entre la conduite du père qui m'indigne, et la présomption du fils qui me menace.

PAULINE.

Lui!.... vous, Mélac!

MÉLAC fils, *tremblant*.

Il outrage mon père sans ménagement. J'ai long-temps souffert....

PAULINE *bas*.

Imprudent!

MÉLAC fils.

Pauline!

MÉLAC père, *à son fils*.

Sortez; je vous l'ordonne.

LES DEUX AMIS,

MÉLAC fils, *furieux*.

Oui, je sors. (*à part.*) Mais l'odieux instigateur de tant de cruauté....

PAULINE, *avec effroi*.

Il va se perdre.

MÉLAC père *saisit le bras de son fils.*

Qu'avez-vous dit ?

MÉLAC fils, *hors de lui*.

J'ai dit.... (*Il se retient pour cacher son projet.*) que je ne vis jamais tant de cruauté.

(*Il sort.*)

SCÈNE IV.

AURELLY, PAULINE, MÉLAC père.

PAULINE *le regardant aller avec effroi.*

Ciel ! détournez les malheurs qui nous menacent aujourd'hui.

AURELLY.

Il s'obstine au silence ; et je ne puis rien découvrir.

ACTE III. 283

PAULINE, *à Mélac père.*

Ah mon bon ami ! Pourquoi craignez-vous de déposer votre secret dans le sein de mon oncle ? Il vous aime de si bonne foi !

AURELLY, *indigné.*

Moi ! je l'aime ?

PAULINE, *avec ardeur.*

Oui, vous l'aimez : ne vous en défendez pas.

AURELLY, *douloureusement.*

Eh bien ! oui, je l'aime, et c'est ma honte ; mais je ne l'estime plus ; voilà mon malheur. Il m'est affreux de renoncer à l'opinion que j'avais de lui. La perte entière de ma fortune m'eût été moins sensible.

MÉLAC père, *attendri.*

Aurelly, attends quelques jours avant de juger ton ami. Ta généreuse colère me pénètre de respect. Crois que, sans les plus fortes raisons....

AURELLY.

En est-il contre mes instances ? Parle, malheureux. Coupable ou non, si je puis te servir....

PAULINE.

Voyez la douleur où vous nous plongez.

MÉLAC père, *pénétré*.

Mes chers amis, l'honneur me défend de parler. Je ne suis pas encore coupable; je le deviendrais, si je restais ici plus long-temps. La moindre indiscrétion.... Ce moment difficile ne peut-il être justifié par ma constante amitié pour vous? Croyez que, pour se plaire avec d'aussi honnêtes gens, il faut l'être soi-même.

(*Il sort.*)

SCÈNE V.

AURELLY, PAULINE.

PAULINE.

Je sens qu'il dit vrai.

AURELLY, *encore échauffé*.

Quel argument! Et les fripons aussi se plaisent avec les honnêtes gens; car ils trouvent leur compte dans la bonne-foi de ceux-ci. (*Plus doux.*) Cependant, il faut l'avouer, il m'a remué jusqu'au fond de l'âme.

PAULINE.

Non, il n'est pas coupable. — Il aura rendu

ACTE III.

quelque grand service, dont tout le mérite, à ses yeux, est peut-être de rester ignoré.

AURELLY.

Mais manquer de fidélité!....

PAULINE.

Avec un homme du caractère de monsieur de Mélac, je suis tentée de respecter tout ce que je ne puis comprendre.

AURELLY.

Quelqu'usage qu'il ait fait de ces fonds, il est inexcusable.... Et partir!

PAULINE.

Une voix intérieure me dit que ce crime apparent est peut-être, en lui, le dernier effort d'une vertu sublime. (*D'un ton moins assuré.*) Et son malheureux fils, mon oncle, ne vous fait-il pas compassion? A quelle extrémité l'amour de son père vient de le porter contre vous, qu'il chérit si parfaitement!

AURELLY.

Il est vif, mais son cœur est honnête. Eh ma Pauline! ce que je regrette le plus, est de n'avoir pu fonder sur lui le bonheur de mes vieux jours.

PAULINE, *à part*.

Qu'entends-je! (*Haut.*) Ah! Monsieur! n'abandonnez pas votre ami : soyez sûr qu'il justifiera ce que vous aurez fait pour lui.

AURELLY.

Ta faiblesse diminue la honte que j'avais de la mienne. Tu me presses de le servir.... apprends que je l'ai tenté. J'ai offert ma garantie à Saint-Alban.

PAULINE.

Il la refuse ?

AURELLY.

Il m'a montré des ordres si formels !.... Il ne peut différer d'envoyer la somme annoncée.

PAULINE, *d'un ton insinuant.*

N'y a-t-il donc aucun moyen de la faire cette somme ?

AURELLY.

Cinq cent mille francs ! A la veille du paiement ! Crois, mon enfant, que, sans les fonds que Dabins reçoit de Paris en ce moment, j'eusse été moi-même fort embarrassé.

PAULINE.

Vous m'avez dit si souvent que vous aviez beaucoup de ces effets que l'on pouvait fondre au besoin.

ACTE III.

AURELLY.

Il est vrai qu'il m'en reste à Paris pour cinq cent mille francs, chez mon ami Préfort.

PAULINE.

Chez monsieur de Préfort.... Et ne sont-ils pas bons ?

AURELLY.

Excellents, pareils à ceux dont il me fait passer la valeur aujourd'hui. Mais tout ne m'appartient pas : il y a cent mille écus auxquels je ne puis toucher. C'est un dépôt.... sacré.

PAULINE.

Votre fortune est plus que suffisante pour assurer cette somme à son propriétaire.

AURELLY, *avec chaleur.*

Voulez-vous que je me rende coupable de l'abus de confiance que je reproche à ce malheureux ? La seule chose peut-être sur laquelle il ne puisse y avoir de composition, c'est un dépôt. De l'argent prêté, on l'a reçu pour s'en servir; mille raisons peuvent en faire excuser le mauvais emploi; mais un dépôt.... Il faut mourir auprès.

PAULINE.

Si l'on parlait à celui de qui vous le tenez ?

AURELLY.

Apprends qu'il n'en a ramassé les fonds que pour acquitter une dette.... immense. Il les destine à réparer, s'il peut, des torts !.... Mais tu m'accuserais de dureté.... Tu veux le voir ; parle-lui, j'y consens ; il est prêt à t'entendre ; et cet homme.... c'est moi.

PAULINE, *avec joie.*

Ah ! je respire. Nos amis seront sauvés.

AURELLY.

Avant que d'être généreux, Pauline, il faut être juste.

PAULINE.

Qui oserait vous taxer de ne pas l'être ?

AURELLY.

Toi-même, à qui je vais enfin confier le secret de cet argent. Écoute, et juge-moi... Je fus jeune et sensible autrefois. La fille d'un gentilhomme (peu riche à la vérité), m'avait permis de l'obtenir de ses parents. Ma demande fut rejetée avec dédain. Dans le désespoir où ce refus nous mit, nous n'écoutâmes que la passion. Un mariage secret nous unit. Mais la famille hautaine, loin de le confirmer, renferma cette malheureuse victime, et l'accabla de tant de mauvais traitements, qu'elle perdit la vie, en la donnant à une fille... que les cruels dérobèrent à tous les yeux.

PAULINE.

Cela est bien inhumain !

AURELLY.

Je la crus morte avec sa mère : je les pleurai long-temps. Enfin j'épousai la nièce du vieux Chardin, celui qui m'a laissé cette maison de commerce. Mais le hasard me fit découvrir que ma fille était vivante. Je me donnai des soins. Je la retirai secrètement; et, depuis la mort de ma femme, j'ai pris tous les ans, sur ma dépense, une somme propre à lui faire un sort indépendant du bien de mon fils. Voilà quelle est la malheureuse propriétaire de ces cent mille écus : crois-tu, mon enfant, qu'il y ait un dépôt plus sacré ?

PAULINE.

Non ;.... il n'en est pas.

AURELLY.

Puis-je toucher à cet argent ?

PAULINE.

Vous ne le pouvez pas. Pauvre Mélac! Mais vous êtes attendri ; je le suis moi-même. Pourquoi donc cette infortunée m'est-elle inconnue ? Pourquoi me faites-vous jouir d'un bien-être et d'un état qui lui sont refusés ?

AURELLY.

Tu connais le préjugé. Ma nièce est honorablement chez moi ; ma fille ne pouvait y demeurer sans scandale ; et celui qui a manqué à ses mœurs, n'en est pas moins tenu de respecter celles des autres.

PAULINE, *avec chaleur.*

Je brûle de m'acquitter envers elle, de tout ce que je vous dois; allons la trouver. Fesons-lui part de nos peines. Elle est votre fille ; peut-elle n'être pas compatissante et généreuse ?

AURELLY.

Que dis-tu, Pauline? Tout son bien ! le seul dédommagement de son infortune, tu veux le lui arracher !

PAULINE.

Nous aurons fait notre devoir envers nos amis.

AURELLY.

Elle se doit la préférence.

PAULINE.

Elle peut nous l'accorder.

ACTE III.

AURELLY.

Mettez-vous en sa place.... Une telle proposition....

PAULINE.

Ah! comme j'y répondrais!

AURELLY.

Si elle nous refuse?

PAULINE.

Nous ne l'en aimerons pas moins; mais n'ayons aucun reproche à nous faire.

AURELLY.

Tu l'exiges?

PAULINE, *vivement.*

Mille, mille raisons me font un devoir de la connaître.

AURELLY, *d'une voix étouffée.*

Ah ma Pauline!

PAULINE.

Qu'avez-vous?

AURELLY.

Ta sensibilité m'ouvre l'âme; et mon secret....

PAULINE.

Ne regrettez pas de me l'avoir confié.

AURELLY.

Mon secret.... s'échappe avec mes larmes.

PAULINE

Mon oncle....

AURELLY.

Ton oncle!

PAULINE.

Quels soupçons!

AURELLY.

Tu vas me haïr.

PAULINE.

Parlez.

AURELLY.

O précieux enfant!

PAULINE.

Achevez.

AURELLY *lui tend les bras.*

Tu es cette fille chérie.

PAULINE *s'y jète à corps perdu.*

Mon père!

AURELLY *la soutient.*

Ma fille! ma fille! la première fois que je me

a Fille!....ma Fille! la première fois que je me permets
nom faut il le prononcer si douloureusement!.........

Acte III. Scène V.

ACTE III.

permets ce nom, faut-il le prononcer si douloureusement?

PAULINE *veut se mettre à genoux.*

Ah mon père!

AURELLY *la retient.*

Mon enfant,.... console-moi : dis-moi que tu me pardonnes le malheur de ta naissance ; combien de fois j'ai gémi de t'avoir fait un sort si cruel!

PAULINE, *avec un grand trouble.*

N'empoisonnez pas la joie que j'ai d'embrasser un père si digne de toute mon affection.

AURELLY.

Eh bien! ma Pauline! ma chère Pauline! (Car ta mère que j'ai tant aimée, se nommait ainsi.) Ordonne. Exige. Tu m'as arraché mon secret : mais pouvais-je disposer de ton bien sans ton aveu?

PAULINE.

C'est le vôtre, mon père. Ah s'il m'appartenait!....

AURELLY.

Il est à toi : plus des deux tiers est le fruit de l'économie avec laquelle tu gouvernes cette maison. Prescris-moi seulement la conduite que tu veux que je tienne aujourd'hui.

PAULINE, *vivement.*

Peut-elle être douteuse! Mon père, allez, prenez ce bien; offrez ces effets à Saint-Alban, qu'ils servent à le désarmer, à sauver nos amis.

AURELLY.

Que te restera-t-il?

PAULINE.

Vos bontés.

AURELLY.

Je puis mourir.

PAULINE.

Cruel que vous êtes!

AURELLY *la serre contre son sein.*

Mon cœur est plein : le tien l'est aussi. Retire-toi. Il faut que je me remette un moment du trouble où cette conversation m'a jeté.

PAULINE, *avec un sentiment profond.*

Ah Mélac!.... Que je suis heureuse!....

(*Elle sort.*)

SCÈNE VI.

AURELLY, *seul.*

Je suis tout ému. Quel prix la reconnaissance de cet enfant met aux soins qu'il s'est donnés pour son éducation!.... Allons donc. Il faut le tirer de ce mauvais pas, toute misérable qu'est sa conduite. Ce qu'il ne mérite plus, je me le dois.... pour l'honneur d'une amitié de cinquante ans.... pour son fils, qui est un bon sujet.... Le plus pressé maintenant, c'est de voir le fermier-général. (*Il soupire.*) Non, je ne regrette pas l'argent; mais c'est, qu'au fond du cœur, je ne fais plus le moindre cas de cet homme-là.

FIN DU TROISIÈME ACTE.

ACTE IV.

SCÈNE PREMIÈRE,

ANDRÉ, *seul.*

« Imbécille ! Benêt ! Fais par-ci, va-t-en là,
» Qu'on ferme ma porte pour tout le monde.
» Laisse entrer M. Saint-Alban ». Mille ordres
à la fois ! Comme si on était un sorcier pour retenir tout ça !..... Parce qu'ils sont en querelle, il faut qu'un pauvre domestique... Euh ! que je voudrais bien !..... Je voudrais que chacun ne fût pas plus égaux l'un que l'autre. Les maîtres seraient bien attrapés !..... Oui ! et mes gages, qui est-ce qui me les paierait ?

SCÈNE II.

SAINT-ALBAN, ANDRÉ.

SAINT-ALBAN.

Monsieur Aurelly est-il au logis, André?

ANDRÉ.

Non, Monsieur, pour personne; mais ce n'est pas pour Monsieur que je dis ça : il faut que vous entriez, vous. Il va descendre ; Monsieur veut-il que je l'aille avertir ?

SAINT-ALBAN.

Non ; il peut être occupé ; j'attendrai. (*Il se promène, et dit à lui-même.*) Le devoir me presse d'agir...... l'amour me retient....... la jalousie....... Non! jamais mon cœur ne fut plus tourmenté. S'aimeraient-ils ? La douleur qu'elle a laissé voir ce matin était trop vive!..... André ?

ANDRÉ.

Monsieur m'appelle ?

SAINT-ALBAN, *à part.*

Ce garçon est naïf; fesons-le jaser.— (*Haut, en s'asseyant.*) Mon cher André ?

ANDRÉ.

Monsieur est plus bon que je ne mérite.

SAINT-ALBAN.

Où est ta jeune maîtresse ?

ANDRÉ.

Ah Monsieur ! On était si gai les autres voyages, quand vous arriviez ! ce n'est pas par intérêt que je le dis : mais de ce que vous ne logez plus ici, ça fait une peine à tout le monde..... Mameselle pleure, pleure, pleure ! et notre maître !...... On a servi le dîner : M. de Mélac, son fils, personne ne s'est mis à table ; ni monsieur, non plus..... ni mameselle non plus.

SAINT-ALBAN, *à lui-même.*

Ni mademoiselle non plus ! pleurer ! ne rien prendre ! il y a plus que de l'amitié ; la reconnaissance ne va pas si loin.

ANDRÉ.

Moi, je suis si triste, qu'en vérité, hors mes repas, tout est resté à faire aujourd'hui.

SAINT-ALBAN.

Mais, dis-moi, André ; est-ce qu'on ne parle pas quelquefois de la marier ?

ANDRÉ.

Oh ! que oui, très-souvent bien des gens de

ACTE IV.

Lyon l'ont demandée; mais bernique, pas pour un diantre, notre maître s'y entête.

SAINT-ALBAN.

Et ces refus paraissent-ils la contrarier ? l'affliger ?

ANDRÉ.

Elle ? ah ! vous la connaissez bien ! un mari ? elle s'en soucie...... comme moi ; pourvu qu'elle soit obligeante à ravir, qu'elle veille sur toute la maison, qu'elle épargne le bien de son oncle, et qu'elle donne tout son chétif avoir aux pauvres gens, elle est gaie comme pinçon.

SAINT-ALBAN, *à part.*

Quel éloge ! dans une bouche maladroite ! Il m'enflamme. (*Il tire sa bourse.*) Tiens, ami, prends ceci, et dis-moi encore.....

ANDRÉ.

Un louis ! Oh ! mais.... si ce que monsieur voudrait savoir était un mal !.....

SAINT-ALBAN.

Non ; c'est ton honnêteté que je récompense. Nous raisonnons..... Entre tous les gens qui ont des vues sur la demoiselle, j'aurais pensé que le jeune Mélac.....

ANDRÉ.

Eh bien! monsieur me croira s'il voudra; mais cette idée-là m'est aussi venue plus de cent fois pour eux. Pas vrai que ça ferait un bien gentil ménage?

SAINT-ALBAN, *avec chagrin.*

Elle, et lui?

ANDRÉ.

Ah! c'est qu'elle est si joliment tournée à son humeur! et c'est qu'il l'aime! il l'aime!

SAINT-ALBAN, *à lui-même.*

Il l'aime!..... Pourquoi m'en troubler? J'ai dû m'y attendre. Qui ne l'aimerait pas?

ANDRÉ.

Il n'y a que ceux qui ne l'ont jamais vue.

SAINT-ALBAN.

Et..... crois-tu que ta jeune maîtresse lui accorde du retour?

ANDRÉ, *cherchant à comprendre.*

Du retour?

SAINT-ALBAN.

Oui.

ANDRÉ, *riant niaisement.*

Ah! ah! ah! je vois bien à-peu-près ce que

monsieur veut dire. — Mais tenez, il ne faut pas mentir; en conscience, tout ce que je sais, c'est que je sais bien que je n'en sais rien.

Saint-Alban, *à lui-même.*

S'il en était préféré! dans l'intimité où vivent leurs parents, aurait-on manqué de les unir?

André.

Ils ne sont pas désunis pour ça. Quoiqu'elle le gronde toujours, il ne saurait être une heure sans venir faire le patelin autour d'elle; et quand il peut attraper quelque morale, il s'en va content!......

Saint-Alban.

C'est assez, ami. (*A lui-même.*) Sans doute ils attendaient cette survivance pour conclure..... et moi je l'apporte! Je forge l'obstacle que je redoute! ah! ma jalousie s'en irrite..... Qu'on est prêt d'être injuste quand on est amoureux!

André, *à part.*

Il faut que ces grands génies ayent bien de l'esprit, de pouvoir penser comme ça tout seuls à quelque chose. J'ai beau faire, moi; dès que je veux songer à penser, je m'embrouille, et l'envie de dormir me prend tout de suite.

(*Il sort, en voyant entrer son maître.*)

SCÈNE III.

SAINT-ALBAN, AURELLY.

AURELLY.

Ah! Monsieur, pardon; vous m'avez prévenu, j'allais passer chez vous.

SAINT-ALBAN.

Je viens vous dire qu'il m'est impossible de différer plus long-temps. Cette journée presque entière, accordée à vos instances, n'a mis aucun changement dans nos affaires.

AURELLY.

Elle en a mis beaucoup.

SAINT-ALBAN.

A-t-on trouvé les fonds?

AURELLY.

J'en fais bon pour Mélac.

SAINT-ALBAN.

Vous payez les cinq cent mille francs?

AURELLY.

Cent mille écus que j'emprunte, le reste à

ACTE IV.

moi; le tout en un mandat sur mon correspondant de Paris, payable à votre arrivée.

SAINT-ALBAN, *à part.*

Le mariage est certain, on ne fait pas de tels sacrifices..... (*Haut.*) J'admire votre générosité. Je recevrai la somme que vous offrez; mais........ je ne puis me dispenser de rendre compte......

AURELLY.

Quelle nécessité?

SAINT-ALBAN.

Ce que vous faites pour Mélac, ne le lave pas de l'abus de confiance dont il s'est rendu coupable.

AURELLY.

Lorsqu'on ne vous fait rien perdre?

SAINT-ALBAN.

La même chose peut arriver encore, et vous ne serez pas toujours d'humeur.....

AURELLY.

En ce cas, Monsieur....... je reprends ma parole : c'est son honneur seul qui me touche; et, si je ne le sauve pas en acquittant sa dette, il est inutile que je me dépouille gratuitement.

SAINT-ALBAN.

Vous désapprouvez ma conduite?

AURELLY.

Je n'entends rien à votre politique. Que Mélac soit coupable de mauvaise foi, ou seulement d'imprudence, en rejetant mes conditions, vous risquez......

SAINT-ALBAN.

Je ne les rejète pas ; mais il faut m'expliquer.

AURELLY.

J'écoute.

SAINT-ALBAN.

Vous voulez sa grâce entière ?

AURELLY.

Sans restriction.

SAINT-ALBAN.

J'irai, pour vous obliger, jusqu'au dernier terme de mon pouvoir.

AURELLY.

Quelle étendue y donnez-vous ?

SAINT-ALBAN.

Celle que vous y donneriez vous-même. Vous n'exigez pas que je sauve sa réputation aux dépens de mon honneur ?

ACTE IV.

AURELLY.

Il y aurait encore plus d'absurdité que d'injustice à le proposer.

SAINT-ALBAN.

Les intérêts de la compagnie à couvert par vos offres, on peut faire grâce à votre homme de l'opprobre qu'il a mérité ; mais je deviendrais coupable, si je lui confiais plus long-temps une recette...

AURELLY.

Vous lui ôtez sa place !

SAINT-ALBAN.

La lui laisseriez-vous ?

AURELLY.

Ah ! Monsieur, je vous prie....

SAINT-ALBAN.

Faites un pas de plus.

AURELLY.

Comment ?

SAINT-ALBAN.

Vous avez de l'honneur : osez me le conseiller. (*Aurelly baisse la tête sans répondre.*) J'espère que vous distinguerez ce que je puis accorder, et

Théâtre. I.

ce que le devoir m'interdit ; j'accepte l'argent ; je me tairai : mais j'exige qu'il se défasse, à l'instant, de son emploi, sous le prétexte qu'il voudra.

AURELLY.

J'avoue qu'il n'est pas digne de le garder ; mais son fils ? cette survivance ? tant de démarches pour l'obtenir ?.....

SAINT-ALBAN.

Son fils ! qui nous en répondrait ?

AURELLY.

Moi.

SAINT-ALBAN.

C'est beaucoup faire pour eux.

AURELLY.

J'ai vingt moyens de m'assurer de lui.

SAINT-ALBAN *rêvant*.

J'avoue que.... je.... je n'ai point d'objection personnelle contre le jeune homme : et, dans le dessein où je suis de vous demander une grâce pour moi-même....

AURELLY.

Je pourrais vous obliger ?

SAINT-ALBAN.

Sur un point de la plus haute importance.

AURELLY *vivement.*

Tenez-moi pour déshonoré, si je vous refuse.

SAINT-ALBAN.

Puisque vous m'encouragez, je vais parler. Vous connaissez ma fortune, mes mœurs ; vous avez une nièce adorable ; elle m'a charmé ; je l'aime, et je vous demande sa main, comme la plus précieuse faveur....

AURELLY *stupéfait.*

Vous me demandez.... ma Pauline.

SAINT-ALBAN.

Auriez-vous pris des engagements ?

AURELLY *embarrassé.*

En vérité, ce n'est pas cela ; mais si vous la connaissiez mieux....

SAINT-ALBAN.

Je l'ai plus étudiée que vous ne pensez.

AURELLY.

Cette enfant n'a pas de fortune.

SAINT-ALBAN.

Sur un mérite comme le sien, c'est une différence imperceptible.

AURELLY, *à part.*

Comment sortir de ce nouvel embarras !

SAINT-ALBAN.

Vous m'avez flatté que je ne serais point rejeté.

AURELLY.

Monsieur!.... vous n'êtes pas fait pour l'être....

SAINT-ALBAN.

Et cependant....

AURELLY *embarrassé.*

Soyez certain qu'elle est trop honorée de votre recherche ; et que l'obstacle ne viendra pas de ma part. Mais....

SAINT-ALBAN.

Vous me la refusez ?

AURELLY.

Croyez que.... Avant de vous répondre, il faut que je prévienne ma nièce.

SAINT-ALBAN.

Souvenez-vous, Monsieur, que vous n'avez point d'engagement.

AURELLY.

Et l'affaire de Mélac ?

SAINT-ALBAN.

Ce soir, nous en terminerons deux à la fois.

SCÈNE IV.

AURELLY, *seul.*

Il sort mécontent. Qu'est-ce que ce monde, et comme on est ballotté !... Le père et le fils sont perdus, s'il se croit refusé.... Et comment oser l'accepter ?.... L'argent ! l'argent les sauvera-t-il encore ? N'importe, ôtons-lui ce prétexte de leur nuire.... et demandez-moi pourquoi tout ce désordre ? Parce qu'un misérable homme, qu'il ne faudrait jamais regarder, si l'on fesait son devoir, oublie le sien, et pour un vil intérêt....

SCÈNE V.

AURELLY, DABINS.

AURELLY *continue.*

D'où sortez-vous donc, Dabins ? Voilà quatre fois que j'entre au bureau pour vous parler.

SCÈNE VI.

MÉLAC père, DABINS, AURELLY.

Aurelly *apercevant M. de Mélac.*

Ah ! voici l'autre. Il vaut mieux s'en aller que de se mettre en colère.

SCÈNE VII.

DABINS, MÉLAC père.

Mélac père *le regardant aller.*

O respectable ami ! (*à Dabins.*) Qu'avez-vous à m'annoncer de si pressé, monsieur Dabins ?

Dabins.

Monsieur. C'est avec douleur que je le dis : il n'est plus temps de se taire, il faut tout déclarer.

Mélac père, *échauffé.*

Qu'est-ce à dire ? tout déclarer !

DABINS.

L'affaire est sur le point d'éclater : les apparences vous accusent.

MÉLAC père.

Les apparences ne peuvent inquiéter que celui qui s'est jugé coupable.

DABINS.

Qu'opposerez-vous aux faux jugements ? à l'injure ? aux clameurs ?

MÉLAC père.

Rien : le silence, et la fermeté que donne l'estime de soi-même.

DABINS.

Les biens de votre ami sont suffisants.... on prendra des mesures....

MÉLAC père, *impatient*.

Et, si je dis un mot, il manque demain matin.

DABINS, *du même ton*.

Et, si vous ne le dites pas, vous êtes perdu ce soir même.... Non, je ne puis souffrir....

MÉLAC père, *violemment*.

Monsieur Dabins, souvenez-vous que votre

père mourant ne vous a pas vainement recommandé à ma bienfaisance : souvenez-vous que je vous ai élevé ; que je vous ai placé chez Aurelly; que mon estime seule vous a valu sa confiance : voulez-vous la perdre, cette estime ? et le premier devoir de l'honnête homme n'est-il pas de garder le secret confié ?

D A B I N S.

Eh, Monsieur ! quand la discrétion fait plus de maux qu'elle ne peut en prévenir....

M é l a c père.

A qui de nous deux appartient le jugement de mes intérêts ?.... Mais, je m'échauffe, et deux mots vous fermeront la bouche. De quoi s'agit-il en ce commun effroi ? De peser les risques de chacun, et d'écarter le plus pressant ?

D A B I N S.

Oui, monsieur.

M é l a c père.

Si je me préfère à mon ami, quel sera son sort ? La confiance publique dont un négociant est honoré ne souffre pas deux atteintes. Quoi qu'on puisse alléguer, après un défaut de paiement, le coup fatal au crédit est porté ; c'est un mal sans remède ; et, pour Aurelly, c'est la mort.

Dabins.

Il y a tout lieu de le craindre.

Mélac père.

Si je me tais; un soupçon tient, il est vrai, mon honneur en souffrance; mais, à l'aveu d'un service que les grands biens d'Aurelly rendent tout naturel, avec quelque rigueur qu'on me juge, il est même douteux qu'on m'en fasse un reproche. Ayant donc à choisir entre sa perte inévitable et le danger incertain qui me menace, croyez-vous que j'aye pris conseil d'une aveugle amitié, qui pût déshonorer mon jugement? Non monsieur, j'ai prononcé, comme un tiers l'aurait fait, en préférant, non ce qui me convient, mais ce qui convient aux circonstances; non ce que je puis, mais ce que je dois. Vous m'avez entendu?

Dabins.

Monsieur, je me tairai; mais, pour l'exemple des hommes, il faudrait bien que de pareils traits....

Mélac père.

Laissons la maxime et l'éloge aux oisifs; fesons notre devoir, le plaisir de l'avoir rempli est le seul prix vraiment digne de l'action. — Que fait mon fils? j'en suis inquiet. L'avez-vous vu?

Dabins.

Ah! c'est pour lui surtout que je vous presse; il a répandu devant moi des larmes si amères, et m'a quitté avec une impatience, un sentiment si douloureux!... Mais quel danger de vous confier à lui? Encouragé par votre exemple, il se calmerait, il vous consolerait.

Mélac père.

Me consoler! Mon ami, l'expérience de toute ma vie m'a montré que le courage de renfermer ses peines augmente la force de les repousser; je me sens déjà plus faible avec vous que dans la solitude. Eh! quel secours tirerais-je de mon fils? Je crains moins sa douleur que son enthousiasme; et, si je suis à peine maître de mon secret, comment contiendrais-je cette âme neuve et passionnée?....

SCÈNE VIII.

MÉLAC père; DABINS; MÉLAC fils, *plongé dans une noire rêverie.*

Mélac père.

Le voici; vous l'avez bien dépeint.
(*Ils se retirent au fond du salon.*)

DABINS.

Eh! parlez-lui, Monsieur.

MÉLAC père.

Sauvons-nous d'un attendrissement inutile.

SCÈNE IX.

MÉLAC fils, *seul*.

(Il marche lentement, d'un air absorbé, et s'échauffe par degrés en parlant.)

Ah! cet odieux Saint-Alban! je l'ai cherché partout sans le rencontrer.... Le déshonneur de mon père est-il déjà public? On s'éloigne....; on me fuit..... Je perds en un instant la fortune, l'honneur, toutes mes espérances.... et Pauline.... Pauline!... Elle m'évite à présent.... La générosité est un accès... la chaleur d'un moment... mais la réflexion a bientôt détruit ce premier prestige de la sensibilité.

SCÈNE X.

PAULINE, MÉLAC fils.

(*Pauline a entendu les dernières phrases de son amant; elle voit sa douleur, et s'approche avec une vive émotion.*)

MÉLAC fils *l'aperçoit, et continue.*

Qu'une stérile compassion ne vous ramène pas, Mademoiselle. Je sais que je vous ai perdue; je connais toute l'horreur de mon sort. Laissez-moi seul à ma douleur.

PAULINE.

Cruel!....

MÉLAC fils.

Vos consolations ne pourraient que l'irriter.

PAULINE.

Comme le malheur vous rend injuste et dur! La crainte qu'on ne pense mal de vous, vous donne mauvaise opinion du cœur de tout le monde. Votre ardente vivacité vous a déjà fait manquer à mon oncle....

ACTE IV.

MÉLAC fils, *avec feu.*

Il insultait mon père. Avec quelle cruauté il lui développait tout ce que notre situation a d'odieux ! S'il n'eût pas été votre oncle.....

PAULINE.

Ingrat ! à l'instant où vous allez tout lui devoir ; pendant que son attachement lui fait payer toute la somme à Saint-Alban.

MÉLAC fils, *avec joie.*

Que dites-vous ? Il nous sauve l'honneur ?

PAULINE.

Il va plus loin.... son cœur, qui vous chérit.....

MÉLAC fils, *vivement.*

Achevez, Pauline, achevez ; ne craignez pas de mettre le comble à ma joie. Il me donne sa nièce ?

PAULINE *timidement.*

Ah ! Mélac... ne parlez plus de sa malheureuse nièce.

MÉLAC fils.

Comment ?

PAULINE.

Sa fille....

MÉLAC fils.

Sa fille !

PAULINE.

Sa fille, fruit d'une union ignorée, qui vous connaît, qui vous aime, offre à votre père cent mille écus qu'elle tient des dons et des épargnes du sien....

MÉLAC fils, *avec indignation.*

Au prix de m'épouser !.... Nous n'étions pas assez avilis; il nous manquait cet opprobre.

PAULINE *pleurant.*

J'ai bien prévu que votre âme orgueilleuse rejèterait un pareil bienfait.

MÉLAC fils, *furieux.*

Il me fait horreur; le service, et celui qui l'offre, et celle qui le rend, je les déteste tous.... C'était donc pour cela qu'il éloignait toute idée de notre union? Il me gardait cette honte; il me méprisait, même avant que le malheur m'eût réduit à souffrir tous les outrages. Mais, je le jure à vos pieds, Pauline; fût-elle cent fois plus généreuse, la fille sans nom, sans état, et désavouée de ses parents, ne m'appartiendra jamais.

PAULINE.

Vous la connaissez mal; elle n'a eu en vue que votre père.

ACTE IV.

MÉLAC fils.

Mon père! Faut-il donc nous sauver d'une infamie par une autre?... Vous pleurez, ma chère Pauline! craignez-vous que la nécessité ne me fasse enfin contracter un indigne engagement?

PAULINE *outrée*.

Non, je ne suis plus même assez heureuse pour le craindre; vous avez prononcé votre arrêt et le mien. Cette infortunée que vous insultez avec tant d'inhumanité....

MÉLAC fils, *effrayé*.

Cette infortunée?

PAULINE.

Elle est devant vos yeux.

MÉLAC fils.

Vous?

PAULINE *tombant sur un siége*.

J'avais le cœur percé de cette nouvelle, et vous avez achevé de le déchirer.

MÉLAC fils, *à ses pieds*.

O douleur!.... Pauline! ne me tendiez-vous ce piége que pour me rendre aussi coupable?

PAULINE.

Laissez-moi.

MÉLAC fils.

Pourquoi ne pas m'apprendre?....

PAULINE.

L'avez-vous permis? Votre emportement a fait sortir de votre bouche l'affreuse vérité ; Monsieur, il n'est plus temps de désavouer vos sentiments.

MÉLAC fils *se relève furieux*.

Osez-vous bien vous prévaloir d'une erreur, qui fut votre ouvrage ? Osez-vous m'opposer le désordre d'un désespoir que vous avez causé vous-même? Je voyais les puissants ressorts qu'on fesait agir contre nous; je disais : je la perds. Je m'armais, à vos yeux, de toute la force dont je prévoyais avoir besoin. Suis-je donc un dénaturé, un monstre? Et quel est l'homme assez barbare pour imputer à d'innocentes créatures un mal qu'elles ne purent empêcher?

PAULINE *pleurant*.

Non, non.

MÉLAC fils, *plus vite*.

La faute de leurs parents leur ôte-elle une qualité? une seule vertu? Au contraire, Pauline, et vous en êtes la preuve ; il semble que la nature se plaise à les dédommager de nos cruels préjugés par un mérite plus essentiel.

PAULINE.

Ce préjugé n'en est pas moins respectable.

MÉLAC fils, *avec chaleur.*

Il est injuste, et je mettrai ma gloire à le fouler aux pieds.

PAULINE.

Il subsistera dans les autres.

MÉLAC fils.

Mon bonheur dépend de vous seule.

PAULINE.

On se lasse bientôt d'un choix qui n'est approuvé de personne.

MÉLAC fils.

Le mien mérite une honorable exception.

PAULINE.

Il ne l'obtiendra pas.

MÉLAC fils.

Il m'en sera plus cher. N'aggravez pas un malheur idéal. Ah! soyez plus juste envers vous; tout ce qui ne dépend pas du caprice des hommes, vous l'avez avec profusion ; et, si mon amour pouvait augmenter, cette injure du sort l'accroîtrait encore.

PAULINE, *avec dignité.*

Mélac, une femme doit avoir droit au respect de son mari. Je rougirais devant le mien... N'en parlons plus. Je n'en fais pas moins à votre père le sacrifice de toute ma fortune. Une retraite profonde est l'asyle qui me convient ; heureuse si votre souvenir n'y trouble pas mes jours ! (*Elle se lève.*)

MÉLAC fils, *au désespoir.*

Quel cœur avez-vous donc reçu de la nature ? Vous vous jouez de mon tourment ! Pauline, renoncez à cet odieux projet, ou je ne réponds plus... Jour à jamais détestable !... Je sens un désordre... Ah ! j'en perdrai la vie...

(*Il se jète sur un siége.*)

PAULINE.

Il m'effraye ! Je ne puis le quitter. Mélac, mon ami, mon frère.

MÉLAC fils, *avec égarement.*

Moi votre ami ! moi votre frère ! Non, je ne vous suis rien. Allez, cruelle, vous ne me surprendrez plus. Le trait empoisonné que vous

Je ne vous écoute plus. Vous ne m'avés jamais aimé.

Acte IV. Scène X.

ACTE IV.

avez enfoncé dans mon cœur n'en sortira qu'avec ma vie. Me tendre un piége affreux! et me rendre garant des propos insensés que le désespoir m'a fait tenir! ah! cela est d'une cruauté!...

PAULINE

Écoutez-moi, Mélac.

MÉLAC fils.

Je ne vous écoute plus. Vous ne m'avez jamais aimé. Je n'écoute plus une femme qui emploie un indigne détour pour renoncer à moi.

PAULINE, *avec un grand trouble.*

Eh bien! mon cher Mélac, je n'y renonce pas. Tant d'amour me touche, plus qu'il ne convient peut-être à la malheureuse Pauline. Je n'y renonce pas : mais, au nom de ton père, sors de cet égarement qui me tue.

MÉLAC fils, *se levant.*

Vous voyez bien, Pauline, ce que vous me promettez... vous le voyez bien. Si jamais vous rappelez.... si jamais.... (*Il tombe à ses genoux avec ardeur.*) Jurez-moi que vous oublierez les blasphêmes que j'ai horreur d'avoir proférés devant vous. Jurez-le moi.

PAULINE.

Puisses-tu les oublier toi-même!

Mélac fils.

Jurez-moi que vous me rendez votre cœur.

Pauline.

Te le rendre, ingrat! il n'a pas cessé d'être à toi.

Mélac fils, *se relevant.*

Eh bien! pardon. Je suis indigne de toute grâce; et, si j'ai l'audace de la solliciter...

SCÈNE XI.

AURELLY, PAULINE, MÉLAC fils.

Pauline, *à Mélac, avec effroi.*

Voici mon père.

Mélac fils *va au-devant d'Aurelly.*

Ah monsieur! si le plus amer repentir pouvait effacer de coupables emportements! si le plus vif regret de vous avoir offensé....

Aurelly

Offensé! Non, mon ami; j'ai moins vu ta colère, que l'honnête sentiment qui la rachetait.

ACTE IV.

Ton respect filial m'a touché. — Demande à Pauline ce que je lui en ai dit.

MÉLAC fils.

Je connais les effets de votre amitié, et ma reconnaissance....

AURELLY.

Elle me plaît : mais tu ne m'en dois que pour ma bonne volonté ; tout est bien loin d'être terminé.

PAULINE.

Malgré vos offres ?

MÉLAC fils.

Qui a donc suspendu ?

AURELLY.

La chose la plus étonnante. Je parle à Saint-Alban ; il accepte le payement ; mais il n'en allait pas moins écrire à sa compagnie. L'honneur, l'état, la survivance, tout était perdu.

MÉLAC fils.

Le cruel !

AURELLY.

Grands débats. Il paraît se rendre. Je crois tout fini : je l'embrasse, en souhaitant de pouvoir l'obliger à mon tour. Il me prend au mot :

dans l'excès de ma joie, j'y engage mon honneur. (*à Pauline.*) Écoute la conclusion.

MÉLAC fils, *à part.*

Je tremble.

AURELLY.

» Vous avez une nièce charmante; je l'aime,
» je l'adore, et je vous demande sa main ».

PAULINE.

Juste ciel !

MÉLAC fils, *à part.*

Je l'avais prévu.

AURELLY, *à Pauline.*

Tu conçois quel a été mon embarras pour lui répondre.

PAULINE.

Je vois le mal. Il est irréparable.

AURELLY, *bas, à Pauline.*

Non; mais lorsqu'il m'a demandé ta main, je n'ai pas dû, sans te consulter, aller lui confier le secret de ta naissance. Je viens exprès pour cela; que lui dirai-je ?

PAULINE, *d'un ton réfléchi.*

Croyez-vous qu'il traitât rigoureusement monsieur de Mélac, s'il était refusé ?

ACTE IV.

AURELLY.

Refusé ! De quel droit le sommerais-je de sa parole, en manquant à la mienne ? C'est bien alors que tout serait perdu.... Mais que faire ? il veut tout terminer à la fois, il attend une réponse.

PAULINE *regarde Mélac, et dit en soupirant* :

Permettez qu'il la reçoive de moi. — Qu'il vienne.

MÉLAC fils, *à part, avec effroi.*

Qu'il vienne !

PAULINE.

Il est important que je lui parle.

AURELLY.

Il sera ici dans un moment. Mon enfant, je connais tes principes, dispose de toi-même à ton gré : je ne puis mettre en de plus sûres mains des intérêts si chers à mon cœur.

SCÈNE XII.

PAULINE, MÉLAC fils.

MÉLAC fils, *tremblant.*

Mademoiselle....

PAULINE.

Vous voyez bien que le danger de votre père est pressant : quel intérêt oserait se montrer auprès de celui-là ?

MÉLAC fils.

Ah ! mon père ! mon père !.... (*En hésitant.*) Ainsi vous rappelez Saint-Alban ?

PAULINE.

Il est indispensable que je le voie ; consentez-y, Mélac, il le faut ;... il faut me rendre ma parole.

MÉLAC fils, *avec une colère renfermée.*

Non, vous pouvez me trahir ; mais il ne me sera pas reproché d'y avoir contribué par un lâche consentement.

PAULINE, *tendrement.*

Te le demanderais-je, ingrat, si j'avais dessein d'en abuser! — Qui vous dit que je veuille l'épouser?

MÉLAC fils.

Serez-vous la maîtresse de vos refus?

PAULINE.

Vous n'êtes pas généreux d'accabler ainsi mon âme. Ah! j'avais des forces contre ma douleur, je n'en ai plus contre la vôtre.

MÉLAC fils.

Pauline!

PAULINE.

Pense à ton père, à ton père respectable, et tu rougiras d'attendre de moi l'exemple du courage que tu devais me donner.

MÉLAC fils, *étouffé par la douleur.*

Je sens que je ne puis vivre sans votre estime, il me faut la mienne. Il faut sauver mon père.... aux dépens de mes jours... Ah! Pauline.

PAULINE.

Ah Mélac!

(*Ils sortent chacun de leur côté.*)

FIN DU QUATRIÈME ACTE.

ACTE V.

SCÈNE PREMIÈRE.

PAULINE, *seule, tenant un billet à la main.*

(*Elle paraît dans une grande agitation; elle se promène, s'assied, se lève, et dit:*

Voici l'instant qui doit décider de notre sort. (*Elle lit.*) Il attend mes ordres, dit-il.... Audacieux qu'ils sont, avec leur soumission insultante!.... Pourquoi trembler? l'aveu que je vais lui faire ne peut que m'honorer. — Ah!.... je pleure, et je me soutiens à peine. — Mon état ne se conçoit pas. — S'il me surprenait à pleurer.... (*Elle s'assied.*) Eh bien, qu'il me voye! ne suis-je pas assez malheureuse pour qu'on me pardonne un peu de faiblesse?

SCÈNE II.

ANDRÉ, PAULINE.

ANDRÉ *annonçant.*

Monsieur Saint-Alban.

PAULINE.

Un moment, André.

Elle essuie ses yeux, se promène, se regarde dans une glace, et soupire.)

ANDRÉ.

Mais, Mameselle, monsieur Saint-Alban.

PAULINE, *avec impatience.*

Répétez encore.

ANDRÉ.

Il sort de chez votre oncle : oh! il a un habit...

PAULINE, *à elle-même.*

C'est en vain. Il m'est impossible... (*S'asseyant.*) Faites entrer.

SCÈNE III.

SAINT-ALBAN, PAULINE, ANDRÉ.

SAINT-ALBAN, *en habit de ville, entre d'un air mal assuré; il reste assez loin derrière Pauline.*

Je me rends à vos ordres, Mademoiselle.

PAULINE *se lève et salue.* (*A part.*)

A mes ordres !

(*Sa respiration se précipite, et l'empêche de parler. Elle lui montre un siége, en l'invitant du geste à s'y reposer.*)

SAINT-ALBAN *s'approche, la regarde, et après un assez long silence.*

Ma vue paraît vous causer quelque altération. Et cependant, monsieur Aurelly vient de m'assurer....

André avance un siége à Saint-Alban.

PAULINE, *avec peine d'abord, et prenant du courage par degrés.*

Oui.... c'est moi qui l'en ai prié. — Asseyez-vous, Monsieur. Cet air contraint vous convient beaucoup moins, qu'à celle que vos intentions rendent confuse et malheureuse. (*Elle s'assied.*)

André sort.

SCÈNE IV.

SAINT-ALBAN, PAULINE.

SAINT-ALBAN.

Malheureuse! à Dieu ne plaise, que je voulusse vous obtenir à ce prix!

PAULINE.

Cependant vous abusez de la reconnaissance que je dois à monsieur de Mélac, pour exiger ma main....

SAINT-ALBAN *s'assied.*

Faites-moi la grâce de vous souvenir que mon amour n'a pas attendu cet événement pour se déclarer. Vous savez si j'ai souhaité vous devoir à vous-même, à commencer ma recherche par acquérir votre estime....

PAULINE.

Que vous comptez pour assez peu de chose.

SAINT-ALBAN.

Daignez m'apprendre comment je prouverais mieux le cas que j'en fais.

PAULINE.

Le voici, Monsieur. Si vous croyez votre honneur engagé de rendre un compte rigoureux à votre compagnie, puis-je estimer un homme qui ne paraît se souvenir de ses devoirs que pour les sacrifier au premier goût qu'il veut satisfaire? Et, si vous avez feint seulement de croire à cette obligation pour vous en prévaloir ici; que penser de celui qui se joue de l'infortune des autres, et fait dépendre l'honneur d'une famille respectable, du caprice de l'amour, et des refus d'une jeune fille?

SAINT-ALBAN, *un peu décontenancé.*

Je n'ai à rougir d'aucun oubli de mes devoirs. Mais, en supposant que le désir de vous plaire eût été capable de m'égarer.... je l'avouerai, Mademoiselle, je n'en attendais pas de vous le premier reproche.

PAULINE.

Le premier! vous l'avez reçu de vous-même, lorsque vous avez mis votre silence à prix.

SAINT-ALBAN, *vivement.*

Mon silence! Quelque importance qu'on y

attache, il est promis sans conditions; et c'est sans craindre pour vos amis que vous êtes libre de me percer le cœur, en refusant ma main.

PAULINE, *fermement.*

Peut-être avez-vous cru que j'avais quelque fortune, ou que mon oncle suppléerait....

SAINT-ALBAN, *vivement.*

Pardon, si j'interromps encore; je me suis déclaré sur ce point. De tous les biens que vous pourriez m'apporter, je ne veux que vous : c'est vous seule que je désire.

PAULINE.

Votre générosité, Monsieur, excite la mienne; car il y en a, sans doute, à vous avouer, (quand je pourrais le taire,) un motif de refus, plus humiliant pour moi que le manque de fortune.

SAINT-ALBAN.

Votre père m'a tout dit. (*Pauline paraît extrêmement surprise.*) Je vous admire, et voici ma réponse. Je suis indépendant : l'amour vous destina ma main, la réflexion en confirme le don, si votre cœur est aussi libre que le mien vous est engagé ; mais, sur ce point seulement, j'ose exiger la plus grande franchise.

PAULINE.

Vous agissez si noblement, que le moindre détour serait un crime envers vous : sachez donc mon secret le plus pénible. (*Ils se lèvent, Pauline soupire, et baisse les yeux.*) Toute ma jeunesse passée avec Mélac; la même éducation reçue ensemble; une conformité de principes; de talents, de goûts, peut-être d'infortunes....

SAINT-ALBAN *péniblement.*

Vous l'aimez ?

PAULINE.

C'est le dernier aveu que vous devait ma reconnaissance.

SAINT-ALBAN.

A quelle épreuve mettez-vous ma vertu ?

PAULINE.

J'ai beaucoup compté sur elle.

SCÈNE V.

SAINT-ALBAN, PAULINE, MÉLAC fils
paraît dans le fond.

SAINT-ALBAN.

Je vois ce que vous espérez de moi.

PAULINE, *avec chaleur.*

Je vous dirai tout. Je ne craindrai point de fournir à la vertu des armes contre le malheur. Mélac avait mon cœur et ma parole; mais lorsque mon père nous a fait entendre à quel prix vous mettiez la grâce du sien, il a sacrifié toutes ses espérances au salut de son père.

SAINT-ALBAN *lentement.*

Avant ce jour.... savait-il votre sort?

PAULINE.

Nous l'ignorions également.

SAINT-ALBAN *très-vivement.*

Il ne vous aime pas.

PAULINE.

Il mourra de douleur.

SAINT-ALBAN.

A l'instant qu'il apprend le secret de votre naissance, il vous cède! il affecte une générosité... Mademoiselle, je n'étendrai pas mes réflexions, dans la crainte de vous déplaire; mais il ne vous aime pas.

MÉLAC fils, *s'avance furieux.*

O ciel! je ne l'aime pas!

SAINT-ALBAN *froidement.*

Monsieur,.... qui vous savait si près?

MÉLAC fils.

Je ne l'aime pas, dites-vous?

SAINT-ALBAN.

Je n'ai jamais déguisé ma pensée.

MÉLAC fils.

Vous m'imputez à crime un sacrifice que vous avez rendu nécessaire?

SAINT-ALBAN *froidement.*

Le sort de ceux qui écoutent, est d'entendre rarement leur éloge.

MÉLAC fils.

M'accuser de ne pas l'aimer!

ACTE V.

SAINT-ALBAN.

J'en suis fâché, je l'ai dit.

MÉLAC fils.

L'avez-vous cru, Pauline ?

PAULINE.

Vous nous perdez.

MÉLAC fils, *avec emportement.*

N'attendons rien d'un homme aussi injuste.

SAINT-ALBAN *fermement.*

Monsieur, trop de chaleur rend quelquefois imprudent.

MÉLAC fils, *d'un ton amer.*

Et trop de prudence, Monsieur....

PAULINE, *à Mélac vivement.*

Je vous défends d'ajouter un mot.

MÉLAC fils, *à Pauline.*

M'accuser de ne pas vous aimer, quand on me réduit à l'extrémité de renoncer à vous, ou d'en être à jamais indigne !

PAULINE.

Vous oubliez votre père !

MÉLAC fils, *regardant Saint-Alban d'un air menaçant.*

Si je l'oubliais, Pauline....

PAULINE, *à Saint-Alban.*

Le désespoir l'aveugle.

MALAC fils, *avec une fureur froide.*

Un mot va nous accorder. Vous avez, dit-on, promis de ne rien écrire contre mon père?

SAINT-ALBAN *se possédant.*

Vous m'interrogez?

MÉLAC fils.

L'avez-vous promis?

PAULINE, *à Mélac.*

Il s'y est engagé.

SAINT-ALBAN, *avec chaleur à Pauline.*

Pour aucune autre considération que la vôtre, Mademoiselle.

MÉLAC fils, *les dents serrées de fureur.*

Ah!.... c'est aussi ce qui m'empêche de vous disputer sa main. Elle est à vous.... Mais soyez galant homme. (*Il s'approche de lui.*) Osez tenir parole à mon père, et vous verrez....

ACTE V. 341

SAINT-ALBAN *surpris.*

Oser!....

PAULINE *se jetant entre deux.*

Monsieur de Saint-Alban!

SAINT-ALBAN *fièrement.*

Oui, Monsieur, j'oserai tenir parole à votre père.

PAULINE *éperdue.*

Ah! grands dieux!

SAINT-ALBAN, *du même ton.*

Et toute nouvelle qu'est cette façon d'intercéder, elle ne nuira pas à monsieur de Mélac.

PAULINE, *à Saint-Alban.*

Il va tomber à vos genoux. Il ne sait pas.... (*A Mélac.*) Cruel ennemi de vous-même! apprenez qu'il s'engage au silence; que lui seul peut vous conserver l'emploi....

MÉLAC fils.

Je le refuse.

PAULINE.

Insensé!

MÉLAC fils.

Quel bienfait, Pauline! J'en dépouillerais

mon père! je le paierais de votre perte, et j'en serais redevable à mon ennemi!

SAINT-ALBAN, *avec dignité*.

Monsieur....

PAULINE, *à Mélac*.

Quel est donc le but de ces fureurs?

MÉLAC fils.

S'il ménage mon père, il vous épouse, il est trop récompensé : mais attaquer mes sentiments pour vous !....

PAULINE, *outrée*.

Vos sentiments!.... Quels droits osez-vous faire valoir! — Ne m'avez-vous pas rendu ma parole?

MÉLAC fils.

L'honneur m'a-t-il permis de la garder? vous vous privez de tout pour sauver mon père....

SAINT-ALBAN.

Quoi! ces cent mille écus, qu'on dit empruntés?....

MÉLAC fils.

Sont à elle; c'est son bien, tout ce qu'elle possède au monde.

ACTE V. 343

SAINT-ALBAN.

Sont à elle! (*A part.*) Ah dieux! que de vertus! (*Il rêve profondément.*)

MÉLAC fils, *avec force.*

Ai-je donc trop exigé de vous deux, en me sacrifiant, que l'un n'insultât pas à l'infortuné qu'il opprime! que l'autre honorât ma perte d'une larme, d'un regret! Il vous épousait de même, et je mourais en silence.

PAULINE, *à Mélac, avec colère.*

Eh! fallait-il venir ainsi.... (*Les pleurs lui coupent la parole; elle se jète sur un siége, et dit à elle-même.*) Malheureuse faiblesse!

MÉLAC fils, *vivement.*

Ne me dérobez pas vos larmes, Pauline. C'est le seul bien qui me reste au monde.

PAULINE, *outrée, se relevant.*

Oui, je pleure : mais.... c'est de dépit de ne pouvoir m'en empêcher.

MÉLAC fils.

J'ai donc tout perdu!

PAULINE.

Votre violence a tout détruit.

SCÈNE VI.

SAINT-ALBAN, MÉLAC fils, AURELLY, PAULINE.

AURELLY, *accourant.*

On se querelle ici! — Mélac?

SAINT-ALBAN, *après un peu de silence.*

Non, Monsieur, on est d'accord. Vous m'avez assuré que vous laissiez Mademoiselle absolument libre sur le choix d'un époux : ce choix est fait. (*A Pauline.*) Non, je n'établirai point mon bonheur sur d'aussi douloureux sacrifices. Il n'en serait plus un pour moi, s'il vous coûtait le vôtre.

MÉLAC fils, *pénétré.*

Qu'entends-je! — Ah Monsieur!

SAINT-ALBAN.

Fesons la paix, mon heureux rival. Je pouvais épouser une femme adorable, dont l'honneur et la générosité eussent assez assuré mon repos; mais son cœur est à vous.

MÉLAC fils.

Combien je suis coupable!

ACTE V. 345

SAINT-ALBAN.

Amoureux : et les plus ardents sont ceux qui offensent le moins. J'étais moi-même injuste.

AURELLY, *à Pauline.*

Tu l'aimais donc ?

PAULINE, *baisant la main de son père.*

Ce jour m'a éclairée sur tous mes sentiments.

AURELLY.

Mes enfants, vous êtes bien sûrs de moi : mais abuserons-nous du service que nous rendons à son père, pour lui arracher un consentement que sa fierté désavouera peut-être ?

PAULINE.

Ah ! quelle triste lumière ! ai-je pu m'aveugler à ce point ?

MÉLAC fils.

Pauline, vous savez s'il vous chérit !

SAINT-ALBAN, *à Mélac.*

Priez-le de passer ici ; n'armez pas son âme, en le prévenant, contre les coups qu'on va lui porter. Ne lui dites rien....

MÉLAC fils.

Monsieur, vous tenez ma vie en vos mains.

AURELLY.

Tu perds un temps précieux.

(*Mélac sort.*)

SCÈNE VII.

SAINT-ALBAN, AURELLY, PAULINE.

AURELLY.

En l'attendant, dégageons notre parole envers vous, Monsieur. Voici un ordre à monsieur de Préfort, mon correspondant de Paris, de vous compter, à votre arrivée, cinq cent mille francs.

SAINT-ALBAN.

Monsieur de Préfort, dites-vous?

AURELLY.

En bons papiers, lisez.

SAINT-ALBAN.

Quelque bons qu'il puissent être, vous savez que ce n'est pas là de l'argent prêt.

AURELLY.

Des effets qui se négocient d'un moment à l'autre?

ACTE V.

SAINT-ALBAN.

Depuis six jours, celui à qui vous m'adressez, n'en a négocié aucun.

AURELLY.

Qui dit cela ? J'ai reçu de lui, ce matin, six cent mille francs échangés cette semaine.

SAINT-ALBAN.

De Préfort ?

AURELLY.

Mon paiement ne roule pas sur autre chose.

SAINT-ALBAN.

Le courrier d'aujourd'hui m'apprend qu'il est mort.

AURELLY.

Quelle histoire !

SAINT-ALBAN.

On n'a pas dû me tromper.... Mais n'avez-vous pas vos lettres ?....

AURELLY.

Je les attends.

(*Il sonne.*)

SCÈNE VIII.

SAINT-ALBAN, AURELLY, PAULINE, ANDRÉ.

AURELLY, *à André*.

Qu'on appelle Dabins, et qu'il vienne au plutôt. (*A Saint-Alban.*) C'est mon homme de confiance, et mon caissier, il nous mettra d'accord.... (*André sort.*)

SCÈNE IX.

SAINT-ALBAN, AURELLY, DABINS, PAULINE.

AURELLY, *à Dabins*.

Ah!.... mes lettres?

DABINS *lui en présente un gros paquet.*

Les voici.... je venais....

AURELLY.

Réponds à Monsieur.

ACTE V.

SAINT-ALBAN.

Ces papiers....

AURELLY.

Oui.... (*A Dabins.*) N'as-tu pas reçu, ce matin, six cent mille francs échangés contre une partie de mes effets?

DABINS, *hésitant, à Aurelly.*

Monsieur....

AURELLY, *en colère.*

Les avez-vous reçus, oui, ou non?

SAINT-ALBAN.

Il faut répondre.

AURELLY.

Où donc est le mystère? Il a été comme un fou toute la journée. Les avez-vous reçus?

DABINS, *embarrassé, à Aurelly.*

Monsieur.... on peut voir ma caisse; elle est au comble.

AURELLY, *à Saint-Alban.*

J'en étais bien sûr. Ainsi j'ajoute aux sommes que je vous remets pour monsieur de Mélac....

DABINS, *étonné.*

Vous acquittez monsieur de Mélac?

AURELLY.

Que va-t-il dire?

DABINS.

Dans quelle erreur étais-je!

AURELLY.

Parlez.

SAINT-ALBAN.

Je vois clairement qu'il n'est point venu de fonds de Paris.

AURELLY, *à Dabins.*

Mes effets n'ont pas été vendus?

DABINS, *vivement.*

Non, Monsieur, ils n'ont pu l'être; c'est la nouvelle que j'ai reçue ce matin.

AURELLY *hors de lui.*

Avec quoi donc payes-tu?

DABINS, *un moment sans parler, étouffé par la joie.*

Avec six cent mille francs que m'a prêtés monsieur de Mélac.

AURELLY.

Juste ciel!

ACTE V.

PAULINE.

Mon père !

SAINT-ALBAN.

Ah quel homme !

DABINS *criant.*

Cinq cent mille francs de sa caisse, cent mille à lui ; je ne puis me taire plus long-temps.

PAULINE.

Que j'en suis glorieuse ! mon âme a deviné la sienne....

SCÈNE X.

SAINT-ALBAN, AURELLY, MÉLAC père, PAULINE, DABINS.

PAULINE, *apercevant Mélac père, se précipite à ses pieds.*

O le plus généreux !....

MÉLAC père.

Que faites-vous, Pauline ?

AURELLY.

Je dois les embrasser aussi.

(*Il veut se jeter à genoux.*)

MÉLAC père *le retient.*

Mes amis !

SCÈNE XI et dernière.

SAINT-ALBAN, AURELLY, MÉLAC père, PAULINE, MÉLAC fils, DABINS.

MÉLAC fils, *s'écriant.*

Aux pieds de mon père !

MÉLAC père.

Dabins ! vous m'avez trahi !

DABINS, *avec joie.*

Pouvais-je garder votre secret, en apprenant que Monsieur acquittait votre dette ?

MÉLAC père.

Il vient à mon secours ? (*A part.*) O vertu ! voilà ta récompense. (*A Aurelly.*) Ami, quelles sont donc tes ressources ?

Je dois les embrasser aussi.

Acte V. Scene derniere.

ACTE V.

SAINT-ALBAN.

Tout le bien de Mademoiselle en dépôt dans ses mains.

MÉLAC père.

De notre Pauline? — Ah! mon cher Aurelly!

AURELLY.

Tu te perdais pour moi!

MÉLAC père.

Mais, toi....

AURELLY.

Peux-tu comparer de l'argent, lorsqu'il t'en coûtait l'état et l'honneur?

MÉLAC père.

Je m'acquittais envers mon bienfaiteur malheureux; mais toi! dans tes soupçons sur ma probité, devais-tu quelque chose à ton coupable ami?

MÉLAC fils, *avec joie.*

Ah mon père!

SAINT-ALBAN.

Eh bien monsieur Aurelly! — Puis-je accepter, en paiement, le mandat que vous m'offrez?

MÉLAC père, *avec effroi.*

Quel mandat?

AURELLY, *pénétré*, à *Saint-Alban.*

Vous serez satisfait, Monsieur : mon premier sentiment lui était bien dû; le second me rend tout entier à mon malheur.

MÉLAC père.

Voilà ce que j'ai craint !

AURELLY.

Je n'avais à vous offrir, pour mon ami, que des effets qui se trouvent embarrassés, je reprends mon mandat. Votre argent est encore dans ma caisse, et Dieu me garde d'en user. Dabins, reportez-le chez monsieur de Mélac, et moi.... je vais subir mon sort.

MÉLAC père.

Arrêtez : je ne le reçois pas.

AURELLY.

Qu'est-ce à dire, Mélac ?

MÉLAC père.

Malheureux Dabins !....

AURELLY.

Me croyez-vous assez indigne ?...

MÉLAC père.

Monsieur de Saint-Alban ! il serait horrible à

vous d'abuser d'un secret, que vous ne devez qu'à notre confiance. — Non, je jure que l'argent n'y rentrera pas.

AURELLY.

Veux-tu me causer plus de chagrins que tu n'as espéré de m'en épargner ?

MÉLAC fils, *avec ardeur.*

Monsieur Aurelly, ne refusez point.

PAULINE.

Monsieur de Saint-Alban !....

MÉLAC fils, *à Saint-Alban.*

Vous aimez la vertu.

MÉLAC père.

Laisserez-vous périr son plus digne soutien ?

AURELLY, *avec enthousiasme.*

Que faites-vous, mes amis ? Pour m'empêcher d'être malheureux, vous devenez tous coupables. Oubliez-vous qu'un excès de générosité vient d'égarer l'homme le plus juste ? Et s'il eut tort de toucher à cet argent, qui m'excuserait d'oser le retenir ?

MÉLAC père.

Le consentement que nous lui demandons.

23.

AURELLY.

Qu'il se laisse soupçonner? L'amitié t'a rendu capable de cet effort : mais si je n'ai pu, sans crime, accepter ce service de toi; quel nom mérite la séduction que vous employez tous pour l'obtenir de lui? (*A Saint-Alban*) Vous êtes de sang-froid, Monsieur, jugez-nous.

SAINT-ALBAN.

De sang-froid! Ah Messieurs! ô famille respectable! me croyez-vous une âme insensible, pour l'attaquer avec cette violence? Vous demandez un jugement!....

MÉLAC fils.

Et nous jurons de l'accomplir.

SAINT-ALBAN.

Il est écrit dans le cœur de tous les gens honnêtes; permettez seulement que j'y ajoute un mot. — Aurelly, prouvez-moi votre estime, en m'acceptant pour seul créancier.

AURELLY.

Vous, Monsieur!

SAINT-ALBAN.

Je l'exige. Et vous, monsieur de Mélac, conservez votre place, honorez-la long-temps.

Unissez à votre fils cette jeune personne, qui s'en est rendue si digne, en sacrifiant pour vous toute sa fortune.

MÉLAC père.

Ce serait ma plus chère envie. Mon fils l'adore; et, si mon ami ne s'y opposait pas....

AURELLY, *confus.*

Savez-vous qui elle est?

MÉLAC père, *avec effusion.*

J'aurais bien dû le deviner! le cœur d'un père se trahit mille fois le jour. Elle est ta fille, ta généreuse fille, et je te la demande pour mon fils.

AURELLY.

Tu me la demandes! Ah mon ami!

(*Ils se jètent dans les bras l'un de l'autre.*)

MÉLAC fils, *à Pauline.*

Mon père consent à notre union!

PAULINE.

C'est le plus grand de ses bienfaits.

SAINT-ALBAN.

Aurelly, rendez-moi votre mandat, je pars; soyez tranquille. Vos effets de Paris me seront remis promptement; ou je supplée à tout.

AURELIY.

De vos biens?

SAINT-ALBAN.

Puissent-ils être toujours aussi heureusement employés! Vous m'avez appris comme on jouit de ses sacrifices. En vain je vous admire, si votre exemple ne m'élève pas jusqu'à l'honneur de l'imiter. — Nous compterons à mon retour.

(*Chacun exprime son admiration.*)

AURELLY *transporté*.

Monsieur.... je me sens digne d'accepter ce service; car, à votre place, j'en aurais fait autant. Pressez donc votre retour; venez marier ces jeunes gens que vous comblez de bienfaits.

MÉLAC père.

Pourquoi retarder leur bonheur? Unissons-les ce soir même. Eh! quelle joie, mes amis, de penser qu'un jour aussi orageux pour le bonheur, n'a pas été tout-à-fait perdu pour la vertu!

FIN DU CINQUIÈME ET DERNIER ACTE.

LE BARBIER

DE SÉVILLE,

OU

LA PRÉCAUTION INUTILE,

COMÉDIE,

EN QUATRE ACTES,

Représentée et tombée sur le Théâtre de la Comédie Française, aux Tuileries, le 23 de Février 1775.

Et j'étais père et je ne pus mourir.
Zaïre, Acte II.

LETTRE MODÉRÉE

SUR

LA CHUTE ET LA CRITIQUE

DU BARBIER DE SÉVILLE.

L'AUTEUR, vêtu modestement et courbé, présentant sa Pièce au LECTEUR.

MONSIEUR,

J'AI l'honneur de vous offrir un nouvel Opuscule de ma façon. Je souhaite vous rencontrer dans un de ces moments heureux, où, dégagé de soins, content de votre santé, de vos affaires, de votre maîtresse, de votre dîner, de votre estomac, vous puissiez vous plaire un moment à la lecture de mon *Barbier de Séville ;* car il faut tout cela pour être homme amusable et lecteur indulgent.

Mais si quelque accident a dérangé votre santé; si votre état est compromis ; si votre belle a forfait à ses serments ; si votre dîner fut mauvais, ou votre digestion laborieuse ; ah ! laissez mon *Barbier ;* ce n'est pas là l'instant ; examinez l'état de vos dépenses, étudiez le *Factum* de votre adversaire, relisez ce traître billet surpris à Rose, ou parcourez les chefs-d'œuvres de Tissot sur la tempérance, et faites des réflexions politiques, économiques, diététiques, philosophiques ou morales.

Ou si votre état est tel qu'il vous faille absolument l'oublier, enfoncez-vous dans une bergère, ouvrez le Journal établi dans Bouillon avec Encyclopédie, approbation et privilége, et dormez vite une heure ou deux.

Quel charme aurait une production légère au milieu des plus noires vapeurs ? Et que vous importe en effet si Figaro le Barbier s'est bien moqué de Bartholo le médecin, en aidant un rival à lui souffler sa maîtresse ? On rit peu de la gaîté d'autrui, quand on a de l'humeur pour son propre compte.

Que vous fait encore si ce Barbier espagnol en arrivant dans Paris essuya quelques traverses, et si la prohibition de ses exercices a donné trop d'importance aux rêveries de mon bonnet ? On ne s'intéresse guère aux affaires des autres, que lorsqu'on est sans inquiétude sur les siennes.

Mais enfin tout va-t-il bien pour vous ? Avez-vous à souhait double estomac, bon cuisinier, maîtresse honnête, et repos imperturbable ? Ah ! parlons, parlons : Donnez audience à mon *Barbier*.

Je sens trop, Monsieur, que ce n'est plus le temps, où, tenant mon manuscrit en réserve, et, semblable à la coquette qui refuse souvent ce qu'elle brûle toujours d'accorder, j'en fesais quelque avare lecture a des gens préférés, qui croyaient devoir payer ma complaisance par un éloge pompeux de mon ouvrage.

O jours heureux ! Le lieu, le temps, l'auditoire à ma dévotion, et la magie d'une lecture adroite assurant mon succès, je glissais sur le morceau faible en appuyant les bons endroits : puis, recueillant les suffrages du coin de l'œil, avec une orgueilleuse modestie, je jouissais d'un triomphe d'autant plus doux, que le jeu d'un fripon d'acteur ne m'en dérobait pas les trois quarts pour son compte.

Que reste-t-il, hélas ! de toute cette gibecière ? A l'instant qu'il faudrait des miracles pour vous subjuguer, quand la verge de Moïse y suffirait à peine, je n'ai plus même la ressource du bâton de Jacob ; plus d'escamotage, de tricherie, de coquetterie, d'inflexions de voix, d'illusion théâtrale, rien. C'est ma vertu toute nue que vous allez juger.

Ne trouvez donc pas étrange, Monsieur, si, mesurant mon style à ma situation, je ne fais pas comme ces écrivains qui se donnent le ton de vous appeler négligemment, *Lecteur, ami Lecteur, cher Lecteur, benin ou benoist Lecteur,* ou de telle autre dénomination cavalière, je dirais même indécente, par laquelle ces imprudents essayent de se mettre au pair avec leur juge, et qui ne fait bien souvent que leur en attirer l'animadversion. J'ai toujours vu que les airs ne séduisaient personne, et que le ton modeste d'un auteur pouvait seul inspirer un peu d'indulgence à son fier lecteur.

Eh ! quel écrivain en eut jamais plus besoin

que moi ! Je voudrais le cacher en vain : j'eus la faiblesse autrefois, Monsieur, de vous présenter, en différents temps, deux tristes drames; productions monstrueuses, comme on sait ! car entre la tragédie et la comédie, on n'ignore plus qu'il n'existe rien ; c'est un point décidé, le maître l'a dit, l'école en retentit, et pour moi j'en suis tellement convaincu, que, si je voulais aujourd'hui mettre au théâtre une mère éplorée, une épouse trahie, une sœur éperdue, un fils déshérité ; pour les présenter décemment au public, je commencerais par leur supposer un beau royaume où ils auraient régné de leur mieux, vers l'un des Archipels, ou dans tel autre coin du monde ; certain après cela que l'invraisemblance du roman, l'énormité des faits, l'enflure des caractères, le gigantesque des idées, et la bouffissure du langage, loin de m'être imputés à reproche, assureraient encore mon succès.

Présenter des hommes d'une condition moyenne accablés et dans le malheur ! Fi donc ! On ne doit jamais les montrer que bafoués. Les citoyens ridicules, et les rois malheureux ; voilà tout le théâtre existant et possible ; et je me le tiens pour dit ; c'est fait ; je ne veux plus quereller avec personne.

J'ai donc eu la faiblesse autrefois, Monsieur,

de faire des drames qui n'étaient pas *du bon genre;* et je m'en repens beaucoup.

Pressé depuis par les événements, j'ai hasardé de malheureux Mémoires, que mes ennemis n'ont pas trouvés *du bon style;* et j'en ai le remords cruel.

Aujourd'hui je fais glisser sous vos yeux une Comédie fort gaie, que certains maîtres de goût n'estiment pas *du bon ton ;* et je ne m'en console point.

Peut-être un jour oserai-je affliger votre oreille d'un Opéra, dont les jeunes gens d'autrefois diront que la musique n'est pas *du bon français;* et j'en suis tout honteux d'avance.

Ainsi, de fautes en pardons, et d'erreurs en excuses, je passerai ma vie à mériter votre indulgence, par la bonne foi naïve avec laquelle je reconnaîtrai les unes en vous présentant les autres.

Quant au *Barbier de Séville*, ce n'est pas pour corrompre votre jugement que je prends ici le ton respectueux : mais on m'a fort assuré que, lorsqu'un auteur était sorti, quoiqu'échiné, vainqueur au théâtre, il ne lui manquait plus que d'être agréé par vous, Monsieur, et lacéré dans quelques Journaux, pour avoir obtenu tous les lauriers littéraires. Ma gloire est donc certaine, si vous daignez m'accorder le laurier de votre agrément; persuadé que plusieurs de Messieurs les journalistes ne me refuseront pas celui de leur dénigrement.

Déjà l'un d'eux, établi dans Bouillon, avec approbation et privilége, m'a fait l'honneur encyclopédique d'assurer à ses abonnés que ma pièce était sans plan, sans unité, sans caractères, vide d'intrigue et dénuée de comique.

Un autre plus naïf encore, à la vérité sans approbation, sans privilége, et même sans encyclopédie, après un candide exposé de mon drame, ajoute au laurier de sa critique cet éloge flatteur de ma personne. « La réputation du sieur
» de Beaumarchais est bien tombée; et les hon-
» nêtes gens sont enfin convaincus que lorsqu'on
» lui aura arraché les plumes du paon, il ne
» restera plus qu'un vilain corbeau noir, avec
» son effronterie et sa voracité ».

Puisqu'en effet j'ai eu l'effronterie de faire la comédie du *Barbier de Séville*, pour remplir l'horoscope entier, je pousserai la voracité jusqu'à vous prier humblement, Monsieur, de me juger vous-même, et sans égard aux critiques passés, présents et futurs ; car vous savez que, par état, les gens de feuilles sont souvent ennemis des gens de lettres ; j'aurai même la voracité de vous prévenir qu'étant saisi de mon affaire, il faut que vous soyiez mon juge absolument, soit que vous le vouliez ou non ; car vous êtes mon lecteur.

Et vous sentez bien, Monsieur, que si, pour éviter ce tracas, ou me prouver que je raisonne mal, vous refusiez constamment de me lire, vous feriez vous-même une pétition de principe au dessous de vos lumières : n'étant pas mon lecteur, vous ne seriez pas celui à qui s'adresse ma requête.

Que si, par dépit de la dépendance où je parais vous mettre, vous vous avisiez de jeter le livre en cet instant de votre lecture, c'est, Monsieur, comme si, au milieu de tout autre jugement, vous étiez enlevé du tribunal par la mort ou tel accident qui vous rayât du nombre des magistrats. Vous ne pouvez éviter de me juger qu'en devenant nul, négatif, anéanti ; qu'en cessant d'exister en qualité de mon lecteur.

Eh ! quel tort vous fais-je en vous élevant au dessus de moi ? Après le bonheur de commander aux hommes, le plus grand honneur, Monsieur, n'est-il pas de les juger ?

Voilà donc qui est arrangé. Je ne reconnais plus d'autre juge que vous ; sans excepter messieurs les spectateurs, qui, ne jugeant qu'en premier ressort, voient souvent leur sentence infirmée à votre tribunal.

L'affaire avait d'abord été plaidée devant eux au théâtre ; et ces Messieurs ayant beaucoup ri, j'ai pu penser que j'avais gagné ma cause à l'audience. Point du tout ; le journaliste, établi dans Bouillon, prétend que c'est de moi qu'on a ri. Mais ce n'est là, Monsieur, comme on dit en style de palais, qu'une mauvaise chicane de procureur : mon but ayant été d'amuser les spectateurs, qu'ils ayent ri de ma pièce ou de moi, s'ils ont ri de bon cœur, le but est également rempli : ce que j'appelle avoir gagné ma cause à l'audience.

Le même journaliste assure encore, ou du moins laisse entendre, que j'ai voulu gagner quelques-uns de ces Messieurs, en leur fesant des lectures particulières, en achetant d'avance leur suffrage par cette prédilection. Mais ce n'est encore là, Monsieur, qu'une difficulté de Publiciste allemand. Il est manifeste que mon intention n'a jamais été que de les instruire : c'étaient des espèces de consultations que je fesais sur le fond de l'affaire. Que si les consultants, après avoir donné leur avis, se sont mêlés parmi les juges, vous voyez bien, Monsieur, que je n'y pouvais rien de ma part, et que c'était à eux de se récuser par délicatesse, s'ils se sentaient de la partialité pour mon Barbier Andaloux.

Eh ! plût au ciel qu'ils en eussent un peu conservé pour ce jeune étranger ! nous aurions eu moins de peine à soutenir notre malheur éphémère. Tels sont les hommes : avez-vous du succès, ils vous accueillent, vous portent, vous caressent, ils s'honorent de vous : mais gardez de broncher dans la carrière ; au moindre échec, ô mes amis ! souvenez-vous qu'il n'est plus d'amis.

Et c'est précisément ce qui nous arriva le lendemain de la plus triste soirée. Vous eussiez vu les faibles amis du Barbier se disperser, se cacher le visage ou s'enfuir ; les femmes, toujours si braves quand elles protègent, enfoncées dans les coqueluchons jusqu'aux panaches, et baissant des yeux confus ; les hommes courant se visiter, se faire amende honorable du bien qu'ils avaient dit de ma pièce, et rejetant sur ma maudite façon de lire les choses, tout le faux plaisir qu'ils y avaient goûté. C'était une désertion totale, une vraie désolation.

Les uns lorgnaient à gauche, en me sentant passer à droite, et ne fesaient plus semblant de me voir : Ah dieux ! D'autres plus courageux, mais s'assurant bien si personne ne les regardait, m'attiraient dans un coin pour me dire : Eh ! comment avez-vous produit en nous cette illusion ? car, il faut en convenir, mon Ami, votre pièce est la plus grande platitude du monde.

— Hélas, Messieurs ! j'ai lu ma platitude, en vérité, tout platement comme je l'avais faite ; mais, au nom de la bonté que vous avez de me parler encore après ma chute, et pour l'honneur de votre second jugement, ne souffrez pas qu'on redonne la pièce au théâtre : si, par malheur, on venait à la jouer comme je l'ai lue, on vous ferait peut-être une nouvelle tromperie, et vous vous en prendriez à moi de ne plus savoir quel jour vous eutes raison ou tort ; ce qu'à Dieu ne plaise !

On ne m'en crut point ; on laissa rejouer la pièce, et pour le coup je fus prophète en mon pays. Ce pauvre Figaro, *fessé* par la cabale *en faux-bourdon* et presque enterré le vendredi, ne fit point comme Candide ; il prit courage, et mon héros se releva le dimanche avec une vigueur que l'austérité d'un carême entier, et la fatigue de dix-sept séances publiques n'ont pas encore altérée. Mais qui sait combien cela durera? Je ne voudrais pas jurer qu'il en fût seulement question dans cinq ou six siècles; tant notre nation est inconstante et légère!

Les ouvrages de théâtre, Monsieur, sont comme les enfants des femmes. Conçus avec volupté, menés à terme avec fatigue, enfantés avec douleur, et vivant rarement assez pour payer les parents de leurs soins, ils coûtent plus de chagrins qu'ils ne donnent de plaisirs. Suivez-les dans leur carrière; à peine ils voient le jour, que, sous prétexte d'enflure, on leur applique les censeurs; plusieurs en sont restés en chartre. Au lieu de jouer doucement avec eux, le cruel parterre les rudoye et les fait tomber. Souvent en les berçant, le comédien les estropie. Les perdez-vous un instant de vue, on les retrouve, hélas! traînants partout, mais dépenaillés, défigurés, rongés d'extraits, et couverts de critiques. Echappés à tant de maux, s'ils brillent un moment dans le monde, le plus grand de tous les atteint; le mortel oubli les tue; ils meurent, et, replongés au néant, les voilà perdus à jamais dans l'immensité des livres.

Je demandais à quelqu'un pourquoi ces combats, cette guerre animée entre le parterre et l'auteur, à la première représentation des ouvrages, même de ceux qui devaient plaire un autre jour. Ignorez-vous, me dit-il, que Sophocle et le vieux Denis sont morts de joie d'avoir remporté le prix des vers au théâtre ? Nous aimons trop nos auteurs pour souffrir qu'un excès de joie nous prive d'eux, en les étouffant : aussi, pour les conserver, avons-nous grand soin que leur triomphe ne soit jamait si pur, qu'ils puissent en expirer de plaisir.

Quoi qu'il en soit des motifs de cette rigueur, l'enfant de mes loisirs, ce jeune, cet innocent *Barbier*, tant dédaigné le premier jour, loin d'abuser le surlendemain, de son triomphe, ou de montrer de l'humeur à ses critiques, ne s'en est que plus empressé de les désarmer par l'enjouement de son caractère.

Exemple rare et frappant, Monsieur! dans un siècle d'ergotisme où l'on calcule tout jusqu'au rire ; où la plus légère diversité d'opinions fait germer des haines éternelles ; où tous les jeux tournent en guerre ; où l'injure qui repousse l'injure, est à son tour payée par l'injure, jusqu'à ce qu'une autre effaçant cette dernière, en enfante une nouvelle, auteur de plusieurs autres, et propage ainsi l'aigreur à l'infini, depuis le rire jusqu'à la satiété, jusqu'au dégoût, à l'indignation même du lecteur le plus caustique.

Quant à moi, Monsieur, s'il est vrai, comme on l'a dit, que tous les hommes soient frères (et c'est une belle idée); je voudrais qu'on pût engager nos frères les gens de lettres à laisser, en discutant, le ton rogue et tranchant à nos frères les libellistes qui s'en acquittent si bien! ainsi que les injures à nos frères les plaideurs... qui ne s'en acquittent pas mal non plus ! Je voudrais surtout qu'on pût engager nos frères les journalistes à renoncer à ce ton pédadogue et magistral avec lequel ils gourmandent les fils d'Apollon, et font rire la sottise aux dépens de l'esprit.

Ouvrez un journal : ne semble-t-il pas voir un dur répétiteur, la férule ou la verge levée sur des écoliers négligents, les traiter en esclaves au plus léger défaut dans le devoir? Eh mes frères ! il s'agit bien de devoir ici ! La littérature en est le délassement et la douce récréation.

A mon égard au moins, n'espérez pas asservir dans ses jeux, mon esprit à la règle : il est incorrigible; et, la classe du devoir une fois fermée, il devient si léger et badin que je ne puis que jouer avec lui. Comme un liége emplumé qui bondit sur la raquette, il s'élève, il retombe, égaye mes yeux, repart en l'air, y fait la roue, et revient encore. Si quelque joueur adroit veut entrer en partie et baloter à nous deux le léger volant de mes pensées, de tout mon cœur : s'il riposte avec grâce et légèreté, le jeu m'amuse, et la partie s'engage. Alors on pourrait voir les coups portés, parés, reçus, rendus, accélérés, pressés, relevés même avec une prestesse, une agilité, propre à réjouir autant les spectateurs qu'elle animerait les acteurs.

Telle au moins, Monsieur, devrait être la critique ; et c'est ainsi que j'ai toujours conçu la dispute entre les gens polis qui cultivent les lettres.

Voyons, je vous prie, si le journaliste de Bouillon a conservé dans sa critique ce caractère aimable et surtout de candeur pour lequel on vient de faire des vœux.

La pièce est une farce, dit-il.

Passons sur les qualités. Le méchant nom qu'un cuisinier étranger donne aux ragoûts français ne change rien à la saveur. C'est en passant par ses mains qu'ils se dénaturent. Analysons la farce de Bouillon.

La pièce, a-t-il dit, n'a pas de plan.

Est-ce parce qu'il est trop simple qu'il échappe à la sagacité de ce critique adolescent ?

Un vieillard amoureux prétend épouser demain sa pupille : un jeune amant plus adroit le prévient; et ce jour même, en fait sa femme à la barbe et dans la maison du tuteur. Voilà le fond, dont on eût pu faire avec un égal succès, une tragédie, une comédie, un drame, un opéra, *et cætera*. L'*Avare* de Molière est-il autre chose? le *Grand Mithridate* est-il autre chose ? Le genre d'une pièce, comme celui de toute autre action, dépend moins du fond des choses que des caractères qui les mettent en œuvre.

Quant à moi, ne voulant faire, sur ce plan, qu'une pièce amusante et sans fatigue, une espèce d'*Imbroille*, il m'a suffi que le machiniste, au lieu d'être un noir scélérat, fût un drôle de garçon, un homme insouciant, qui rit également du succès et de la chute de ses entreprises, pour que l'ouvrage, loin de tourner en drame sérieux, devînt une comédie fort gaie : et de cela seul que le tuteur est un peu moins sot que tous ceux qu'on trompe au théâtre, il a résulté beaucoup de mouvement dans la pièce, et surtout la nécessité d'y donner plus de ressort aux intrigants.

Au lieu de rester dans ma simplicité comique, si j'avais voulu compliquer, étendre et tourmenter mon plan à la manière tragique ou *dramique;* imagine-t-on que j'aurais manqué de moyens dans une aventure dont je n'ai mis en scènes que la partie la moins merveilleuse ?

En effet, personne aujourd'hui n'ignore qu'à l'époque historique où la pièce finit gaîment dans mes mains, la querelle commença sérieusement à s'échauffer, comme qui dirait derrière la toile, entre le docteur et Figaro, sur les cent écus. Des injures on en vint aux coups. Le docteur, étrillé par Figaro, fit tomber en se débattant le *rescille* ou filet qui coiffait le barbier, et l'on vit, non sans surprise, une forme de spatule imprimée à chaud sur sa tête rasée. Suivez-moi, Monsieur, je vous prie.

A cet aspect, moulu de coups qu'il est, le médecin s'écrie avec transport : Mon fils ! ô ciel, mon fils ! mon cher fils !... Mais avant que Figaro l'entende, il a redoublé de horions sur son cher père. En effet, ce l'était.

Ce Figaro, qui pour toute famille avait jadis connu sa mère, est fils naturel de Bartholo. Le médecin, dans sa jeunesse, eut cet enfant d'une personne en condition, que les suites de son imprudence firent passer du service au plus affreux abandon.

Mais avant de les quitter, le désolé Bartholo, frater alors, a fait rougir sa spatule; il en a timbré son fils à l'occiput, pour le reconnaître un jour, si jamais le sort les rassemble. La mère et l'enfant avaient passé six années dans une honorable mendicité, lorsqu'un chef de bohémiens, descendu de Luc Gauric (*), traversant l'Andalousie avec sa troupe, et consulté par

---

(*) *Luc Gauric*, célèbre astrologue du quinzième et seizième siècle. Il fut si célèbre, qu'à force d'erreurs et d'audace il parvint à la confiance de plusieurs papes et à l'épiscopat.

Jules II, Léon X, Clément VII, lui témoignèrent la plus grande considération précisément dans le temps où le nord de l'Europe commençait à s'affranchir du joug de la papauté et des superstitions qui fondaient la célébrité de *Luc Gauric*. *Paul III* le nomma évêque de Civita-Castellana.

La plupart des princes de son temps le consultèrent. *Catherine de Médicis* lui fit demander ce que les astres annonçaient et quelle serait la destinée de *Henri II*. Il répondit que ce roi parviendrait à une extrême vieillesse, *extremâ senectute*, et qu'il mourrait paisiblement, *morbo placidissimo*, et ce prince fut tué dans un tournois à l'âge de quarante ans.

Luc Gauric écrivit aussi un traité *de miraculosâ eclipsi*

la mère sur le destin de son fils, déroba l'enfant furtivement, et laissa par écrit cet horoscope à sa place :

> Après avoir versé le sang dont il est né,
> Ton fils assommera son père infortuné :
> Puis, tournant sur lui-même et le fer et le crime,
> Il se frappe, et devient heureux et légitime.

En changeant d'état sans le savoir, l'infortuné jeune homme a changé de nom sans le vouloir : il s'est élevé sous celui de Figaro : il a vécu. Sa mère est cette Marceline, devenue vieille et gouvernante chez le docteur, que l'affreux horoscope de son fils a consolé de sa perte. Mais aujourd'hui tout s'accomplit.

En saignant Marceline au pied, comme on le

---

in passione Domini observatâ, quoiqu'il ne fût point arrivé d'éclipse à cette époque.

On a dit qu'un *Jean Bentivoglio,* irrité de ses prédictions qui le menaçaient d'être chassé de sa petite souveraineté, le fit pendre, sans respect de sa mitre et de sa renommée ; mais c'est un conte. *Luc Gauric,* né dans la marche d'Ancône, selon *de Thou,* et à Giffoni, dans le royaume de Naples, selon d'autres, mourut à Ferrare, vers l'an 1556, âgé de plus de soixante-dix ans.

voit dans ma pièce, ou plutôt comme on ne l'y voit pas, Figaro remplit le premier vers.

> Après avoir versé le sang dont il est né,

Quand il étrille innocemment le docteur, après la toile tombée, il accomplit le second vers.

> Ton fils assommera son père infortuné:

A l'instant la plus touchante reconnaissance a lieu entre le Médecin, la Vieille et Figaro : *c'est vous! c'est lui! c'est toi! c'est moi!* Quel coup de théâtre ! Mais le fils, au désespoir de son innocente vivacité, fond en larmes, et se donne un coup de rasoir; selon le sens du troisième vers.

> Puis, tournant sur lui-même et le fer et le crime,
> Il se frappe et . . . .

Quel tableau ! En n'expliquant point si, du rasoir, il se coupe la gorge ou seulement le poil du visage, on voit que j'avais le choix de finir ma pièce au plus grand pathétique. Enfin le docteur épouse la vieille ; et Figaro, suivant la dernière leçon, ...

> . . . . . Devient heureux et légitime.

Quel dénoûment ! Il ne m'en eût coûté qu'un sixième acte. Et quel sixième acte ! Jamais tragédie au Théâtre Français..... Il suffit. Reprenons ma pièce en l'état où elle a été jouée et critiquée. Lorsqu'on me reproche avec aigreur ce que j'ai fait, ce n'est pas l'instant de louer ce que j'aurais pu faire.

La pièce est invraisemblable dans sa conduite, a dit encore le Journaliste établi dans Bouillon avec approbation et privilége.

—Invraisemblable ! Examinons cela par plaisir.

Son excellence M. le comte Almaviva, dont j'ai, depuis long-temps, l'honneur d'être ami particulier, est un jeune seigneur, ou pour mieux dire, était, car l'âge et les grands emplois en ont fait depuis un homme fort grave, ainsi que je le suis devenu moi-même. Son excellence était donc un jeune seigneur espagnol, vif, ardent, comme tous les amants de sa nation, que l'on croit froide, et qui n'est que paresseuse.

Il s'était mis secrètement à la poursuite d'une belle personne qu'il avait entrevue à Madrid, et que son tuteur a bientôt ramenée au lieu de sa naissance. Un matin qu'il se promenait sous ses fenêtres à Séville, où depuis huit jours il cherchait à s'en faire remarquer, le hasard conduisit au même endroit Figaro le Barbier. — Ah ! le hasard ! dira mon critique : et si le hasard n'eût pas conduit ce jour là le Barbier dans cet endroit, que devenait la pièce ? — Elle eût commencé, mon frère, à quelqu'autre époque. — Impossible, puisque le tuteur, selon vous-même, épousait le lendemain. — Alors il n'y aurait pas eu de pièce, ou, s'il y en avait eu, mon frère, elle aurait été différente. Une chose est-elle invraisemblable, parce qu'elle était possible autrement ?

Réellement vous avez un peu d'humeur. Quand le cardinal de Retz nous dit froidement : Un jour j'avais besoin d'un homme ; à la vérité je ne voulais qu'un fantôme ; j'aurais désiré qu'il fût petit-fils d'Henri-le-Grand ; qu'il eût de longs cheveux blonds ; qu'il fût beau, bien fait, bien séditieux ; qu'il eût le langage et l'amour des halles ; et voilà que le hasard me fait rencontrer à Paris M. de Beaufort, échappé de la prison du roi ; c'était justement l'homme qu'il me fallait. Va-t-on dire au coadjuteur : Ah ! le hasard ! Mais si vous n'eussiez pas rencontré M. de Beaufort ! Mais ceci, mais cela ?....

Le hasard donc conduisit en ce même endroit Figaro le Barbier, beau diseur, mauvais poète, hardi musicien, grand fringueneur de guitare, et jadis valet-de-chambre du comte; établi dans Séville, y faisant avec succès des barbes, des romances et des mariages, y maniant également le fer du phlébotome et le piston du pharmacien; la terreur des maris, la coqueluche des femmes, et justement l'homme qu'il nous fallait. Et comme en toute recherche, ce qu'on nomme passion n'est autre chose qu'un désir irrité par la contradiction; le jeune amant, qui n'eût peut-être eu qu'un goût de fantaisie pour cette beauté, s'il l'eût rencontrée dans le monde, en devient amoureux, parce qu'elle est enfermée, au point de faire l'impossible pour l'épouser.

Mais vous donner ici l'extrait entier de la pièce, Monsieur, serait douter de la sagacité, de l'adresse avec laquelle vous saisirez le dessein de l'auteur, et suivrez le fil de l'intrigue, à travers un léger dédale. Moins prévenu que le Journal de Bouillon, qui se trompe avec approbation et privilége, sur toute la conduite de cette pièce, vous y verrez que *tous les soins de l'amant ne sont* pas *destinés à remettre simplement une lettre*, qui n'est là qu'un léger accessoire à l'intrigue, mais bien à s'établir dans un fort défendu par la vigilance et le soupçon; surtout à tromper un homme qui, sans cesse éventant la manœuvre, oblige l'ennemi de se retourner assez lestement, pour n'être pas désarçonné d'emblée.

Et lorsque vous verrez que tout le mérite du dénoûment consiste en ce que le tuteur a fermé sa porte, en donnant son passe-partout à Bazile, pour que lui seul et le notaire pussent entrer et conclure son mariage, vous ne laisserez pas d'être étonné qu'un critique aussi équitable se joue de la confiance de son lecteur, ou se trompe, au point d'écrire, et dans Bouillon encore : *le comte s'est donné la peine de monter au balcon par une échelle avec Figaro, quoique la porte ne soit pas fermée.*

Enfin, lorsque vous verrez le malheureux tuteur, abusé par toutes les précautions qu'il prend pour ne le point être, à la fin forcé de signer au contrat du comte et d'approuver ce qu'il n'a pu prévenir; vous laisserez au critique à décider si ce tuteur était un *imbécille*, de ne pas deviner une intrigue dont on lui cachait tout; lorsque lui critique, à qui l'on ne cachait rien, ne l'a pas devinée plus que le tuteur.

En effet s'il l'eût bien conçue, aurait-il manqué de louer tous les beaux endroits de l'ouvrage ?

Qu'il n'ait point remarqué la manière dont le

premier acte annonce et déploie avec gaîté tous les caractères de la pièce. On peut lui pardonner.

Qu'il n'ait pas aperçu quelque peu de comédie dans la grande scène du second acte, où, malgré la défiance et la fureur du jaloux, la pupille parvient à lui donner le change sur une lettre remise en sa présence, et à lui faire demander pardon à genoux du soupçon qu'il a montré. Je le conçois encore aisément.

Qu'il n'ait pas dit un seul mot de la scène de stupéfaction de Bazile, au troisième acte, qui a paru si neuve au théâtre, et a tant réjoui les spectateurs. Je n'en suis point surpris du tout.

Passe encore qu'il n'ait pas entrevu l'embarras où l'auteur s'est jeté volontairement au dernier acte, en fesant avouer par la pupille à son tuteur que le comte avait dérobé la clé de sa jalousie; et comment l'auteur s'en démêle en deux mots, et sort en se jouant, de la nouvelle inquiétude qu'il a imprimée aux spectateurs. C'est peu de chose en vérité.

Je veux bien qu'il ne lui soit pas venu à l'esprit, que la pièce, une des plus gaies qui soient au théâtre, est écrite sans la moindre équivoque, sans une pensée, un seul mot dont la pudeur, même des petites loges, ait à s'alarmer; ce qui pourtant est bien quelque, chose, Monsieur, dans un siècle où l'hypocrisie de la décence est poussée presque aussi loin que le relâchement des mœurs. Très-volontiers. Tout cela sans doute pouvait n'être pas digne de l'attention d'un critique aussi majeur.

Mais comment n'a-t-il pas admiré ce que tous les honnêtes gens n'ont pu voir sans répandre des larmes de tendresse et de plaisir ? Je veux dire, la piété filiale de ce bon Figaro, qui ne saurait oublier sa mère !

Tu connais donc ce tuteur ! lui dit le comte au premier acte ; *comme ma mère*, répond Figaro. Un avare aurait dit : *Comme mes poches*. Un petit maître eût répondu : *Comme moi-même*. Un ambitieux : *Comme le chemin de Versailles ;* et le journaliste de Bouillon : *Comme mon libraire :* les comparaisons de chacun se tirant toujours de l'objet intéressant. *Comme ma mère,* a dit le fils tendre et respectueux !

Dans un autre endroit encore : *Ah, vous êtes charmant !* lui dit le tuteur. Et ce bon, cet honnête garçon, qui pouvait gaîment assimiler cet éloge à tous ceux qu'il a reçus de ses maîtresses, en revient toujours à sa bonne mère, et répond à ce mot, *vous êtes charmant! — Il est vrai, Monsieur, que ma mère me l'a dit autrefois.* Et le journal de Bouillon ne relève point de pareils traits ! il faut avoir le cerveau bien desséché pour ne les pas voir, ou le cœur bien dur pour ne pas les sentir !

Sans compter mille autres finesses de l'art répandues à pleines mains dans cet ouvrage. Par exemple, on sait que les comédiens ont multiplié chez eux les emplois à l'infini : emplois de grande, moyenne et petite amoureuse; emplois de grands, moyens et petits valets; emplois de Niais, d'Important, de Croquant, de Paysan, de Tabellion, de Bailli : mais on sait qu'ils n'ont pas encore appointé celui de baillant. Qu'a fait l'auteur pour former un comédien, peu exercé au talent d'ouvrir largement la bouche au théâtre ? Il s'est donné le soin de lui rassembler dans une seule phrase, toutes les syllabes baillantes du français : *Rien..... qu'en..... l'en..... ten..... dant..... parler :* syllabes en effet qui feraient bailler un mort, et parviendraient à desserrer les dents mêmes de l'envie !

En cet endroit admirable où, pressé par les reproches du tuteur qui lui crie : *Que direz-vous à ce malheureux qui baille et dort tout éveillé ? Et l'autre qui depuis trois heures éternue à se faire sauter le crâne et jaillir la cervelle, que leur direz-vous?* Le naïf barbier répond : *Eh parbleu, je dirai à celui qui éternue, Dieu vous bénisse; et va te coucher, à celui qui baille.* Réponse en effet si juste, si chrétienne et si admirable, qu'un de ces fiers critiques qui ont leurs entrées au paradis, n'a pu s'empêcher de s'écrier : « Diable! l'auteur a dû rester au moins » huit jours à trouver cette réplique »!

Et le journal de Bouilon, au lieu de louer ces beautés sans nombre, use encre et papier, approbation et privilège, à mettre un pareil ouvrage au-dessous même de la critique! On me couperait le cou, Monsieur, que je ne saurais m'en taire.

N'a-t-il pas été jusqu'à dire, le cruel! *Que pour ne pas voir expirer ce barbier sur ce théâtre, il a fallu le mutiler, le changer, le refondre, l'élaguer, le réduire en quatre actes, et le purger d'un grand nombre de pasquinades, de calembours, de jeux de mots, en un mot de bas comique?*

A le voir ainsi frapper comme un sourd, on juge assez qu'il n'a pas entendu le premier mot de l'ouvrage qu'il décompose. Mais j'ai l'honneur d'assurer ce journaliste, ainsi que le jeune homme qui lui taille ses plumes et ses morceaux, que, loin d'avoir purgé la pièce d'aucuns des *calembours, jeux de mots*, etc. qui lui eussent nui le premier jour, l'auteur a fait rentrer dans les actes restés au théâtre, tout ce qu'il en a pu reprendre à l'acte au porte-feuille : tel un charpentier économe cherche dans ses copeaux épars sur le chantier, tout ce qui peut servir à cheviller et boucher les moindres trous de son ouvrage.

Passerons-nous sous silence le reproche aigu qu'il fait à la jeune personne, d'avoir *tous les défauts d'une fille mal élevée?* Il est vrai que, pour échapper aux conséquences d'une telle imputation, il tente à la rejeter sur autrui, comme s'il n'en était pas l'auteur, en employant cette expression banale : *On trouve à la jeune personne*, etc. On trouve!.....

Que voulait-il donc qu'elle fît? Quoi! Qu'au lieu de se prêter aux vues d'un jeune amant très-aimable et qui se trouve un homme de qualité, notre charmante enfant épousât le vieux podagre médecin? Le noble établissement qu'il lui destinait-là! et parce qu'on n'est pas de l'avis de Monsieur, on *a tous les défauts d'une fille mal élevée!*

En vérité, si le journal de Bouillon se fait des amis en France par la justesse et la candeur de ses critiques, il faut avouer qu'il en aura beaucoup moins au-delà des Pyrénées, et qu'il est surtout un peu bien dur pour les Dames Espagnoles.

Eh! qui sait si son Excellence madame la comtesse Almaviva, l'exemple des femmes de son état, et vivant comme un ange avec son mari, quoiqu'elle ne l'aime plus, ne se ressentira pas un jour des libertés qu'on se donne à Bouillon, sur elle, avec approbation et privilége ?

L'imprudent Journaliste a-t-il au moins réfléchi que Son Excellence, ayant, par le rang de son mari, le plus grand crédit dans les Bureaux, eût pu lui faire obtenir quelque pension sur la Gazette d'Espagne, ou la Gazette elle-même, et que dans la carrière qu'il embrasse il faut garder plus de ménagements pour les femmes de qualité ? Qu'est-ce que cela me fait à moi ? l'on sent bien que c'est pour lui seul que j'en parle.

Il est temps de laisser cet Adversaire, quoiqu'il soit à la tête des gens qui prétendent que, *n'ayant pu me soutenir en cinq Actes, je me suis mis en quatre pour ramener le Public.* Et quand cela serait! Dans un moment d'oppression ne vaut-il pas mieux sacrifier un cinquième de son bien que de le voir aller tout entier au pillage?

Mais ne tombez pas, cher Lecteur..... (Monsieur, veux-je dire), ne tombez pas, je vous prie, dans une erreur populaire qui ferait grand tort à votre jugement.

Ma Pièce, qui paraît n'être aujourd'hui qu'en quatre Actes, est réellement, et de fait, en cinq, qui sont le premier, le deuxième, le troisième, le quatrième et le cinquième, à l'ordinaire.

Il est vrai que, le jour du combat, voyant les Ennemis acharnés, le Parterre ondulant, agité, grondant au loin comme les flots de la mer; et, trop certain que ces mugissements sourds, précurseurs des tempêtes, ont amené plus d'un naufrage, je vins à réfléchir que beaucoup de Pièces en cinq Actes (comme la mienne), toutes très-bien faites d'ailleurs (comme la mienne), n'auraient pas été au Diable en entier (comme la mienne), si l'Auteur eût pris un parti vigoureux (comme le mien).

Le dieu des cabales est irrité, dis-je aux Comédiens avec force:

Enfants! un sacrifice est ici nécessaire.

Alors, fesant la part au Diable, et déchirant mon manuscrit : Dieu des Siffleurs, Moucheurs, Cracheurs, Tousseurs et Perturbateurs, m'écriai-je, il te faut du sang; bois mon quatrième Acte, et que ta fureur s'appaise !

A l'instant vous eussiez vu ce bruit infernal qui fesait pâlir et broncher les Acteurs, s'affaiblir, s'éloigner, s'anéantir; l'applaudissement lui succéder, et des bas-fonds du Parterre un *bravo!* général s'élever en circulant jusqu'aux hauts bancs du Paradis.

De cet exposé, Monsieur, il suit que ma Pièce est restée en cinq Actes, qui sont le premier, le deuxième, le troisième au Théâtre, le quatrième au Diable, et le cinquième avec les trois premiers. Tel Auteur même vous soutiendra que ce quatrième Acte, qu'on n'y voit point, n'en est pas moins celui qui fait le plus de bien à la pièce, en ce qu'on ne l'y voit point.

Laissons jaser le monde; il me suffit d'avoir prouvé mon dire; il me suffit, en fesant mes cinq Actes, d'avoir montré mon respect pour Aristote, Horace, Aubignac et les Modernes, et d'avoir mis ainsi l'honneur de la règle à couvert.

Par le second arrangement, le Diable a son

affaire; mon char n'en roule pas moins bien sans la cinquième roue : le Public est content, je le suis aussi. Pourquoi le Journal de Bouillon ne l'est-il pas? — Ah! pourquoi? C'est qu'il est bien difficile de plaire à des gens qui, par métier, doivent ne jamais trouver les choses gaies assez sérieuses, ni les graves assez enjouées.

Je me flatte, Monsieur, que cela s'appelle raisonner principes, et que vous n'êtes pas mécontent de mon petit syllogisme.

Reste à répondre aux observations dont quelques personnes ont honoré le moins important des Drames hasardés depuis un siècle au Théâtre.

Je mets à part les lettres écrites aux Comédiens, à moi-même, sans signature, et vulgairement appelées anonymes ; on juge à l'âpreté du style que leurs auteurs, peu versés dans la critique n'ont pas assez senti qu'une mauvaise pièce n'est point une mauvaise action, et que telle injure convenable à un méchant homme, est toujours déplacée à un méchant écrivain. Passons aux autres.

Des connaisseurs ont remarqué que j'étais tombé dans l'inconvénient de faire critiquer des usages français par un plaisant de Séville à Séville; tandis que la vraisemblance exigeait qu'il s'étayât sur les mœurs espagnoles. Ils ont raison : j'y avais même tellement pensé, que pour rendre la vraisemblance encore plus parfaite, j'avais d'abord résolu d'écrire et de faire jouer la pièce en langage espagnol; mais un homme de goût m'a fait observer qu'elle en perdrait peut-être un peu de sa gaîté pour le public de Paris ; raison qui m'a déterminé à l'écrire en français; ensorte que j'ai fait, comme on voit, une multitude de sacrifices à la gaîté ; mais sans pouvoir parvenir à dérider le journal de Bouillon.

Un autre amateur, saisissant l'instant qu'il y avait beaucoup de monde au foyer, m'a reproché, du ton le plus sérieux, que ma pièce ressemblait à *On ne s'avise jamais de tout*. — Ressembler, Monsieur ! Je soutiens que ma pièce est *On ne s'avise jamais de tout*, lui-même. — Et comment cela ? — C'est qu'on ne s'était pas encore avisé de ma pièce. L'amateur resta court, et l'on en rit d'autant plus, que celui-là qui me reprochait *On ne s'avise jamais de tout*, est un homme qui ne s'est jamais avisé de rien.

Quelques jours après, ceci est plus sérieux, chez une dame incommodée, un monsieur grave, en habit noir, coiffure bouffante, et canne à corbin, lequel touchait légèrement le poignet de la dame, proposa civilement plusieurs doutes sur la vérité des traits que j'avais lancés contre les médecins. Monsieur, lui dis-je, êtes-vous ami de quelqu'un d'eux ? Je serais désolé qu'un badinage..... — On ne peut pas moins : je vois que vous ne me connaissez pas ; je ne prends jamais le parti d'aucun ; je parle ici pour le corps en général. — Cela me fit beaucoup chercher quel homme ce pouvait être. En fait de plaisanterie, ajoutai-je, vous savez, Monsieur, qu'on ne demande jamais si l'histoire est vraie, mais si elle est bonne. — Eh ! croyez-vous moins perdre à cet examen qu'au premier ? — A merveille, docteur, dit la Dame. Le monstre qu'il est ! n'a-t-il pas osé parler mal aussi de nous ? Fesons cause commune.

A ce mot de *docteur*, je commençai à soupçonner qu'elle parlait à son médecin. Il est vrai, Madame et Monsieur, repris-je avec modestie, que je me suis permis ces légers torts, d'autant plus aisément qu'ils tirent moins à conséquence.

Eh ! qui pourrait nuire à deux corps puissants, dont l'empire embrasse l'univers et se partage le monde ! Malgré les envieux, les belles y règneront toujours par le plaisir, et les médecins par la douleur : et la brillante santé nous ramène à l'Amour, comme la maladie nous rend à la médecine.

Cependant je ne sais si, dans la balance des avantages, la faculté ne l'emporte pas un peu sur la beauté. Souvent on voit les belles nous renvoyer aux médecins ; mais plus souvent encore les médecins nous gardent et ne nous renvoient plus aux belles.

En plaisantant donc, il faudrait peut-être avoir égard à la différence des ressentiments, et songer que, si les belles se vengent en se séparant de nous, ce n'est-là qu'un mal négatif ; au lieu que les médecins se vengent en s'en emparant, ce qui devient très-positif.

Que, quand ces derniers nous tiennent, ils font de nous tout ce qu'ils veulent ; au lieu que les belles, toutes belles qu'elles sont, n'en font jamais que ce qu'elles peuvent.

Que le commerce des belles nous les rend bientôt moins nécessaires ; au lieu que l'usage des médecins finit par nous les rendre indispensables.

Enfin que l'un de ces empires ne semble établi que pour assurer la durée de l'autre ; puisque, plus la verte jeunesse est livrée à l'Amour, plus la pâle vieillesse appartient sûrement à la médecine.

Au reste, ayant fait contre moi cause commune, il était juste, Madame et Monsieur, que je vous offrisse en commun mes justifications. Soyez donc persuadés, que faisant profession d'adorer les belles et de redouter les médecins, c'est toujours en badinant que je dis du mal de la beauté ; comme ce n'est jamais sans trembler que je plaisante un peu la faculté.

Ma déclaration n'est point suspecte à votre égard, Mesdames, et mes plus acharnés ennemis sont forcés d'avouer que, dans un instant d'humeur, où mon dépit contre une belle allait s'épancher trop librement sur toutes les autres, on m'a vu m'arrêter tout court au vingt-cinquième couplet, et, par le plus prompt repentir, faire ainsi dans le vingt-sixième amende honorable aux belles irritées.

> Sexe charmant, si je décèle
> Votre cœur en proie au desir,
> Souvent à l'amour infidèle,
> Mais toujours fidèle au plaisir;
> D'un badinage, ô mes Déesses!
> Ne cherchez point à vous venger :
> Tel glose, hélas! sur vos faiblesses
> Qui brûle de les partager.

Quant à vous, M. le docteur, on sait assez que Molière......

— Au désespoir, dit-il en se levant, de ne pouvoir profiter plus long-temps de vos lumières : mais l'humanité qui gémit, ne doit pas souffrir de mes plaisirs. Il me laissa, ma foi, ma bouche ouverte avec ma phrase en l'air. Je ne sais pas, dit la belle malade en riant, si je vous pardonne; mais je vois bien que notre docteur ne vous pardonne pas. — Le nôtre, Madame ? Il ne sera jamais le mien. — Eh ! pourquoi ? — Je ne sais ; Je craindrais qu'il ne fût au dessous de son état, puisqu'il n'est pas au dessus des plaisanteries qu'on en peut faire.

Ce docteur n'est pas de mes gens. L'homme assez consommé dans son art pour en avouer de bonne foi l'incertitude, assez spirituel pour rire avec moi de ceux qui le disent infaillible ; tel est mon médecin. En me rendant ses soins qu'ils appellent des visites ; en me donnant ses conseils qu'ils nomment des ordonnances, il remplit dignement, et sans faste, la plus noble fonction d'une âme éclairée et sensible. Avec plus d'esprit, il calcule plus de rapports, et c'est tout ce qu'on peut dans un art aussi utile qu'incertain. Il me raisonne, il me console, il me guide, et la nature fait le reste. Aussi, loin de s'offenser de la plaisanterie, est-il le premier à l'opposer au pédantisme. A l'infatué qui lui dit gravement : « De quatre-vingts fluxions de poitrine » que j'ai traitées cet automne, un seul malade a » péri dans mes mains; » mon docteur répond en souriant : « Pour moi, j'ai prêté mes secours » à plus de cent cet hiver ; hélas ! je n'en ai pu » sauver qu'un seul ». Tel est mon aimable médecin.

— Je le connais. — Vous permettez bien que je ne l'échange pas contre le vôtre. Un pédant n'aura pas plus ma confiance en maladie qu'une bégueule n'obtiendrait mon hommage en santé. Mais je ne suis qu'un sot. Au lieu de vous rappeler mon amende honorable au beau sexe, je devais lui chanter le couplet de la bégueule; il est tout fait pour lui.

> Pour égayer ma Poésie,
> Au hasard j'assemble des traits :
> J'en fais, peintre de fantaisie,
> Des Tableaux, jamais des Portraits ;
> La Femme d'esprit, qui s'en moque,
> Sourit finement à l'Auteur :
> Pour l'imprudente qui s'en choque,
> Sa colère est son délateur.

— A propos de chanson, dit la dame ; vous êtes

bien honnête d'avoir été donner votre pièce aux Français ! moi qui n'ai de petite loge qu'aux Italiens ! Pourquoi n'en avoir pas fait un opéra comique ? ce fut, dit-on, votre première idée. La pièce est d'un genre à comporter de la musique.

— Je ne sais si elle est propre à la supporter, ou si je m'étais trompé d'abord en le supposant : mais sans entrer dans les raisons qui m'ont fait changer d'avis, celle-ci, Madame répond à tout.

Notre musique dramatique ressemble trop encore à notre musique chansonnière pour en attendre un véritable intérêt ou de la gaîté franche. Il faudra commencer à l'employer sérieusement au théâtre quand on sentira bien qu'on ne doit y chanter que pour parler; quand nos musiciens se rapprocheront de la nature, et surtout cesseront de s'imposer l'absurde loi de toujours revenir à la première partie d'un air après qu'ils en ont dit la seconde. Est-ce qu'il y a des reprises et des rondeaux dans un drame ? Ce cruel radotage est la mort de l'intérêt, et dénote un vide insupportable dans les idées.

Moi qui toujours ai chéri la musique sans inconstance et même sans infidélité; souvent, aux pièces qui m'attachent le plus, je me surprends à pousser de l'épaule, à dire tout bas avec humeur : Eh va donc, musique ! pourquoi toujours répéter ? N'es-tu pas assez lente ? Au lieu de narrer vivement, tu rabaches ! au lieu de peindre la passion, tu t'accroches aux mots ! Le poète se tue à serrer l'évènement, et toi tu le délayes ! Que lui sert de rendre son style énergique et pressé, si tu l'ensevelis sous d'inutiles fredons ? Avec ta stérile abondance, reste, reste aux chansons pour toute nourriture, jusqu'à ce que tu connaisses le langage sublime et tumultueux des passions.

En effet, si la déclamation est déjà un abus de la narration au théâtre, le chant, qui est un abus de la déclamation, n'est donc, comme on voit, que l'abus de l'abus. Ajoutez-y la répétition des phrases, et voyez ce que devient l'intérêt. Pendant que le vice ici va toujours en croissant, l'intérêt marche à sens contraire ; l'action s'allanguit ; quelque chose me manque ; je deviens distrait ; l'ennui me gagne ; et si je cherche alors à deviner ce que je voudrais, il m'arrive souvent de trouver que je voudrais la fin du spectacle.

Il est un autre art d'imitation, en général beaucoup moins avancé que la musique ; mais qui semble en ce point lui servir de leçon. Pour la variété seulement la danse élevée est dejà le modèle du chant.

Voyez le superbe Vestris ou le fier d'Auberval engager un pas de caractère. Il ne danse pas encore ; mais d'aussi loin qu'il paraît, son port libre et dégagé fait déjà lever la tête aux spectateurs. Il inspire autant de fierté qu'il promet de plaisir. Il est parti..... Pendant que le musicien redit vingt fois ses phrases et monotone ses mouvements, le danseur varie les siens à l'infini.

Le voyez-vous s'avancer légèrement à petits bonds, reculer à grands pas, et faire oublier le comble de l'art par la plus ingénieuse négligence? Tantôt sur un pied, gardant le plus savant équilibre, et suspendu sans mouvement pendant plusieurs mesures, il étonne, il surprend par l'immobilité de son à-plomb.... Et soudain, comme s'il regrettait le temps du repos, il part comme un trait, vole au fond du théâtre, et revient, en pirouettant, avec une rapidité que l'œil peut suivre à peine.

L'air a beau recommencer, rigaudonner, se répéter, se radoter, il ne se répète point, lui! tout en déployant les mâles beautés d'un corps souple et puissant, il peint les mouvements violents dont son âme est agitée : il vous lance un regard passionné que ses bras mollement ouverts rendent plus expressif : et, comme s'il se lassait bientôt de vous plaire, il se relève avec dédain, se dérobe à l'œil qui le suit, et la passion la plus fougueuse semble alors naître et sortir de la plus douce ivresse. Impétueux, turbulent, il exprime une colère si bouillante et si vraie, qu'il m'arrache à mon siége et me fait froncer le sourcil. Mais, reprenant soudain le geste et l'accent d'une volupté paisible, il erre nonchalamment avec une grâce, une mollesse, et des mouvements si délicats, qu'il enlève autant de suffrages qu'il y a de regards attachés sur sa danse enchanteresse.

Compositeurs ! chantez comme il danse, et nous aurons, au lieu d'opéras, des mélodrames ! Mais j'entends mon éternel censeur, (je ne sais plus s'il est d'ailleurs ou de Bouillon), qui me dit : que prétend-on par ce tableau ? Je vois un talent supérieur ; et non la danse en général. C'est dans sa marche ordinaire qu'il faut saisir un art pour le comparer, et non dans ses efforts les plus sublimes. N'avons-nous pas.....

— Je l'arrête à mon tour. Eh quoi ? si je veux peindre un coursier et me former une juste idée de ce noble animal, irai-je le chercher ongre et vieux, gémissant au timon du fiacre, ou trottinant sous le plâtrier qui siffle? Je le prends au haras, fier étalon, vigoureux, découplé, l'œil ardent, frappant la terre et soufflant le feu par les naseaux ; bondissant de désirs et d'impatience, ou fendant l'air qu'il électrise, et dont le brusque hennissement réjouit l'homme et fait tressaillir toutes les cavales de la contrée. Tel est mon danseur.

Et quand je crayonne un art, c'est parmi les plus grands sujets qui l'exercent que j'entends choisir mes modèles; tous les efforts du génie..... mais je m'éloigne trop de mon sujet, revenons au Barbier de Séville..... ou plutôt, Monsieur, n'y revenons pas. C'est assez pour une bagatelle. Insensiblement je tomberais dans le défaut reproché trop justement à nos Français, de toujours faire de petites chansons sur les grandes affaires, et de grandes dissertations sur les petites.

Je suis, avec le plus profond respect,

MONSIEUR,

Votre très-humble et
très-obéissant serviteur,
L'Auteur.

LE BARBIER

DE SÉVILLE,

ou

LA PRÉCAUTION INUTILE,

COMÉDIE.

PERSONNAGES.

(Les habits des Acteurs doivent être dans l'ancien costume Espagnol.)

―――

Le Comte ALMAVIVA, grand d'Espagne, amant inconnu de Rosine, paraît, au premier acte, en veste et culotte de satin; il est enveloppé d'un grand manteau brun, ou cape espagnole; chapeau noir rabattu avec un ruban de couleur autour de la forme. Au deuxième acte; habit uniforme de cavalier, avec des moustaches et des bottines. Au troisième; habillé en bachelier; cheveux ronds, grande fraise au cou; veste, culotte, bas et manteau d'abbé. Au quatrième acte, il est vêtu superbement à l'espagnole avec un riche manteau; par-dessus tout, le large manteau brun dont il se tient enveloppé.

BARTHOLO, médecin, tuteur de Rosine : habit noir, court, boutonné; grande perruque; fraise et manchettes relevées; une ceinture noire; et quand il veut sortir de chez lui, un long manteau écarlate.

ROSINE, jeune personne d'extraction noble et pupille de Bartholo; habillée à l'espagnole.

FIGARO, barbier de Séville : en habit de major espagnol. La tête couverte d'un rescille, ou filet; chapeau blanc, ruban de couleur autour de la forme, un fichu de soie, attaché fort lâche à son cou, gilet et haut-de-chausse de satin, avec des boutons et boutonnières frangés d'argent; une grande ceinture de soie, les jarretières nouées avec des glands qui pendent sur chaque jambe; veste de couleur tranchante, à grands revers de la couleur du gilet; bas blancs et souliers gris.

DON BAZILE, organiste, maître à chanter de Rosine; chapeau noir rabattu, soutanelle et long manteau, sans fraise ni manchettes.

LA JEUNESSE, vieux domestique de Bartholo.

L'ÉVEILLÉ, autre valet de Bartholo, garçon niais et endormi. Tous deux habillés en Galiciens; tous les cheveux dans la queue; gilet couleur de chamois; large ceinture de peau avec une boucle; culotte bleue et veste de même, dont les manches, ouvertes aux épaules pour le passage des bras, sont pendantes par derrière.

UN NOTAIRE.

UN ALCADE, homme de justice, avec une longue baguette blanche à la main.

PLUSIEURS ALGUAZILS et VALETS avec des flambeaux.

La Scène est à Séville, dans la rue et sous les fenêtres de Rosine, au premier Acte; et le reste de la Pièce dans la maison du Docteur Bartholo.

LE BARBIER DE SÉVILLE,

OU

LA PRÉCAUTION INUTILE.

ACTE PREMIER.

Le Théâtre représente une rue de Séville, où toutes les croisées sont grillées.

SCÈNE PREMIÈRE.

LE COMTE *seul, en grand manteau brun et chapeau rabattu. Il tire sa montre en se promenant.*

LE jour est moins avancé que je ne croyais. L'heure à laquelle elle a coutume de se montrer derrière sa jalousie, est encore éloignée. N'importe ; il vaut mieux arriver trop tôt que de manquer l'instant de la voir. Si quelque aimable de la cour pouvait me deviner à cent lieues de Madrid, arrêté tous les matins sous les fenêtres d'une femme à qui je n'ai jamais parlé; il me prendrait pour un Espagnol du temps d'Isabelle. — Pourquoi non? Chacun court après le bonheur. Il est pour moi dans le cœur de Rosine. — Mais quoi! suivre une femme à Séville, quand Madrid et la cour offrent de toutes parts des plaisirs si faciles? — Et c'est cela même que je fuis. Je suis las des conquêtes que l'intérêt, la convenance ou la vanité nous présentent sans cesse. Il est si doux d'être aimé pour soi-même! et si je pouvais m'assurer sous ce déguisement.... Au diable l'importun.

SCÈNE II.

FIGARO, LE COMTE *caché*.

FIGARO *une guitare sur le dos attachée en bandoulière avec un large ruban; il chantonne gaîment, un papier et un crayon à la main.*

> BANNISSONS le chagrin,
>   Il nous consume:
> Sans le feu du bon vin
>   Qui nous rallume;

ACTE PREMIER. 411

> Réduit à languir,
> L'homme sans plaisir
> Vivrait comme un sot,
> Et mourrait bientôt;

Jusques-là, ceci ne va pas mal, ein, ein.

> Et mourrait bientôt.
> Le vin et la paresse
> Se disputent mon cœur....

Eh non ! ils ne se le disputent pas, ils y règnent paisiblement ensemble....

> Se partagent.... mon cœur.

Dit-on, se partagent ?...... Eh mon Dieu ! nos feseurs d'opéras comiques n'y regardent pas de si près. Aujourd'hui, ce qui ne vaut pas la peine d'être dit, on le chante.

(*Il chante.*)

> Le vin et la paresse
> Se partagent mon cœur.

Je voudrais finir par quelque chose de beau, de brillant, de scintillant, qui eût l'air d'une pensée.

(*Il met un genou en terre et écrit en chantant:*)

> Se partagent mon cœur.
> Si l'une a ma tendresse....
> L'autre fait mon bonheur.

Fi donc! c'est plat. Ce n'est pas ça.... Il me faut une opposition, une antithèse:

>Si l'une.... est ma maîtresse,
>L'autre....

Eh parbleu j'y suis....

>L'autre est mon serviteur.

Fort bien, Figaro!.... (*Il écrit en chantant.*)

>Le vin et la paresse
>Se partagent mon cœur;
>Si l'une est ma maîtresse,
>L'autre est mon serviteur.
>L'autre est mon serviteur.
>L'autre est mon serviteur.

Hen, hen, quand il y aura des accompagnements là-dessous, nous verrons encore, messieurs de la cabale, si je ne sais ce que je dis...... (*Il aperçoit le comte.*) J'ai vu cet abbé-là queique part.

>(*Il se relève.*)

Le Comte *à part.*

Cet homme ne m'est pas inconnu.

Figaro.

Et non, ce n'est pas un abbé! Cet air altier et noble....

Le Comte.

Cette tournure grotesque....

Si l'une est..... ma maîtresse.....
Et parbleu! j'y suis:
L'autre est mon Serviteur.

Acte 1. Scene II.

ACTE PREMIER.

FIGARO.

Je ne me trompe point; c'est le comte Almaviva.

LE COMTE.

Je crois que c'est ce coquin de Figaro.

FIGARO.

C'est lui-même, Monseigneur.

LE COMTE.

Maraud ! si tu dis un mot......

FIGARO.

Oui, je vous reconnais; voilà les bontés familières dont vous m'avez toujours honoré.

LE COMTE.

Je ne te reconnaissais pas, moi. Te voilà si gros et si gras.....

FIGARO.

Que voulez-vous, Monseigneur, c'est la misère.

LE COMTE.

Pauvre petit ! Mais que fais-tu à Séville? Je t'avais autrefois recommandé dans les bureaux pour un emploi.

FIGARO.

Je l'ai obtenu, Monseigneur, et ma reconnaissance.....

LE COMTE.

Appelle-moi Lindor. Ne vois-tu pas, à mon déguisement, que je veux être inconnu?

FIGARO.

Je me retire.

LE COMTE.

Au contraire. J'attends ici quelque chose, et deux hommes qui jasent, sont moins suspects qu'un seul qui se promène. Ayons l'air de jaser. Eh bien, cet emploi?

FIGARO.

Le ministre ayant égard à la recommandation de Votre Excellence, me fit nommer sur-le-champ garçon apothicaire.

LE COMTE.

Dans les hôpitaux de l'armée?

FIGARO.

Non; dans les haras d'Andalousie.

LE COMTE *riant*.

Beau début!

FIGARO.

Le poste n'était pas mauvais, parce qu'ayant le district des pansements et des drogues, je vendais souvent aux hommes de bonnes médecines de cheval.....

LE COMTE.

Qui tuaient les sujets du roi !

FIGARO.

Ah, ah, il n'y a point de remède universel : mais qui n'ont pas laissé de guérir quelquefois des Galiciens, des Catalans, des Auvergnats.

LE COMTE.

Pourquoi donc l'as-tu quitté ?

FIGARO.

Quitté ? C'est bien lui-même ; on m'a desservi auprès des puissances.

L'envie aux doigts crochus, au teint pâle et livide....

LE COMTE.

Oh grâce ! grace, ami ! Est-ce que tu fais aussi des vers ? Je t'ai vu là griffonnant sur ton genou, et chantant dès le matin.

FIGARO.

Voilà précisément la cause de mon malheur, Excellence. Quand on a rapporté au ministre que je fesais, je puis dire assez joliment, des bouquets à Cloris ; que j'envoyais des énigmes aux journaux ; qu'il courait des madrigaux de ma façon ; en un mot, quand il a su que j'étais imprimé tout vif, il a pris la chose au tragique et m'a fait ôter mon emploi, sous prétexte que l'amour des lettres est incompatible avec l'esprit des affaires.

LE COMTE.

Puissamment raisonné ! et tu ne lui fis pas représenter.....

FIGARO.

Je me crus trop heureux d'en être oublié, persuadé qu'un grand nous fait assez de bien quand il ne nous fait pas de mal.

LE COMTE.

Tu ne dis pas tout. Je me souviens qu'à mon service tu étais un assez mauvais sujet.

FIGARO.

Eh mon Dieu, Monseigneur, c'est qu'on veut que le pauvre soit sans défaut.

LE COMTE.

Paresseux, dérangé.....

FIGARO.

Aux vertus qu'on exige dans un domestique, Votre Excellence connaît-elle beaucoup de maîtres qui fussent dignes d'être valets ?

ACTE PREMIER.

LE COMTE *riant*.

Pas mal. Et tu t'es retiré en cette ville ?

FIGARO.

Non, pas tout de suite.

LE COMTE *l'arrêtant*.

Un moment..... J'ai cru que c'était elle.....
Dis toujours, je t'entends de reste.

FIGARO.

De retour à Madrid, je voulus essayer de nouveau mes talents littéraires ; et le théâtre me parut un champ d'honneur.....

LE COMTE.

Ah miséricorde !

FIGARO.

(*Pendant sa réplique, le Comte regarde avec attention du côté de la jalousie.*)

En vérité, je ne sais comment je n'eus pas le plus grand succès, car j'avais rempli le parterre des plus excellents travailleurs ; des mains... comme des battoirs ; j'avais interdit les gants, les cannes, tout ce qui ne produit que des applaudissements sourds ; et d'honneur, avant la pièce, le café m'avait paru dans les meilleures dispositions pour moi. Mais les efforts de la cabale...

Le Comte.

Ah ! la cabale ! Monsieur l'auteur tombé.

Figaro.

Tout comme un autre : pourquoi pas ? Ils m'ont sifflé ; mais si jamais je puis les rassembler.....

Le Comte.

L'ennui te vengera bien d'eux ?

Figaro.

Ah ! comme je leur en garde ! morbleu !

Le Comte.

Tu jures ! Sais-tu qu'on n'a que vingt-quatre heures au palais pour maudire ses juges ?

Figaro.

On a vingt-quatre ans au théâtre ; la vie est trop courte pour user un pareil ressentiment.

Le Comte.

Ta joyeuse colère me réjouit. Mais tu ne me dis pas ce qui t'a fait quitter Madrid.

Figaro.

C'est mon bon ange, Excellence, puisque je suis assez heureux pour retrouver mon ancien maître. Voyant à Madrid que la république des lettres était celle des loups, toujours armés les uns contre les autres, et que livrés au mépris où ce risible acharnement les conduit, tous les insectes, les moustiques, les cousins, les critiques, les maringouins, les envieux, les feuillistes, les libraires, les censeurs, et tout ce qui s'attache à la peau des malheureux gens de lettres, achevait de déchiqueter et sucer le peu de substance qui leur restait; fatigué d'écrire, ennuyé de moi, dégoûté des autres, abîmé de dettes et léger d'argent; à la fin convaincu que l'utile revenu du rasoir est préférable aux vains honneurs de la plume, j'ai quitté Madrid; et, mon bagage en sautoir, parcourant philosophiquement les deux Castilles, la Manche, l'Estramadure, la Siena-Morena, l'Andalousie; accueilli dans une ville, emprisonné dans l'autre, et partout supérieur aux événements; loué par ceux-ci, blâmé par ceux-là; aidant au bon temps, supportant le mauvais, me moquant des sots, bravant les méchants; riant de ma misère et faisant la barbe à tout le monde; vous me voyez enfin établi dans Séville, et prêt à servir de nouveau Votre Excellence en tout ce qu'il lui plaira m'ordonner.

LE COMTE.

Qui t'a donné une philosophie aussi gaie?

FIGARO.

L'habitude du malheur. Je me presse de rire de tout, de peur d'être obligé d'en pleurer. Que regardez-vous donc toujours de ce côté?

LE COMTE.

Sauvons-nous.

FIGARO.

Pourquoi?

LE COMTE.

Viens donc, malheureux! tu me perds.

(*Ils se cachent.*)

SCÈNE III.

BARTHOLO, ROSINE. (*La jalousie du premier étage s'ouvre, et Bartholo et Rosine se mettent à la fenêtre.*

ROSINE.

Comme le grand air fait plaisir à respirer...! Cette jalousie s'ouvre si rarement.....

BARTHOLO.

Quel papier tenez-vous-là?

ACTE PREMIER.

ROSINE.

Ce sont des couplets de la Précaution inutile que mon maître à chanter m'a donnés hier.

BARTHOLO.

Qu'est-ce que la Précaution inutile ?

ROSINE.

C'est une comédie nouvelle.

BARTHOLO.

Quelque drame encore ! quelque sottise d'un nouveau genre (1) !

ROSINE.

Je n'en sais rien.

BARTHOLO.

Euh, euh, les journaux et l'autorité nous en feront raison. Siècle barbare !.....

ROSINE.

Vous injuriez toujours notre pauvre siècle.

BARTHOLO.

Pardon de la liberté ; qu'a-t-il produit pour

---

(1) Bartholo n'aimait pas les Drames. Peut-être avait-il fait quelque Tragédie dans sa jeunesse.

qu'on le loue ? Sottises de toute espèce : la liberté de penser, l'attraction, l'électricité, le tolérantisme, l'inoculation, le quinquina, l'encyclopédie, et les drames.....

ROSINE, *le papier lui échappe et tombe dans la rue.*

Ah ! ma chanson ! ma chanson est tombée en vous écoutant; courez, courez donc, Monsieur, ma chanson ; elle sera perdue !

BARTHOLO.

Que diable aussi, l'on tient ce qu'on tient.

(*Il quitte le balcon.*)

ROSINE, *regarde en dedans et fait signe dans la rue.*

S't, s't; (*le comte paraît*) ramassez vite et sauvez-vous. (*Le comte ne fait qu'un saut, ramasse le papier et rentre.*)

BARTHOLO *sort de la maison, et cherche.*

Où donc est-il ? Je ne vois rien.

ROSINE.

Sous le balcon, au pied du mur.

BARTHOLO.

Vous me donnez-là une jolie commission ! Il est donc passé quelqu'un ?

ROSINE.

Je n'ai vu personne.

BARTHOLO *à lui-même.*

Et moi qui ai la bonté de chercher!......... Bartholo, vous n'êtes qu'un sot, mon ami : ceci doit vous apprendre à ne jamais ouvrir de jalousies sur la rue. (*Il rentre.*)

ROSINE *toujours au balcon.*

Mon excuse est dans mon malheur : seule, enfermée, en butte à la persécution d'un homme odieux ; est-ce un crime de tenter à sortir d'esclavage ?

BARTHOLO *paraissant au balcon.*

Rentrez, Signora ; c'est ma faute si vous avez perdu votre chanson ; mais ce malheur ne vous arrivera plus, je vous jure. (*Il ferme la jalousie à la clef.*)

SCÈNE IV.

LE COMTE, FIGARO. (*Ils entrent avec précaution.*)

LE COMTE.

A présent qu'ils sont retirés, examinons cette chanson, dans laquelle un mystère est sûrement renfermé. C'est un billet !

FIGARO.

Il demandait ce que c'est que la Précaution inutile !

LE COMTE *lit vivement.*

» Votre empressement excite ma curiosité ;
» sitôt que mon tuteur sera sorti, chantez in-
» différemment, sur l'air connu de ces couplets,
» quelque chose qui m'apprenne enfin le nom,
» l'état et les intentions de celui qui paraît s'at-
» tacher si obstinément à l'infortunée Rosine. »

FIGARO *contrefesant la voix de Rosine.*

Ma chanson, ma chanson est tombée ; courez, courez donc, (*Il rit.*) ah, ah, ah, ah ! Oh ces femmes ! voulez-vous donner de l'adresse à la plus ingénue ? enfermez-la.

ACTE PREMIER.

LE COMTE.

Ma chère Rosine !

FIGARO.

Monseigneur, je ne suis plus en peine des motifs de votre mascarade ; vous faites ici l'amour en perspective.

LE COMTE.

Te voilà instruit, mais si tu jases.....

FIGARO.

Moi, jaser ! Je n'emploierai point pour vous rassurer les grandes phrases d'honneur et de dévouement dont on abuse à la journée ; je n'ai qu'un mot : mon intérêt vous répond de moi ; pesez tout à cette balance, et.....

LE COMTE.

Fort bien. Apprends donc que le hasard m'a fait rencontrer au Prado, il y a six mois, une jeune personne d'une beauté !..... Tu viens de la voir. Je l'ai fait chercher en vain par tout Madrid. Ce n'est que depuis peu de jours que j'ai découvert qu'elle s'appelle Rosine, est d'un sang noble, orpheline et mariée à un vieux médecin de cette ville, nommé Bartholo.

FIGARO.

Joli oiseau ma foi ! difficile à dénicher ! Mais qui vous a dit qu'elle était femme du Docteur ?

LE COMTE.

Tout le monde.

FIGARO.

C'est une histoire qu'il a forgée en arrivant de Madrid, pour donner le change aux galants et les écarter; elle n'est encore que sa pupille, mais bientôt.....

LE COMTE vivement.

Jamais. Ah quelle nouvelle ! J'étais résolu de tout oser pour lui présenter mes regrets ; et je la trouve libre ! Il n'y a pas un moment à perdre ; il faut m'en faire aimer, et l'arracher à l'indigne engagement qu'on lui destine. Tu connais donc ce tuteur ?

FIGARO.

Comme ma mère.

LE COMTE.

Quel homme est-ce ?

FIGARO *vivement*.

C'est un beau gros, court, jeune vieillard, gris-pommelé, rusé, rasé, blasé, qui guette et furète et gronde et geint tout-à-la-fois.

LE COMTE *impatienté*.

Eh ! je l'ai vu. Son caractère ?

ACTE PREMIER.

FIGARO.

Brutal, avare, amoureux et jaloux à l'excès de sa pupille, qui le hait à la mort.

LE COMTE.

Ainsi ses moyens de plaire sont.....

FIGARO.

Nuls.

LE COMTE.

Tant mieux. Sa probité?

FIGARO.

Tout juste autant qu'il en faut pour n'être point pendu.

LE COMTE.

Tant mieux. Punir un fripon en se rendant heureux.....

FIGARO.

C'est faire à la fois le bien public et particulier : chef-d'œuvre de morale, en vérité, Monseigneur!

LE COMTE.

Tu dis que la crainte des galants lui fait fermer sa porte?

FIGARO.

A tout le monde ; s'il pouvait la calfeutrer....

LE COMTE.

Ah! diable, tant pis. Aurais-tu de l'accès chez lui?

FIGARO.

Si j'en ai! *Primo*, la maison que j'occupe appartient au docteur qui m'y loge *gratis*.

LE COMTE.

Ah, ah?

FIGARO.

Oui. Et moi en reconnaissance, je lui promets dix pistoles d'or par an, *gratis* aussi.

LE COMTE *impatienté*.

Tu es son locataire?

FIGARO.

De plus, son barbier, son chirurgien, son apothicaire; il ne se donne pas dans sa maison un coup de rasoir, de lancette ou de piston, qui ne soit de la main de votre serviteur.

LE COMTE *l'embrasse*.

Ah! Figaro, mon ami, tu seras mon ange, mon libérateur, mon dieu tutélaire.

FIGARO.

Peste! comme l'utilité vous a bientôt rapproché les distances ! Parlez-moi des gens passionnés !

LE COMTE.

Heureux Figaro ! tu vas voir ma Rosine ! tu vas la voir ! Conçois-tu ton bonheur ?

FIGARO.

C'est bien-là un propos d'amant ! Est-ce que je l'adore, moi ? Puissiez-vous prendre ma place !

LE COMTE.

Ah ! si l'on pouvait écarter tous les surveillants !

FIGARO.

C'est à quoi je rêvais.

LE COMTE.

Pour douze heures seulement.

FIGARO.

En occupant les gens de leur propre intérêt, on les empêche de nuire à l'intérêt d'autrui.

LE COMTE.

Sans doute. Eh bien ?

FIGARO *rêvant*.

Je cherche dans ma tête si la pharmacie ne fournirait pas quelques petits moyens innocents.....

LE COMTE.

Scélérat !

FIGARO.

Est-ce que je veux leur nuire ? Ils ont tous besoin de mon ministère. Il ne s'agit que de les traiter ensemble.

LE COMTE.

Mais ce médecin peut prendre un soupçon.

FIGARO.

Il faut marcher si vite que le soupçon n'ait pas le temps de naître. Il me vient une idée : le régiment de Royal-Infant arrive en cette ville.

LE COMTE.

Le colonel est de mes amis.

FIGARO.

Bon. Présentez-vous chez le docteur, en habit de cavalier, avec un billet de logement ; il faudra bien qu'il vous héberge ; et moi, je me charge du reste.

LE COMTE.

Excellent !

FIGARO.

Il ne serait même pas mal que vous eussiez l'air entre deux vins.....

ACTE PREMIER.

LE COMTE.

A quoi bon ?

FIGARO.

Et le mener un peu lestement sous cette apparence déraisonnable.

LE COMTE.

A quoi bon ?

FIGARO.

Pour qu'il ne prenne aucun ombrage et vous croye plus pressé de dormir que d'intriguer chez lui.

LE COMTE.

Supérieurement vu ! Mais que n'y vas-tu, toi ?

FIGARO.

Ah oui ! Moi ! Nous serons bien heureux s'il ne vous reconnaît pas, vous, qu'il n'a jamais vu. Et comment vous introduire après ?

LE COMTE.

Tu as raison.

FIGARO.

C'est que vous ne pourrez peut-être pas soutenir ce personnage difficile. Cavalier..... pris de vin.....

LE COMTE.

Tu te moques de moi (*prenant un ton ivre.*) N'est-ce point ici la maison du docteur Bartholo, mon ami ?

FIGARO.

Pas mal, en vérité ; vos jambes seulement un peu plus avinées (*d'un ton plus ivre*). N'est-ce pas ici la maison.....

LE COMTE.

Fi donc ! Tu as l'ivresse du peuple.

FIGARO.

C'est la bonne ; c'est celle du plaisir.

LE COMTE.

La porte s'ouvre.

FIGARO.

C'est notre homme : éloignons-nous jusqu'à ce qu'il soit parti.

SCÈNE V.

LE COMTE et FIGARO *cachés.*
BARTHOLO.

BARTHOLO *sort en parlant à la maison.*

Je reviens à l'instant; qu'on ne laisse entrer personne. Quelle sottise à moi d'être descendu ! Dès qu'elle m'en priait, je devais bien me douter...... Et Bazile qui ne vient pas ! Il devait tout arranger pour que mon mariage se fît secrètement demain : et point de nouvelles ! Allons voir ce qui peut l'arrêter.

SCÈNE VI.

LE COMTE, FIGARO.

LE COMTE.

Qu'ai-je entendu ? Demain il épouse Rosine en secret !..

FIGARO.

Monseigneur, la difficulté de réussir ne fait qu'ajouter à la nécessité d'entreprendre.

Théâtre. I.

Le Comte.

Quel est donc ce Bazile qui se mêle de son mariage?

Figaro.

Un pauvre hère qui montre la musique à sa pupille, infatué de son art, friponneau, besoigneux, à genoux devant un écu, et dont il sera facile de venir à bout, monseigneur....... *Regardant à la jalousie.* La v'là, la v'là.

Le Comte.

Qui donc?

Figaro.

Derrière sa jalousie, la voilà, la voilà. Ne regardez pas, ne regardez donc pas.

Le Comte.

Pourquoi?

Figaro.

Ne vous écrit-elle pas? *chantez indifféremment;* c'est-à-dire, chantez, comme si vous chantiez.... seulement pour chanter. Oh! la v'là, la v'là.

Le Comte.

Puisque j'ai commencé à l'intéresser sans être connu d'elle, ne quittons point le nom de Lindor que j'ai pris; mon triomphe en aura plus de charmes. (*il déploie le papier que Rosine a jeté.*)

ACTE PREMIER.

Mais comment chanter sur cette musique ? Je ne sais pas faire de vers, moi.

FIGARO.

Tout ce qui vous viendra, monseigneur, est excellent : en amour, le cœur n'est pas difficile sur les productions de l'esprit...... et prenez ma guitare.

LE COMTE.

Que veux-tu que j'en fasse ? j'en joue si mal !

FIGARO.

Est-ce qu'un homme comme vous ignore quelque chose ? Avec le dos de la main,; from, from, from...... Chanter sans guitare à Séville ! vous seriez bientôt reconnu ma foi, bientôt dépisté.

(*Figaro se colle au mur sous le balcon.*)

LE COMTE *chante en se promenant, et s'accompagnant sur sa guitare.*

PREMIER COUPLET.

Vous l'ordonnez, je me ferai connaître ;
Plus inconnu, j'osais vous adorer :
En me nommant, que pourrais-je espérer ?
N'importe, il faut obéir à son maître.

FIGARO *bas.*

Fort bien, parbleu ! Courage, monseigneur.

LE COMTE.

DEUXIÈME COUPLET.

Je suis Lindor, ma naissance est commune;
Mes vœux sont ceux d'un simple bachelier;
Que n'ai-je, hélas! d'un brillant chevalier,
A vous offrir le rang et la fortune!

FIGARO.

Et comment diable! Je ne ferais pas mieux; moi qui m'en pique.

LE COMTE.

TROISIÈME COUPLET.

Tous les matins, ici d'une voix tendre,
Je chanterai mon amour sans espoir;
Je bornerai mes plaisirs à vous voir;
Et puissiez-vous en trouver à m'entendre!

FIGARO.

Oh! ma foi! pour celui-ci!...... (*Il s'approche et baise le bas de l'habit de son maître.*)

LE COMTE.

Figaro?

FIGARO.

Excellence?

ACTE PREMIER.

LE COMTE.

Crois-tu que l'on m'ait entendu ?

ROSINE, *en-dedans, chante.*

AIR : *Du Maître en Droit.*

Tout me dit que Lindor est charmant,
Que je dois l'aimer constamment....

(*On entend une croisée qui se ferme avec bruit.*)

FIGARO.

Croyez-vous qu'on vous ait entendu cette fois?

LE COMTE.

Elle a fermé sa fenêtre ; quelqu'un apparemment est entré chez elle.

FIGARO.

Ah! la pauvre petite! comme elle tremble en chantant! Elle est prise, monseigneur.

LE COMTE.

Elle se sert du moyen qu'elle même a indiqué. *Tout me dit que Lindor est charmant.* Que de grâces! que d'esprit!

FIGARO.

Que de ruse! que d'amour!

LE COMTE.

Crois-tu qu'elle se donne à moi, Figaro ?

FIGARO.

Elle passera plutôt à travers cette jalousie que d'y manquer.

LE COMTE.

C'en est fait, je suis à ma Rosine........... pour la vie.

FIGARO.

Vous oubliez, Monseigneur, qu'elle ne vous entend plus.

LE COMTE.

M. Figaro ? je n'ai qu'un mot à vous dire : elle sera ma femme ; et si vous servez bien mon projet en lui cachant mon nom...... tu m'entends, tu me connais......

FIGARO.

Je me rends. Allons, Figaro, vole à la fortune, mon fils.

LE COMTE.

Retirons-nous, crainte de nous rendre suspects.

FIGARO, *vivement.*

Moi, j'entre ici, où, par la force de mon art, je vais, d'un seul coup de baguette, endormir la vigilance, éveiller l'amour, égarer la jalousie, fourvoyer l'intrigue, et renverser tous les obstacles. Vous, Monseigneur, chez moi, l'habit de soldat, le billet de logement, et de l'or dans vos poches.

LE COMTE.

Pour qui de l'or ?

FIGARO, *vivement.*

De l'or, mon Dieu, de l'or : c'est le nerf de l'intrigue.

LE COMTE.

Ne te fâche pas, Figaro, j'en prendrai beaucoup.

FIGARO, *s'en allant.*

Je vous rejoins dans peu.

LE COMTE.

Figaro ?

FIGARO.

Qu'est-ce que c'est ?

LE COMTE.

Et ta guitare ?

FIGARO *revient.*

J'oublie ma guitare ! Moi ! je suis donc fou !
(*il s'en va.*)

Le Comte.

Et ta demeure, étourdi?

Figaro *revient.*

Ah! réellement je suis frappé! — Ma boutique à quatre pas d'ici, peinte en bleu, vitrage en plomb, trois palettes en l'air, l'œil dans la main, *Consilio Manuque*, Figaro. (*Il s'enfuit.*)

FIN DU PREMIER ACTE.

ACTE II.

Le Théâtre représente l'appartement de Rosine. La croisée dans le fond du Théâtre est fermée par une jalousie grillée.

SCÈNE PREMIÈRE.

ROSINE, *seule, un bougeoir à la main. Elle prend du papier sur la table et se met à écrire.*

Marceline est malade ; tous les gens sont occupés ; et personne ne me voit écrire. Je ne sais si ces murs ont des yeux et des oreilles, ou si mon argus a un génie malfesant qui l'instruit à point nommé ; mais je ne puis dire un mot, ni faire un pas, dont il ne devine sur-le-champ l'intention........ Ah Lindor ! (*Elle cachète la lettre*) Fermons toujours ma lettre, quoique j'ignore quand et comment je pourrai la lui faire tenir. Je l'ai vu à travers ma jalousie parler long-temps au barbier Figaro. C'est un bon homme qui m'a montré quelquefois de la pitié ; si je pouvais l'entretenir un moment !

SCÈNE II.

ROSINE, FIGARO.

ROSINE *surprise*.

Ah ! M. Figaro, que je suis aise de vous voir !

FIGARO.

Votre santé, madame ?

ROSINE.

Pas trop bonne, M. Figaro. L'ennui me tue.

FIGARO.

Je le crois ; il n'engraisse que les sots.

ROSINE.

Avec qui parliez vous donc là-bas si vivement? je n'entendais pas : mais.......

FIGARO.

Avec un jeune bachelier de mes parents, de

ACTE II.

la plus grande espérance ; plein d'esprit, de sentiments, de talents, et d'une figure fort revenante.

ROSINE.

Oh, tout-à-fait bien, je vous assure ! il se nomme ?......

FIGARO.

Lindor. Il n'a rien : mais, s'il n'eût pas quitté brusquement Madrid, il pouvait y trouver quelque bonne place.

ROSINE *étourdiment.*

Il en trouvera, monsieur Figaro, il en trouvera. Un jeune homme tel que vous le dépeignez, n'est pas fait pour rester inconnu.

FIGARO *à part.*

Fort bien. (*haut.*) Mais il a un grand défaut, qui nuira toujours à son avancement.

ROSINE.

Un défaut, monsieur Figaro ! Un défaut ! en êtes-vous bien sûr ?

FIGARO.

Il est amoureux.

ROSINE.

Il est amoureux ! et vous appelez cela un défaut ?

FIGARO.

A la vérité, ce n'en est un que relativement à sa mauvaise fortune.

ROSINE.

Ah! que le sort est injuste! et nomme-t-il la personne qu'il aime? Je suis d'une curiosité....

FIGARO.

Vous êtes la dernière, Madame, à qui je voudrais faire une confidence de cette nature.

ROSINE *vivement.*

Pourquoi, monsieur Figaro? je suis discrète; ce jeune homme vous appartient, il m'intéresse infiniment.... dites-donc.

FIGARO *la regardant finement.*

Figurez-vous, la plus jolie petite mignone, douce, tendre, accorte et fraîche, agaçant l'appétit, pied furtif, taille adroite, élancée, bras dodus, bouche rosée, et des mains! des joues! des dents! des yeux...!

ROSINE.

Qui reste en cette ville?

FIGARO.

En ce quartier.

ACTE II.

ROSINE.

Dans cette rue peut-être?

FIGARO.

A deux pas de moi.

ROSINE.

Ah! que c'est charmant..... pour Monsieur votre parent. Et cette personne est?...

FIGARO.

Je ne l'ai pas nommée?

ROSINE *vivement*.

C'est la seule chose que vous ayiez oubliée, monsieur Figaro. Dites-donc, dites-donc vite; si l'on rentrait je ne pourrais plus savoir....

FIGARO.

Vous le voulez absolument, Madame? Eh bien! cette personne est.... la Pupille de votre tuteur.

ROSINE.

La Pupille?...

FIGARO.

Du docteur Bartholo : oui, Madame.

ROSINE *avec émotion*.

Ah! monsieur Figaro!.... je ne vous crois pas, je vous assure.

FIGARO.

Et c'est ce qu'il brûle de venir vous persuader lui-même.

ROSINE.

Vous me faites trembler, monsieur Figaro.

FIGARO.

Fi donc, trembler! mauvais calcul, Madame; quand on cède à la peur du mal, on ressent déja le mal de la peur. D'ailleurs, je viens de vous débarrasser de tous vos surveillants, jusqu'à demain.

ROSINE.

S'il m'aime, il doit me le prouver, en restant absolument tranquille.

FIGARO.

Eh, Madame! amour et repos peuvent-ils habiter en même cœur? La pauvre jeunesse est si malheureuse aujourd'hui, qu'elle n'a que ce terrible choix : amour sans repos, ou repos sans amour.

ROSINE *baissant les yeux.*

Repos sans amour.... paraît....

FIGARO.

Ah! bien languissant. Il semble, en effet,

ACTE II.

qu'amour sans repos, se présente de meilleure grâce : et pour moi, si j'étais femme....

Rosine *avec embarras.*

Il est certain qu'une jeune personne ne peut empêcher un honnête-homme de l'estimer.

Figaro.

Aussi mon parent vous estime-t-il infiniment.

Rosine.

Mais s'il allait faire quelque imprudence, monsieur Figaro, il nous perdrait.

Figaro *à part.*

Il nous perdrait. (*haut.*) Si vous le lui défendiez expressément par une petite lettre.... Une lettre a bien du pouvoir.

Rosine *lui donne la lettre qu'elle vient d'écrire.*

Je n'ai pas le temps de recommencer celle-ci, mais en la lui donnant, dites-lui.... dites-lui bien..... (*elle écoute.*)

Figaro.

Personne, Madame.

Rosine.

Que c'est par pure amitié tout ce que je fais.

FIGARO.

Cela parle de soi. Tudieu! l'Amour a bien une autre allure!

ROSINE.

Que par pure amitié, entendez-vous? Je crains seulement que rebuté par les difficultés....

FIGARO.

Oui, quelque feu follet. Souvenez-vous, Madame, que le vent qui éteint une lumière, allume un brasier, et que nous sommes ce brasier-là. D'en parler seulement, il exhale un tel feu qu'il m'a presque enfiévré (1) de sa passion, moi qui n'y ai que voir!

ROSINE.

Dieux! j'entends mon tuteur. S'il vous trouvait ici...... Passez par le cabinet du clavecin et descendez le plus doucement que vous pourrez.

FIGARO.

Soyez tranquille (*à part, montrant la lettre*). Voici qui vaut mieux que toutes mes observations. (*Il entre dans le cabinet.*)

---

(1) Le mot *enfiévré*, qui n'est plus français, a excité la plus vive indignation parmi les puritains littéraires; je ne conseille à aucun galant homme de s'en servir : mais M. Figaro!....

SCÈNE III.

ROSINE, *seule.*

JE meurs d'inquiétude jusqu'à ce qu'il soit dehors...... Que je l'aime, ce bon Figaro ! c'est un bien honnête-homme, un bon parent ! Ah ! voilà mon tyran ; reprenons mon ouvrage. (*Elle souffle la bougie, s'assied, et prend une broderie au tambour.*)

SCÈNE IV.

BARTHOLO, ROSINE.

BARTHOLO *en colère.*

AH ! malédiction ! l'enragé, le scélérat corsaire de Figaro ! Là, peut-on, sortir un moment de chez soi, sans être sûr en rentrant ?....

ROSINE.

Qui vous met donc si fort en colère, Monsieur ?

BARTHOLO.

Ce damné Barbier qui vient d'écloper toute ma maison, en un tour de main : il donne un narcotique à l'Eveillé, un sternutatoire à La Jeunesse ; il saigne au pied Marceline : il n'y a pas jusqu'à ma mule.... Sur les yeux d'une pauvre bête aveugle, un cataplasme ! parce qu'il me doit cent écus, il se presse de faire des mémoires. Ah, qu'il les apporte !... Et personne à l'antichambre ! on arrive à cet appartement comme à la place d'armes.

ROSINE.

Et qui peut y pénétrer que vous, Monsieur ?

BARTHOLO.

J'aime mieux craindre sans sujet, que de m'exposer sans précaution ; tout est plein de gens entreprenants, d'audacieux.... N'a-t-on pas ce matin encore ramassé lestement votre chanson pendant que j'allais la chercher ? Oh ! je....

ROSINE.

C'est bien mettre à plaisir de l'importance à tout ! Le vent peut avoir éloigné ce papier, le premier venu, que sais-je ?

BARTHOLO.

Le vent, le premier venu !... Il n'y a point de

vent, Madame, point de premier venu dans le monde; et c'est toujours quelqu'un posté-là exprès, qui ramasse les papiers, qu'une femme a l'air de laisser tomber par mégarde.

ROSINE.

A l'air, Monsieur?

BARTHOLO.

Oui, Madame, a l'air.

ROSINE *à part.*

Oh! le méchant vieillard!

BARTHOLO.

Mais tout cela n'arrivera plus; car je vais faire sceller cette grille.

ROSINE.

Faites mieux; murez les fenêtres tout d'un coup; d'une prison à un cachot, la différence est si peu de chose!

BARTHOLO.

Pour celles qui donnent sur la rue, ce ne serait peut-être pas si mal.... Ce barbier n'est pas entré chez vous, au moins?

ROSINE.

Vous donne-t-il aussi de l'inquiétude?

BARTHOLO.

Tout comme un autre.

ROSINE.

Que vos repliques sont honnêtes !

BARTHOLO.

Ah ! fiez-vous à tout le monde, et vous aurez bientôt à la maison une bonne femme pour vous tromper, de bons amis pour vous la souffler, et de bons valets pour les y aider.

ROSINE.

Quoi, vous n'accordez pas même qu'on ait des principes contre la séduction de monsieur Figaro?

BARTHOLO.

Qui diable entend quelque chose à la bizarrerie des femmes ? et combien j'en ai vu de ces vertus à principes!....

ROSINE *en colère*.

Mais, Monsieur, s'il suffit d'être homme pour nous plaire ; pourquoi donc me déplaisez-vous si fort ?

BARTHOLO *stupéfait*.

Pourquoi ?... Pourquoi ?... Vous ne répondez pas à ma question sur ce barbier ?

ACTE II.

ROSINE *outrée.*

Eh bien oui, cet homme est entré chez moi; je l'ai vu, je lui ai parlé. Je ne vous cache pas même que je l'ai trouvé fort aimable : et puissiez-vous en mourir de dépit !

SCÈNE V.

BARTHOLO *seul.*

Oh ! les juifs ! les chiens de valets ! La Jeunesse, l'Éveillé ? l'Éveillé maudit !

SCÈNE VI.

BARTHOLO, L'ÉVEILLÉ.

L'ÉVEILLÉ *arrive en bâillant, tout endormi.*

Aah, aah, ah, ah....

BARTHOLO.

Où étais-tu, peste d'étourdi, quand ce barbier est entré ici ?

L'ÉVEILLÉ.

Monsieur j'étais.... ah, aah, ah....

BARTHOLO.

A machiner quelque espiéglerie, sans doute ? Et tu ne l'as pas vu ?

L'ÉVEILLÉ.

Sûrement je l'ai vu ; puisqu'il m'a trouvé tout malade, à ce qu'il dit ; et faut bien que ça soit vrai, car j'ai commencé à me douloir dans tous les membres, rien qu'en l'en-entendant parl.... Ah, ah, aah....

BARTHOLO *le contrefait.*

Rien qu'en l'en-entendant !.... Où donc est ce vaurien de La Jeunesse ? Droguer ce petit garçon sans mon ordonnance ! Il y a quelque friponnerie là-dessous.

SCÈNE VII.

LES ACTEURS PRÉCÉDENTS. (*La Jeunesse arrive en vieillard avec une canne en béquille; il éternue plusieurs fois.*)

L'ÉVEILLÉ *toujours bâillant.*

La Jeunesse ?

BARTHOLO.

Tu éternueras dimanche.

ACTE II.

LA JEUNESSE.

Voilà plus de cinquante..... cinquante fois..... dans un moment (*il éternue*)! Je suis brisé.

BARTHOLO.

Comment! je vous demande à tous deux s'il est entré quelqu'un chez Rosine, et vous ne me dites pas que ce barbier.....

L'ÉVEILLÉ *continuant de bâiller.*

Est-ce que c'est quelqu'un donc monsieur Figaro? Aah ah....

BARTHOLO.

Je parie que le rusé s'entend avec lui.

L'ÉVEILLÉ *pleurant comme un sot.*

Moi..... Je m'entends!....

LA JEUNESSE *éternuant.*

Eh mais, Monsieur, y a-t-il..... y a-t-il de la justice?

BARTHOLO.

De la justice! C'est bon entre vous autres misérables, la justice! Je suis votre maître, moi, pour avoir toujours raison.

LA JEUNESSE *éternuant.*

Mais pardi, quand une chose est vraie....

BARTHOLO.

Quand une chose est vraie ! si je ne veux pas qu'elle soit vraie, je prétends bien qu'elle ne soit pas vraie. Il n'y aurait qu'à permettre à tous ces faquins là d'avoir raison, vous verriez bientôt ce que deviendrait l'autorité.

LA JEUNESSE *éternuant.*

J'aime autant recevoir mon congé. Un service terrible, et toujours un train d'enfer !

L'EVEILLÉ *pleurant.*

Un pauvre homme de bien est traité comme un misérable.

BARTHOLO.

Sors donc, pauvre homme de bien! (*Il les contrefait.*) Et t'chi et t'cha; l'un m'éternue au nez, l'autre m'y bâille.

LA JEUNESSE.

Ah, Monsieur, je vous jure que sans Mademoiselle, il n'y aurait.... il n'y aurait pas moyen de rester dans la maison.

(*Il sort en éternuant.*)

BARTHOLO.

Dans quel état ce Figaro les a mis tous ! Je vois ce que c'est : le maraud voudrait me payer mes cent écus sans bourse délier.....

SCÈNE VIII.

BARTHOLO, DON BAZILE, FIGARO *caché dans le cabinet, paraît de temps en temps, et les écoute.*

BARTHOLO *continue.*

Ah! Don Bazile, vous veniez donner à Rosine sa leçon de musique ?

BAZILE.

C'est ce qui presse le moins.

BARTHOLO.

J'ai passé chez vous sans vous trouver.

BAZILE.

J'étais sorti pour vos affaires. Apprenez une nouvelle assez fâcheuse.

BARTHOLO.

Pour vous ?

BAZILE.

Non, pour vous. Le comte Almaviva est en cette ville.

BARTHOLO.

Parlez bas. Celui qui fesait chercher Rosine dans tout Madrid ?

BAZILE.

Il loge à la grande place, et sort tous les jours déguisé.

BARTHOLO.

Il n'en faut point douter, cela me regarde. Et que faire?

BAZILE.

Si c'était un particulier, on viendrait à bout de l'écarter.

BARTHOLO.

Oui, en s'embusquant le soir, armé, cuirassé...

BAZILE.

Bone Deus! Se compromettre! Susciter une méchante affaire, à la bonne heure; et pendant la fermentation calomnier à dire d'experts; *concedo.*

BARTHOLO.

Singulier moyen de se défaire d'un homme !

BAZILE.

La calomnie, Monsieur? Vous ne savez guère

ce que vous dédaignez ; j'ai vu les plus honnêtes gens près d'en être accablés. Croyez qu'il n'y a pas de plate méchanceté, pas d'horreurs, pas de conte absurde, qu'on ne fasse adopter aux oisifs d'une grande ville en s'y prenant bien : et nous avons ici des gens d'une adresse !..... D'abord un bruit léger, rasant le sol comme hirondelle avant l'orage, *pianissimo* murmure et file, et sème en courant le trait empoisonné. Telle bouche le recueille, et *piano, piano* vous le glisse en l'oreille adroitement. Le mal est fait, il germe, il rampe, il chemine, et *rinforzando* de bouche en bouche il va le diable ; puis tout-à-coup, ne sais comment, vous voyez calomnie se dresser, sifler, s'enfler, grandir à vue d'œil. Elle s'élance, étend son vol, tourbillonne, enveloppe, arrache, entraîne, éclate et tonne, et devient, grâce au ciel, un cri général, un *crescendo* public, un *chorus* universel de haine et de proscription. Qui diable y résisterait ? .

BARTHOLO.

Mais quel radotage me faites-vous donc-là, Bazile ? Et quel rapport ce *piano - crescendo* peut-il avoir à ma situation ?

BAZILE.

Comment, quel rapport ? Ce qu'on fait partout pour écarter son ennemi, il faut le faire ici pour empêcher le vôtre d'approcher.

BARTHOLO.

D'approcher ? Je prétends bien épouser Rosine avant qu'elle apprenne seulement que ce comte existe.

BAZILE.

En ce cas, vous n'avez pas un instant à perdre.

BARTHOLO.

Et à qui tient-il, Bazile ? Je vous ai chargé de tous les détails de cette affaire.

BAZILE.

Oui. Mais vous avez lésiné sur les frais; et dans l'harmonie du bon ordre, un mariage inégal, un jugement inique, un passe-droit évident, sont des dissonances qu'on doit toujours préparer et sauver par l'accord parfait de l'or.

BARTHOLO *lui donnant de l'argent.*

Il faut en passer par où vous voulez; mais finissons.

BAZILE.

Cela s'appelle parler. Demain tout sera terminé: c'est à vous d'empêcher que personne, aujourd'hui, ne puisse instruire la pupille.

ACTE II. 461

BARTHOLO.

Fiez-vous-en à moi. Viendrez-vous ce soir, Bazile ?

BAZILE.

N'y comptez pas. Votre mariage seul m'occupera toute la journée ; n'y comptez pas.

BARTHOLO *l'accompagne.*

Serviteur.

BAZILE.

Restez, docteur, restez donc.

BARTHOLO.

Non pas. Je veux fermer sur vous la porte de la rue.

SCÈNE IX.

FIGARO, *seul, sortant du cabinet.*

OH ! la bonne précaution ! Ferme, ferme la porte de la rue, et moi je vais la r'ouvrir au comte en sortant. C'est un grand maraud que ce Bazile ! heureusement il est encore plus sot. Il faut un état, une famille, un nom, un rang, de la consistance enfin, pour faire sensation dans le monde en calomniant. Mais un Bazile ! il médirait, qu'on ne le croirait pas.

SCÈNE X.

ROSINE *accourant;* FIGARO.

ROSINE.

Quoi! vous êtes encore là, monsieur Figaro?

FIGARO.

Très-heureusement pour vous, Mademoiselle. Votre tuteur et votre maître à chanter, se croyant seuls ici, viennent de parler à cœur ouvert.....

ROSINE.

Et vous les avez écoutés, monsieur Figaro? Mais savez-vous que c'est fort mal.

FIGARO.

D'écouter? C'est pourtant tout ce qu'il y a de mieux pour bien entendre. Apprenez que votre tuteur se dispose à vous épouser demain.

ROSINE.

Ah! grands dieux!

FIGARO.

Ne craignez rien; nous lui donnerons tant

d'ouvrage, qu'il n'aura pas le temps de songer à celui-là.

ROSINE.

Le voici qui revient ; sortez donc par le petit escalier. Vous me faites mourir de frayeur.

(*Figaro s'enfuit.*)

SCÈNE XI.

BARTHOLO, ROSINE.

ROSINE.

Vous étiez ici avec quelqu'un, Monsieur ?

BARTHOLO.

Don Bazile que j'ai reconduit, et pour cause. Vous eussiez mieux aimé que c'eût été monsieur Figaro ?

ROSINE.

Cela m'est fort égal, je vous assure.

BARTHOLO.

Je voudrais bien savoir ce que ce barbier avait de si pressé à vous dire ?

ROSINE.

Faut-il parler sérieusement ? Il m'a rendu

compte de l'état de Marceline, qui même n'est pas trop bien, à ce qu'il dit.

BARTHOLO.

Vous rendre compte ! Je vais parier qu'il était chargé de vous remettre quelque lettre.

ROSINE.

Et de qui, s'il vous plaît ?

BARTHOLO.

Oh, de qui ! De quelqu'un que les femmes ne nomment jamais. Que sais-je, moi ? Peut-être la réponse au papier de la fenêtre.

ROSINE *à part*.

Il n'en a pas manqué une seule. (*Haut.*) Vous mériteriez bien que cela fût.

BARTHOLO *regarde les mains de Rosine*.

Cela est. Vous avez écrit.

ROSINE *avec embarras*.

Il serait assez plaisant que vous eussiez le projet de m'en faire convenir.

BARTHOLO *lui prenant la main droite*.

Moi ! Point du tout ; mais votre doigt encore taché d'encre ! Hein ? rusée Signora !

ROSINE *a part*.

Maudit homme !

ACTE II.

BARTHOLO *lui tenant toujours la main.*

Une femme se croit bien en sûreté, parce qu'elle est seule.

ROSINE.

Ah! sans doute... La belle preuve!... Finissez donc, Monsieur, vous me tordez le bras. Je me suis brûlée en chiffonnant autour de cette bougie; et l'on m'a toujours dit qu'il fallait aussitôt tremper dans l'encre; c'est ce que j'ai fait.

BARTHOLO.

C'est ce que vous avez fait? Voyons donc si un second témoin confirmera la déposition du premier. C'est ce cahier de papier où je suis certain qu'il y avait six feuilles; car je les compte tous les matins, aujourd'hui encore.

ROSINE *à part.*

Oh! imbécille!.....

BARTHOLO, *comptant.*

Trois, quatre, cinq.....

ROSINE.

La sixième.....

BARTHOLO.

Je vois bien qu'elle n'y est pas, la sixième.

ROSINE *baissant les yeux.*

La sixième ? Je l'ai employée à faire un cornet pour des bonbons que j'ai envoyés à la petite Figaro.

BARTHOLO.

A la petite Figaro ? Et la plume qui était toute neuve, comment est-elle devenue noire ? Est-ce en écrivant l'adresse de la petite Figaro ?

ROSINE.

(*A part.*) Cet homme a un instinct de jalousie !.... (*Haut.*) Elle m'a servi à retracer une fleur effacée sur la veste que je vous brode au tambour.

BARTHOLO.

Que cela est édifiant ! Pour qu'on vous crût, mon enfant, il faudrait ne pas rougir en déguisant coup sur coup la vérité ; mais c'est ce que vous ne savez pas encore.

ROSINE.

Eh ! qui ne rougirait pas, Monsieur, de voir tirer des conséquences aussi malignes des choses le plus innocemment faites ?

BARTHOLO.

Certes, j'ai tort ; se brûler le doigt, le tremper dans l'encre, faire des cornets aux bonbons pour la petite Figaro, et dessiner ma veste au tambour ! quoi de plus innocent ? Mais que de mensonges entassés pour cacher un seul fait !..... *Je suis seule, on ne me voit point; je pourrai mentir à mon aise.* Mais le bout du doigt reste noir ! la plume est tachée, le papier manque ; on ne saurait penser à tout. Bien certainement, Signora, quand j'irai par la ville, un bon double tour me répondra de vous.

SCÈNE XII.

LE COMTE, BARTHOLO, ROSINE.

Le Comte, *en uniforme de cavalerie, ayant l'air d'être entre deux vins, et chantant :* (Réveillons-la, *etc.*)

BARTHOLO.

Mais que nous veut cet homme ? Un soldat ! Rentrez chez vous, Signora.

Le Comte *chante*, Réveillons-la : *et s'avance vers Rosine.*

Qui de vous deux, Mesdames, se nomme le docteur Balordo ? (*à Rosine, bas.*) Je suis Lindor.

BARTHOLO.

Bartholo !

ROSINE *à part.*

Il parle de Lindor.

LE COMTE.

Balordo ; Barque à l'eau ; je m'en moque comme de ça. Il s'agit seulement de savoir laquelle des deux... (*à Rosine, lui montrant un papier*). Prenez cette lettre.

BARTHOLO.

Laquelle ! Vous voyez bien que c'est moi ! Laquelle ! Rentrez donc, Rosine, cet homme paraît avoir du vin.

ROSINE.

C'est pour cela, Monsieur ; vous êtes seul. Une femme en impose quelquefois.

BARTHOLO.

Rentrez, rentrez ; je ne suis pas timide.

SCÈNE XIII.

LE COMTE, BARTHOLO.

LE COMTE.

OH ! je vous ai reconnu d'abord à votre signalement.

BARTHOLO *au Comte qui serre la lettre.*

Qu'est-ce que c'est donc que vous cachez-là dans votre poche ?

LE COMTE.

Je le cache dans ma poche, pour que vous ne sachiez pas ce que c'est.

BARTHOLO.

Mon signalement ! Ces gens là croient toujours parler à des soldats !

LE COMTE.

Pensez-vous que ce soit une chose si difficile à faire que votre signalement ?

AIR : *Ici sont venus en personne.*

Le chef branlant, la tête chauve,
Les yeux vérons, le regard fauve,

L'air farouche d'un algonquin,
La taille lourde et déjetée,
L'épaule droite surmontée,
Le teint grenu d'un maroquin,
Le nez fait comme un baldaquin,
La jambe potte et circonflexe,
Le ton bourru, la voix perplexe,
Tous les appétits destructeurs ;
Enfin, la perle des docteurs (1).

BARTHOLO.

Qu'est-ce que cela veut dire ! Etes-vous ici pour m'insulter ? Délogez à l'instant.

LE COMTE.

Déloger ! Ah, fi ! que c'est mal parler ! savez-vous lire, docteur.... Barbe à l'eau ?

BARTHOLO.

Autre question saugrenue.

LE COMTE.

Oh ! que cela ne vous fasse point de peine ; car, moi qui suis pour le moins aussi docteur que vous....

BARTHOLO.

Comment cela ?

---

(1) Bartholo coupe le signalement à l'endroit qu'il lui plaît.

ACTE II.

LE COMTE.

Est-ce que je ne suis pas le médecin des chevaux du régiment ? Voilà pourquoi l'on m'a exprès logé chez un confrère.

BARTHOLO.

Oser comparer un maréchal !...

LE COMTE.

AIR : *Vive le vin.*

Sans chanter.
> Non, Docteur, je ne prétends pas
> Que notre art obtienne le pas
> Sur Hypocrate et sa brigade.

En chantant.
> Votre savoir, mon camarade,
> Est d'un succès plus général ;
> Car s'il n'emporte point le mal,
> Il emporte au moins le malade.

C'est-il poli ce que je vous dis-là ?

BARTHOLO.

Il vous sied bien, manipuleur ignorant ! de ravaler ainsi le premier, le plus grand et le plus utile des arts ?

LE COMTE

Utile tout à fait, pour ceux qui l'exercent.

BARTHOLO.

Un art dont le soleil s'honore d'éclairer les succès.

LE COMTE.

Et dont la terre s'empresse de couvrir les bévues.

BARTHOLO.

On voit bien, mal-appris, que vous n'êtes habitué de parler qu'à des chevaux..

LE COMTE.

Parler à des chevaux ? Ah, Docteur ! Pour un docteur d'esprit..... N'est-il pas de notoriété que le maréchal guérit toujours ses malades sans leur parler ; au lieu que le médecin parle beaucoup aux siens....

BARTHOLO.

Sans les guérir, n'est-ce pas ?

LE COMTE.

C'est vous qui l'avez dit.

BARTHOLO.

Qui diable envoie ici ce maudit ivrogne ?

LE COMTE.

Je crois que vous me lâchez des épigrammes ; l'amour !

Dulciter. Papa! chacun son affaire si une ordonnance de rhubarbe était tombée de la votre?........

Acte II, Scène XIV

BARTHOLO.

Enfin, que voulez-vous, que demandez-vous?

Le Comte *feignant une grande colère.*

Eh bien donc, il s'enflamme! Ce que je veux? Est-ce que vous ne le voyez pas?

SCÈNE XIV.

ROSINE, LE COMTE, BARTHOLO.

Rosine *accourant.*

Monsieur le soldat, ne vous emportez point, de grâce. (*à Bartholo*). Parlez lui doucement, Monsieur: un homme qui déraisonnne...

LE COMTE.

Vous avez raison; il déraisonne, lui; mais nous sommes raisonnables, nous! Moi poli, et vous jolie.... enfin suffit. La vérité, c'est que je ne veux avoir affaire qu'à vous dans la maison.

ROSINE.

Que puis-je pour votre service, Monsieur le soldat?

LE COMTE.

Une petite bagatelle, mon enfant. Mais s'il y a de l'obscurité dans mes phrases...

ROSINE.

J'en saisirai l'esprit.

LE COMTE *lui montrant la lettre.*

Non, attachez-vous à la lettre, à la lettre. Il s'agit seulement.... Mais je dis en tout bien, tout honneur, que vous me donniez à coucher ce soir.

BARTHOLO.

Rien que cela ?

LE COMTE.

Pas davantage. Lisez le billet doux que notre maréchal des logis vous écrit.

BARTHOLO.

Voyons. (*Le comte cache la lettre et lui donne un autre papier*) (*Bartholo lit*). » Le docteur » Bartholo, recevra, nourrira, hébergera, cou— » chera....

LE COMTE *appuyant.*

Couchera.

BARTHOLO.

« Pour une nuit seulement, le nommé Lin— » dor, dit l'écolier, cavalier au régiment...

ACTE II.

ROSINE.

C'est lui, c'est lui même.

BARTHOLO *vivement à Rosine.*

Qu'est-ce qu'il y a ?

LE COMTE.

Eh bien, ai-je tort à présent, docteur Barbaro ?

BARTHOLO.

On dirait que cet homme se fait un malin plaisir de m'estropier de toute les manières possibles; allez au diable, Barbaro! Barle à leau! et dites à votre impertinent maréchal des logis, que, depuis mon voyage à Madrid, je suis exempt de loger des gens de guerre.

LE COMTE *à part.*

O ciel! fâcheux contre-temps!

BARTHOLO.

Ah, ah, notre ami, cela vous contrarie et vous dégrise un peu! Mais n'en décampez pas moins à l'instant.

LE COMTE *à part.*

J'ai pensé me trahir; (*haut*) Décamper! si vous êtes exempt de gens de guerre, vous n'êtes pas exempt de politesse peut-être ? Décamper!

Montrez-moi votre brevet d'exemption; quoique je ne sache pas lire, je verrai bientôt...

BARTHOLO.

Qu'à cela ne tienne. Il est dans ce bureau.

LE COMTE *pendant qu'il y va, dit, sans quitter sa place.*

Ah! ma belle Rosine!

ROSINE.

Quoi, Lindor, c'est vous?

LE COMTE.

Recevez au moins cette lettre.

ROSINE.

Prenez garde, il a les yeux sur nous.

LE COMTE.

Tirez votre mouchoir, je la laisserai tomber.
(*Il s'approche.*)

BARTHOLO.

Doucement, doucement, seigneur soldat, je n'aime point qu'on regarde ma femme de si près.

LE COMTE.

Elle est votre femme?

BARTHOLO.

Eh quoi donc?

ACTE II. 477

LE COMTE.

Je vous ai pris pour son bisaïeul paternel, maternel, sempiternel; il y a au moins trois générations entre elle et vous.

BARTHOLO *lit un parchemin.*

» Sur les bons et fidèles témoignages qui nous
» ont été rendus...

LE COMTE *donne un coup de main sous les parchemins, qui les envoie au plancher.*

Est-ce que j'ai besoin de tout ce verbiage ?

BARTHOLO.

Savez-vous bien, soldat, que si j'appelle mes gens, je vous fais traiter sur-le-champ comme vous le méritez.

LE COMTE.

Bataille? Ah, volontiers, bataille! c'est mon métier, à moi; (*montrant son pistolet de ceinture*) et voici de quoi leur jeter de la poudre aux yeux. Vous n'avez peut-être jamais vu de bataille, Madame ?

ROSINE.

Ni ne veux en voir.

LE COMTE.

Rien n'est pourtant aussi gai que bataille : figurez-vous (*poussant le docteur*) d'abord que l'ennemi est d'un côté du ravin, et les amis de l'autre. (*à Rosine en lui montrant la lettre.*) Sortez le mouchoir. (*Il crache à terre.*) Voilà le ravin, cela s'entend.

R o s i n e *tire son mouchoir; le Comte laisse tomber sa lettre entre elle et lui.*

B a r t h o l o *se baissant.*

Ah, ah !

L e C o m t e *la reprend et dit.*

Tenez ... moi qui allais vous apprendre ici les secrets de mon métier...Une femme bien discrète, en vérité ! ne voilà-t-il pas un billet doux qu'elle laisse tomber de sa poche ?

B a r t h o l o.

Donnez, donnez.

L e C o m t e.

Dulciter, papa ! chacun son affaire. Si une ordonnance de rhubarbe était tombée de la vôtre ?

R o s i n e *avance la main.*

Ah ! je sais ce que c'est, monsieur le soldat. (*Elle prend la lettre qu'elle cache dans la petite poche de son tablier*).

B a r t h o l o.

Sortez-vous enfin ?

LE COMTE.

Eh bien, je sors : adieu, docteur; sans rancune. Un petit compliment, mon cœur : priez la mort de m'oublier encore quelques campagnes; la vie ne m'a jamais été si chère.

BARTHOLO.

Allez toujours, si j'avais ce crédit-là sur la mort....

LE COMTE.

Sur la mort? N'êtes vous pas médecin? vous faites tant de choses pour elle, qu'elle n'a rien à vous refuser. (*Il sort.*)

SCÈNE XV.

BARTHOLO, ROSINE.

BARTHOLO *le regarde aller.*

Il est enfin parti. (*à part.*) Dissimulons.

ROSINE.

Convenez pourtant, Monsieur, qu'il est bien gai, ce jeune soldat! A travers son ivresse, on voit qu'il ne manque ni d'esprit, ni d'une certaine éducation.

BARTHOLO.

Heureux, m'amour, d'avoir pu nous en délivrer! mais n'es-tu pas un peu curieuse de lire avec moi le papier qu'il t'a remis?

ROSINE.

Quel papier?

BARTHOLO.

Celui qu'il a feint de ramasser pour te le faire accepter.

ROSINE.

Bon! c'est la lettre de mon cousin l'officier, qui était tombée de ma poche.

BARTHOLO.

J'ai idée, moi, qu'il l'a tirée de la sienne.

ROSINE.

Je l'ai très-bien reconnue.

BARTHOLO.

Qu'est-ce qu'il coûte d'y regarder?

ROSINE.

Je ne sais pas seulement ce que j'en ai fait.

BARTHOLO *montrant la pochette.*

Tu l'as mise-là.

ACTE II.

ROSINE.

Ah, ah! par distraction.

BARTHOLO.

Ah, sûrement. Tu vas voir que ce sera quelque folie.

ROSINE *à part.*

Si je ne le mets pas en colère, il n'y aura pas moyen de refuser.

BARTHOLO.

Donne-donc, mon cœur.

ROSINE.

Mais quelle idée avez vous en insistant, Monsieur? est-ce encore quelque méfiance?

BARTHOLO.

Mais vous! quelle raison avez-vous de ne pas le montrer?

ROSINE.

Je vous répète, Monsieur, que ce papier n'est autre que la lettre de mon cousin, que vous m'avez rendue hier toute décachetée; et puisqu'il en est question, je vous dirai tout net, que cette liberté me déplaît excessivement.

BARTHOLO.

Je ne vous entends pas!

ROSINE.

Vais-je examiner les papiers qui vous arrivent? Pourquoi vous donnez-vous les airs de toucher à ceux qui me sont adressés? Si c'est jalousie, elle m'insulte ; s'il s'agit de l'abus d'une autorité usurpée, j'en suis plus révoltée encore.

BARTHOLO.

Comment révoltée! Vous ne m'avez jamais parlé ainsi.

ROSINE.

Si je me suis modérée jusqu'à ce jour, ce n'était pas pour vous donner le droit de m'offenser impunément.

BARTHOLO.

De quelle offense me parlez-vous?

ROSINE.

C'est qu'il est inouï qu'on se permette d'ouvrir les lettres de quelqu'un.

BARTHOLO.

De sa femme?

ROSINE.

Je ne la suis pas encore. Mais pourquoi lui donnerait-on la préférence d'une indignité qu'on ne fait à personne ?

BARTHOLO.

Vous voulez me faire prendre le change et détourner mon attention du billet, qui, sans doute, est une missive de quelque amant! mais je le verrai, je vous assure.

ROSINE.

Vous ne le verrez pas. Si vous m'approchez, je m'enfuis de cette maison, et je demande retraite au premier venu.

BARTHOLO.

Qui ne vous recevra point.

ROSINE.

C'est ce qu'il faudra voir.

BARTHOLO.

Nous ne sommes pas ici en France, où l'on donne toujours raison aux femmes: mais pour vous en ôter la fantaisie, je vais fermer la porte.

ROSINE *pendant qu'il y va.*

Ah Ciel! que faire?.... Mettons vite à la place la lettre de mon cousin, et donnons lui beau jeu à la prendre.

Elle fait l'échange, et met la lettre du cousin dans sa pochette, de façon qu'elle sort un peu.

BARTHOLO *revenant.*

Ah! j'espère maintenant la voir.

ROSINE.

De quel droit, s'il vous plaît?

BARTHOLO.

Du droit le plus universellement reconnu, celui du plus fort.

ROSINE.

On me tuera plutôt que de l'obtenir de moi.

BARTHOLO *frappant du pied.*

Madame! Madame!...

ROSINE *tombe sur un fauteuil et feint de se trouver mal.*

Ah! quelle indignité!...

BARTHOLO.

Donnez cette lettre ou craignez ma colère.

ROSINE *renversée.*

Malheureuse Rosine!

BARTHOLO.

Qu'avez-vous donc?

ROSINE.

Quel avenir affreux!

BARTHOLO.

Rosine!

ROSINE.

J'étouffe de fureur.

BARTHOLO.

Elle se trouve mal.

ROSINE.

Je m'affaiblis, je meurs.

BARTHOLO *lui tâte le pouls, et dit à part.*

Dieux! la lettre! Lisons-la sans qu'elle en soit instruite. (*Il continue à lui tâter le pouls, et prend la lettre qu'il tâche de lire en se tournant un peu.*)

ROSINE *toujours renversée.*

Infortunée! ah!...

BARTHOLO *lui quitte le bras, et dit à part.*

Quelle rage a-t-on d'apprendre ce qu'on craint toujours de savoir!

ROSINE.

Ah! pauvre Rosine!

BARTHOLO.

L'usage des odeurs.... produit ces affections spasmodiques.

(*Il lit par derrière le fauteuil en lui tâtant le*

pouls. *Rosine se relève un peu, le regarde finement, fait un geste de tête et se remet sans parler.*)

BARTHOLO *à part.*

O Ciel! c'est la lettre de son cousin. Maudite inquiétude! Comment l'appaiser maintenant ? Qu'elle ignore au moins que je l'ai lue !

(*Il fait semblant de la soutenir et remet la lettre dans la pochette.*)

ROSINE *soupire.*

Ah !...

BARTHOLO.

Eh bien! ce n'est rien, mon enfant; un petit mouvement de vapeurs, voilà tout; car ton pouls n'a seulement pas varié.

(*il va prendre un flacon sur la console.*)

ROSINE *à part.*

Il a remis la lettre! fort bien.

BARTHOLO.

Ma chère Rosine, un peu de cette eau spiritueuse.

ROSINE.

Je ne veux rien de vous : laissez-moi.

ACTE II.

BARTHOLO.

Je conviens que j'ai montré trop de vivacité sur ce billet.

ROSINE.

Il s'agit bien du billet! C'est votre façon de demander les choses qui est révoltante.

BARTHOLO *à genoux.*

Pardon : j'ai bientôt senti tout mes torts ; et tu me vois à tes pieds, prêt à les réparer.

ROSINE.

Oui, pardon! lorsque vous croyez que cette lettre ne vient pas de mon cousin.

BARTHOLO.

Qu'elle soit d'un autre ou de lui ; je ne veux aucun éclaircissement.

ROSINE, *lui présentant la lettre.*

Vous voyez qu'avec de bonnes façons on obtient tout de moi. Lisez-la.

BARTHOLO.

Cet honnête procédé dissiperait mes soupçons, si j'étais assez malheureux pour en conserver.

ROSINE.

Lisez-la donc, Monsieur.

BARTHOLO *se retire.*

A Dieu ne plaise que je te fasse une pareille injure !

ROSINE.

Vous me contrariez de la refuser.

BARTHOLO.

Reçois en réparation cette marque de ma parfaite confiance. Je vais voir la pauvre Marceline, que ce Figaro a, je ne sais pourquoi, saignée du pied; n'y viens-tu pas aussi ?

ROSINE.

J'y monterai dans un moment.

BARTHOLO.

Puisque la paix est faite, Mignonne, donne-moi ta main. Si tu pouvais m'aimer, ah ! comme tu serais heureuse !

ROSINE *baissant les yeux.*

Si vous pouviez me plaire, ah ! comme je vous aimerais !

BARTHOLO.

Je te plairai, je te plairai; quand je te dis que je te plairai. (*Il sort.*)

SCÈNE XVI.

ROSINE *le regarde aller.*

Ah ! Lindor ! Il dit qu'il me plaira !... Lisons cette lettre, qui a manqué de me causer tant de chagrin. (*Elle lit et s'écrie:*) Ha !... j'ai lu trop tard ; il me recommande de tenir une querelle ouverte avec mon tuteur ; j'en avais une si bonne ! et je l'ai laissé échapper. En recevant la lettre, j'ai senti que je rougissais jusqu'aux yeux. Ah ! mon tuteur a raison. Je suis bien loin d'avoir cet usage du monde qui, me dit-il souvent, assure le maintien des femmes en toute occasion ! mais un homme injuste parviendrait à faire une rusée de l'innocence même.

FIN DU SECOND ACTE.

ACTE III.

SCÈNE PREMIÈRE.

BARTHOLO *seul et désolé.*

Quelle humeur ! quelle humeur ! Elle paraissait appaisée.... là, qu'on me dise qui diable lui a fourré dans la tête de ne plus vouloir prendre leçon de don Bazile ! Elle sait qu'il se mêle de mon mariage..... (*on heurte à la porte.*) Faites tout au monde pour plaire aux femmes ; si vous omettez un seul petit point...... je dis un seul....(*on heurte une seconde fois.*) Voyons qui c'est.

SCÈNE II.

BARTHOLO, LE COMTE, *en bachelier.*

Le Comte.

Que la paix et la joie habitent toujours céans !

ACTE III.

BARTHOLO *brusquement*.

Jamais souhait ne vint plus à propos. Que voulez-vous ?

LE COMTE.

Monsieur, je suis Alonzo, bachelier licencié...

BARTHOLO.

Je n'ai pas besoin de précepteur.

LE COMTE.

.... Élève de don Bazile, organiste du grand couvent, qui a l'honneur de montrer la musique à madame votre....

BARTHOLO.

Bazile ! organiste ! qui a l'honneur ! Je le sais ; au fait.

LE COMTE.

(*à part.*) Quel homme ! (*haut.*) Un mal subit qui le force à garder le lit....

BARTHOLO.

Garder le lit ! Bazile ! Il a bien fait d'envoyer ; je vais le voir à l'instant.

LE COMTE.

(*à part.*) Oh diable ! (*haut.*) Quand je dis le lit, Monsieur, c'est... la chambre que j'entends.

BARTHOLO.

Ne fût-il qu'incommodé : marchez devant, je vous suis.

LE COMTE *embarrassé.*

Monsieur, j'étais chargé.... Personne ne peut-il nous entendre ?

BARTHOLO.

(*à part.*) C'est quelque fripon. (*haut.*) Eh non, monsieur le mystérieux ! parlez sans vous troubler, si vous pouvez.

LE COMTE.

(*à part.*) Maudit vieillard ! (*haut.*) Don Bazile m'avait chargé de vous apprendre....

BARTHOLO.

Parlez haut, je suis sourd d'une oreille.

LE COMTE *élevant la voix.*

Ah ! volontiers. Que le comte Almaviva, qui restait à la grande place....

BARTHOLO *effrayé.*

Parlez bas ; parlez bas.

LE COMTE *plus haut.*

.... En est délogé ce matin. Comme c'est par moi qu'il a su que le comte Almaviva....

BARTHOLO.

Bas; parlez bas, je vous prie.

LE COMTE *du même ton.*

.... Etait en cette ville, et que j'ai découvert que la Signora Rosine lui a écrit....

BARTHOLO.

Lui a écrit? Mon cher ami, parlez plus bas, je vous en conjure ! Tenez, asseyons-nous, et jasons d'amitié. Vous avez découvert, dites-vous, que Rosine....

LE COMTE *fièrement.*

Assurément. Bazile, inquiet pour vous de cette correspondance, m'avait prié de vous montrer sa lettre; mais la manière dont vous prenez les choses....

BARTHOLO.

Eh mon Dieu ! je les prends bien. Mais ne vous est-il donc pas possible de parler plus bas?

LE COMTE.

Vous êtes sourd d'une oreille, avez-vous dit !

BARTHOLO.

Pardon, pardon, seigneur Alonzo, si vous m'avez trouvé méfiant et dur; mais je suis tellement entouré d'intrigants, de piéges... et puis votre tournure, votre âge, votre air... Pardon, pardon. Eh bien! vous avez la lettre?

LE COMTE.

A la bonne-heure sur ce ton, Monsieur. Mais je crains qu'on ne soit aux écoutes.

BARTHOLO.

Eh! qui voulez-vous? tous mes valets sur les dents! Rosine enfermée de fureur! Le diable est entré chez moi. Je vais encore m'assurer...

(*Il va ouvrir doucement la porte de Rosine.*)

LE COMTE *à part.*

Je me suis enferré de dépit. Garder la lettre à présent! il faudra m'enfuir : autant vaudrait n'être pas venu... La lui montrer!... Si je puis en prévenir Rosine, la montrer est un coup de maître.

BARTHOLO *revient sur la pointe du pied.*

Elle est assise auprès de sa fenêtre, le dos tourné à la porte, occupée à relire une lettre de son cousin l'officier, que j'avais décachetée..... Voyons donc la sienne.

LE COMTE *lui remet la lettre de Rosine.*

La voici. (*à part.*) C'est ma lettre qu'elle relit.

ACTE III.

BARTHOLO *lit.*

« *Depuis que vous m'avez appris votre nom
» et votre état.* » Ah, la perfide ! c'est bien-là
sa main.

LE COMTE *effrayé.*

Parlez donc bas à votre tour.

BARTHOLO.

Quelle obligation, mon cher !...

LE COMTE.

Quand tout sera fini, si vous croyez m'en
devoir, vous serez le maître. D'après un travail que fait actuellement don Bazile avec un
homme de loi...

BARTHOLO.

Avec un homme de loi, pour mon mariage ?

LE COMTE.

Vous aurais-je arrêté sans cela ? Il m'a chargé
de vous dire que tout peut être prêt pour demain.
Alors si elle résiste...

BARTHOLO.

Elle résistera.

LE COMTE *veut reprendre la lettre, Bartholo la serre.*

Voilà l'instant où je puis vous servir : nous lui

montrerons sa lettre, et s'il le faut (*plus mystérieusement*) j'irai jusqu'à lui dire que je la tiens d'une femme à qui le comte l'a sacrifiée; vous sentez que le trouble, la honte, le dépit peuvent la porter sur-le-champ...

BARTHOLO *riant.*

De la calomnie! mon cher ami, je vois bien maintenant que vous venez de la part de Bazile! Mais pour que ceci n'eût pas l'air concerté, ne serait-il pas bon qu'elle vous connût d'avance?

LE COMTE *réprime un grand mouvement de joie.*

C'était assez l'avis de don Bazile. Mais comment faire? il est tard... au peu de temps qui reste.

BARTHOLO.

Je dirai que vous venez en sa place. Ne lui donnerez-vous pas bien une leçon?

LE COMTE.

Il n'y a rien que je ne fasse pour vous plaire. Mais prenez-garde que toutes ces histoires de maîtres supposés sont de vieilles finesses, des moyens de comédie: si elle va se douter?...

BARTHOLO.

Présenté par moi? Quelle apparence! Vous

avez plus l'air d'un amant déguisé, que d'un ami officieux.

LE COMTE.

Oui? Vous croyez donc que mon air peut aider à la tromperie?

BARTHOLO.

Je le donne au plus fin à deviner. Elle est ce soir d'une humeur horrible. Mais quand elle ne ferait que vous voir..... son clavecin est dans ce cabinet. Amusez-vous, en l'attendant : je vais faire l'impossible pour l'amener.

LE COMTE.

Gardez-vous bien de lui parler de la lettre.

BARTHOLO.

Avant l'instant décisif? Elle perdrait tout son effet. Il ne faut pas me dire deux fois les choses: il ne faut pas me les dire deux fois. (*Il s'en va*).

SCÈNE III.

LE COMTE, *seul*.

ME voilà sauvé. Ouf! Que ce diable d'homme est rude à manier! Figaro le connaît bien. Je me voyais mentir; cela me donnait un air plat et gauche; et il a des yeux!... Ma foi sans l'inspiration subite de la lettre, il faut l'avouer, j'étais éconduit comme un sot. O ciel! on dispute là dedans. Si elle allait s'obstiner à ne pas venir! Ecoutons..... Elle refuse de sortir de chez elle, et j'ai perdu le fruit de ma ruse. (*il retourne écouter.*) La voici; ne nous montrons pas d'abord. (*Il entre dans le cabinet.*)

SCÈNE IV.

LE COMTE, ROSINE, BARTHOLO.

Rosine *avec une colère simulée.*

Tout ce que vous direz est inutile, Monsieur, j'ai pris mon parti; je ne veux plus entendre parler de musique.

Bartholo.

Ecoute donc, mon enfant; c'est le seigneur Alonzo, l'élève et l'ami de don Bazile, choisi par lui pour être un de nos témoins. — La musique te calmera, je t'assure.

Rosine.

Oh! pour cela, vous pouvez vous en détacher; si je chante ce soir!...... Où donc est-il ce maître

Nos amans d'accord
Ont un Soin extrême..........

Acte III. Scène IV.

que vous craignez de renvoyer? je vais, en deux mots, lui donner son compte, et celui de Bazile. (*Elle aperçoit son amant : elle fait un cri*) Ah!.....

BARTHOLO.

Qu'avez-vous ?

ROSINE *les deux mains sur son cœur, avec un grand trouble.*

Ah ! mon dieu, Monsieur.... Ah ! mon dieu, Monsieur.....

BARTHOLO.

Elle se trouve encore mal ! Seigneur Alonzo !

ROSINE.

Non, je ne me trouve pas mal..... mais c'est qu'en me tournant..... Ah !.....

LE COMTE.

Le pied vous a tourné, Madame ?

ROSINE.

Ah oui, le pied m'a tourné. Je me suis fait un mal horrible.

LE COMTE.

Je m'en suis bien aperçu.

ROSINE *regardant le Comte.*

Le coup m'a porté au cœur.

BARTHOLO.

Un siége, un siége. Et pas un fauteuil ici?
(*Il va le chercher.*)

LE COMTE.

Ah Rosine !

ROSINE.

Quelle imprudence !

LE COMTE.

J'ai mille choses essentielles à vous dire.

ROSINE.

Il ne nous quittera pas.

LE COMTE.

Figaro va venir nous aider.

BARTHOLO *apporte un fauteuil.*

Tiens, mignonne, assieds-toi. — Il n'y a pas d'apparence, Bachelier, qu'elle prenne de leçon ce soir; ce sera pour un autre jour. Adieu.

ROSINE *au Comte.*

Non, attendez; ma douleur est un peu appaisée. (*A Bartholo.*) Je sens que j'ai eu tort avec vous, Monsieur : je veux vous imiter, en réparant sur-le-champ.....

BARTHOLO.

Oh! le bon petit naturel de femme! Mais après une pareille émotion, mon enfant, je ne souffrirai pas que tu fasses le moindre effort. Adieu, adieu, Bachelier.

ROSINE *au Comte.*

Un moment, de grâce! (*A Bartholo.*) Je croirai, Monsieur, que vous n'aimez pas à m'obliger, si vous m'empêchez de vous prouver mes regrets, en prenant ma leçon.

LE COMTE *à part à Bartholo.*

Ne la contrariez pas, si vous m'en croyez.

BARTHOLO.

Voilà qui est fini, mon amoureuse. Je suis si loin de chercher à te déplaire, que je veux rester là tout le temps que tu vas étudier.

ROSINE.

Non, Monsieur: Je sais que la musique n'a nul attrait pour vous.

BARTHOLO.

Je t'assure que ce soir elle m'enchantera.

ROSINE, *au Comte, à part.*

Je suis au supplice.

LE COMTE *prenant un papier de musique sur le pupitre.*

Est-ce là ce que vous voulez chanter, Madame.

ROSINE.

Oui, c'est un morceau très-agréable de la Précaution inutile.

BARTHOLO.

Toujours la Précaution inutile ?

LE COMTE.

C'est ce qu'il y a de plus nouveau aujourd'hui. C'est une image du printemps, d'un genre assez vif. Si madame veut l'essayer...

ROSINE *regardant le Comte.*

Avec grand plaisir : un tableau du printemps me ravit; c'est la jeunesse de la nature. Au sortir de l'hiver, il semble que le cœur acquière un plus haut degré de sensibilité : comme un esclave enfermé depuis long-temps, goûte, avec plus de plaisir, le charme de la liberté qui vient de lui être offerte.

BARTHOLO *bas au Comte.*

Toujours des idées romanesques en tête.

LE COMTE *bas.*

Et sentez-vous l'application ?

ACTE III.

BARTHOLO.

Parbleu ! (*Il va s'asseoir dans le fauteuil qu'a occupé Rosine.*

ROSINE *chante.*

(1) Quand, dans la plaine,
L'amour ramène
Le printemps,
Si chéri des amants ;
Tout reprend l'être,
Son feu pénètre
Dans les fleurs,
Et dans les jeunes cœurs.
On voit les troupeaux
Sortir des hameaux ;
Dans tous les côteaux,
Les cris des agneaux

---

(1) Cette Ariette, dans le goût espagnol, fut chantée le premier jour à Paris, malgré les huées, les rumeurs et le train usités au parterre en ces jours de crise et de combat. La timidité de l'actrice l'a depuis empêchée d'oser la redire, et les jeunes rigoristes du théâtre l'ont fort louée de cette réticence. Mais si la dignité de la Comédie Française y a gagné quelque chose, il faut convenir que *le Barbier de Séville* y a beaucoup perdu. C'est pourquoi, sur les théâtres où quelque peu de musique ne tirera pas tant à conséquence, nous invitons tous directeurs à la restituer, tous acteurs à la chanter, tous spectateurs à l'écouter, et tous critiques à nous la pardonner, en faveur du genre de la pièce et du plaisir que leur fera le morceau.

Retentissent;
Ils bondissent;
Tout fermente;
Tout augmente;
Les brebis paissent
Les fleurs qui naissent;
Les chiens fidèles
Veillent sur elles;
Mais Lindor enflammé,
Ne songe guère
Qu'au bonheur d'être aimé
De sa bergère.

MEME AIR.

Loin de sa mère,
Cette bergère
Va chantant,
Où son amant l'attend.
Par cette ruse,
L'amour l'abuse;
Mais chanter,
Sauve-t-il du danger?
Les doux chalumeaux,
Les chants des oiseaux,
Ses charmes naissants,
Ses quinze ou seize ans,
Tout l'excite;
Tout l'agite;
La pauvrette
S'inquiète;
De sa retraite,
Lindor la guette;

ACTE III.

Elle s'avance ;
Lindor s'élance ;
Il vient de l'embrasser :
Elle, bien aise,
Feint de se courroucer,
Pour qu'on l'appaise.

PETITE REPRISE.

Les soupirs,
Les soins, les promesses,
Les vives tendresses,
Les plaisirs,
Le fin badinage,
Sont mis en usage ;
Et bientôt la bergère,
Ne sent plus de colère.
Si quelque jaloux
Trouble un bien si doux,
Nos amans d'accord,
Ont un soin extrême . . . . .
. . . . . De voiler leur transport ;
Mais quand on s'aime,
La gêne ajoute encor
Au plaisir même.

(*En l'écoutant, Bartholo s'est assoupi. Le Comte, pendant la petite reprise, se hasarde à prendre une main qu'il couvre de baisers. L'émotion ralentit le chant de Rosine, l'affaiblit et finit même par lui couper la voix au milieu de la cadence, au mot* extrême. *L'or-*

chestre suit le mouvement de la Chanteuse, affaiblit son jeu et se tait avec elle. L'absence du bruit qui avait endormi Bartholo, le réveille. Le Comte se relève, Rosine et l'Orchestre reprennent subitement la suite de l'air. Si la petite reprise se répète, le même jeu recommence.)

LE COMTE.

En vérité, c'est un morceau charmant, et Madame l'exécute avec une intelligence....

ROSINE.

Vous me flattez, Seigneur; la gloire est toute entière au maître.

BARTHOLO *báillant.*

Moi, je crois que j'ai un peu dormi pendant le morceau charmant. J'ai mes malades. Je vas, je viens, je toupille, et sitôt que je m'assieds, mes pauvres jambes.

(*Il se lève et pousse le fauteuil*)

ROSINE *bas au Comte.*

Figaro ne vient point!

LE COMTE.

Filons le temps.

BARTHOLO.

Mais, Bachelier, je l'ai déjà dit à ce vieux Bazile : est-ce qu'il n'y aurait pas moyen de lui faire étudier des choses plus gaies que toutes ces grandes Aria, qui vont en haut, en bas, en roulant, hi, ho, a, a, a, a, et qui me semblent autant d'enterrements ? Là, de ces petits airs qu'on chantait dans ma jeunesse, et que chacun retenait facilement. J'en savais autrefois..... Par exemple....

(*Pendant la ritournelle, il cherche en se grattant la tête, et chante en fesant claquer ses pouces et dansant des genoux comme les vieillards.*)

> Veux-tu, ma Rosinette,
> Faire emplette
> Du roi des maris?... (*Au Comte, en riant*) :

Il y a Fanchonnette dans la chanson; mais j'y ai substitué Rosinette pour la lui rendre plus agréable et la faire cadrer aux circonstances. Ah, ah, ah, ah! Fort bien ? pas vrai?

LE COMTE *riant*.

Ah, ah, ah! Oui, tout au mieux.

SCÈNE V.

FIGARO *dans le fond*, ROSINE, BARTHOLO, LE COMTE.

BARTHOLO *chante.*

Veux-tu, ma Rosinette,
 Faire emplette
Du roi des maris?
Je ne suis point Tircis;
 Mais la nuit, dans l'ombre,
Je vaux encor mon prix;
 Et quand il fait sombre,
Les plus beaux chats sont gris.

(*Il répète la reprise en dansant.* FIGARO *derrière lui, imite ses mouvements.*)

Je ne suis point Tircis.

(*Apercevant Figaro.*) Ah! Entrez, monsieur le barbier; avancez, vous êtes charmant!

FIGARO *salue.*

Monsieur, il est vrai que ma mère me l'a dit autrefois; mais je suis un peu déformé depuis ce

ACTE III.

temps-là. (*A part, au comte.*) Bravo, Monseigneur.

(*Pendant toute cette scène, le Comte fait ce qu'il peut pour parler à Rosine; mais l'œil inquiet et vigilant du tuteur l'en empêche toujours, ce qui forme un jeu muet de tous les acteurs, étranger au débat du docteur et de Figaro.*)

BARTHOLO.

Venez-vous purger encore, saigner, droguer, mettre sur le grabat toute ma maison?

FIGARO.

Monsieur, il n'est pas tous les jours fête; mais sans compter les soins quotidiens, Monsieur a pu voir que, lorsqu'ils en ont besoin, mon zèle n'attend pas qu'on lui commande....

BARTHOLO.

Votre zèle n'attend pas! Que direz-vous, Monsieur le zélé, à ce malheureux qui bâille et dort tout éveillé? et l'autre qui, depuis trois heures, éternue à se faire sauter le crâne et jaillir la cervelle! que leur direz-vous?

FIGARO.

Ce que je leur dirai?

BARTHOLO.

Oui!

FIGARO.

Je leur dirai.... Eh parbleu, je dirai à celui qui éternue, *Dieu vous bénisse;* et *va te coucher* à celui qui bâille. Ce n'est pas cela, Monsieur, qui grossira le mémoire.

BARTHOLO.

Vraiment non; mais c'est la saignée et les médicaments qui le grossiraient, si je voulais y entendre. Est-ce par zèle aussi, que vous avez empaqueté les yeux de ma mule? et votre cataplasme lui rendra-t-il la vue?

FIGARO.

S'il ne lui rend pas la vue, ce n'est pas cela non plus qui l'empêchera d'y voir.

BARTHOLO.

Que je le trouve sur le mémoire!.... On n'est pas de cette extravagance-là!

FIGARO.

Ma foi, Monsieur, les hommes n'ayant guère à choisir qu'entre la sottise et la folie; où je ne vois point de profit! je veux au moins du plaisir; et vive la joie. Qui sait si le monde durera encore trois semaines?

BARTHOLO.

Vous feriez bien mieux, monsieur le raisonneur, de me payer mes cent écus et les intérêts sans lanterner ; je vous en avertis.

FIGARO.

Doutez-vous de ma probité, Monsieur ? Vos cent écus ! j'aimerais mieux vous les devoir toute ma vie, que de les nier un seul instant.

BARTHOLO.

Et dites-moi un peu, comment la petite Figaro a trouvé les bonbons que vous lui avez portés ?

FIGARO.

Quels bonbons ? que voulez-vous dire ?

BARTHOLO.

Oui, ces bonbons, dans ce cornet fait avec cette feuille de papier à lettre, ce matin.

FIGARO.

Diable emporte si....

ROSINE *l'interrompant.*

Avez-vous eu soin au moins de les lui donner de ma part, monsieur Figaro ? Je vous l'avais recommandé.

FIGARO.

Ah ! ah ! Les bonbons de ce matin ? Que je

suis bête, moi! j'avais perdu tout cela de vue.... Oh! excellents, Madame, admirables.

BARTHOLO.

Excellents! Admirables! Oui, sans doute, monsieur le barbier, revenez sur vos pas! Vous faites-là un joli métier, Monsieur!

FIGARO.

Qu'est-ce qu'il a donc, Monsieur?

BARTHOLO.

Et qui vous fera une belle réputation, Monsieur!

FIGARO.

Je la soutiendrai, Monsieur.

BARTHOLO.

Dites que vous la supporterez, Monsieur.

FIGARO.

Comme il vous plaira, Monsieur.

BARTHOLO.

Vous le prenez bien haut, Monsieur! Sachez que quand je dispute avec un fat, je ne lui cède jamais.

ACTE III.

FIGARO, *lui tourne le dos.*

Nous différons en cela, Monsieur; moi, je lui cède toujours.

BARTHOLO.

Hein? qu'est-ce qu'il dit donc, Bachelier?

FIGARO.

C'est que vous croyez avoir affaire à quelque barbier de village, et qui ne sait manier que le rasoir? Apprenez, Monsieur, que j'ai travaillé de la plume à Madrid, et que sans les envieux....

BARTHOLO.

Et! que n'y restiez-vous, sans venir ici changer de profession?

FIGARO.

On fait comme on peut; mettez-vous à ma place.

BARTHOLO.

Me mettre à votre place! Ah! parbleu, je dirais de belles sottises!

FIGARO.

Monsieur, vous ne commencez pas trop mal; je m'en rapporte à votre confrère qui est là rêvassant....

LE COMTE *revenant à lui.*

Je.... je ne suis pas le confrère de Monsieur.

FIGARO.

Non! Vous voyant ici à consulter, j'ai pensé que vous poursuiviez le même objet.

BARTHOLO *en colère.*

Enfin, quel sujet vous amène? Y a-t-il quelque lettre à remettre encore ce soir à Madame? Parlez, faut-il que je me retire?

FIGARO.

Comme vous rudoyez le pauvre monde! Eh! parbleu, Monsieur, je viens vous raser, voilà tout : n'est-ce pas aujourd'hui votre jour?

BARTHOLO.

Vous reviendrez tantôt.

FIGARO.

Ah! oui, revenir! toute la garnison prend médecine demain matin, j'en ai obtenu l'entreprise par mes protections. Jugez donc comme j'ai du temps à perdre! Monsieur passe-t-il chez lui?

BARTHOLO.

Non, Monsieur ne passe point chez lui. Eh mais.... qui empêche qu'on ne me rase ici?

ACTE III.

Rosine *avec dédain.*

Vous êtes honnête! Et pourquoi pas dans mon appartement?

Bartholo.

Tu te fâches? pardon, mon enfant, tu vas achever de prendre ta leçon; c'est pour ne pas perdre un instant le plaisir de t'entendre.

Figaro *bas au Comte.*

On ne le tirera pas d'ici! (*Haut.*) Allons, l'Éveillé? la Jeunesse? le bassin, de l'eau, tout ce qu'il faut à Monsieur.

Bartholo.

Sans doute, appelez-les! Fatigués, harassés, moulus de votre façon, n'a-t-il pas fallu les faire coucher!

Figaro.

Eh bien! j'irai tout chercher, n'est-ce pas, dans votre chambre? (*Bas au Comte.*) Je vais l'attirer dehors.

Bartholo *détache son trousseau de clefs et dit par réflexion:*

Non, non, j'y vais moi-même. (*Bas au Comte en s'en allant.*) Ayez les yeux sur eux, je vous prie.

SCÈNE VI.

FIGARO, LE COMTE, ROSINE.

FIGARO.

Ah! que nous l'avons manqué belle! il allait me donner le trousseau. La clef de la jalousie n'y est-elle pas?

ROSINE.

C'est la plus neuve de toutes.

SCÈNE VII.

BARTHOLO, FIGARO, LE COMTE, ROSINE.

BARTHOLO *revenant*.

(*A part.*) Bon! je ne sais ce que je fais de laisser ici ce maudit barbier. (*A Figaro.*) Tenez. (*Il lui donne le trousseau.*) Dans mon cabinet, sous mon bureau; mais ne touchez à rien.

FIGARO.

La peste! il y ferait bon, méfiant comme vous êtes! (*A part en s'en allant.*) Voyez comme le ciel protège l'innocence!

SCÈNE VIII.

BARTHOLO, le COMTE, ROSINE.

BARTHOLO *bas au Comte.*

C'est le drôle qui a porté la lettre au Comte.

LE COMTE *bas.*

Il m'a l'air d'un fripon.

BARTHOLO.

Il ne m'attrapera plus.

LE COMTE.

Je crois qu'à cet égard le plus fort est fait.

BARTHOLO.

Tout considéré, j'ai pensé qu'il était plus prudent de l'envoyer dans ma chambre, que de le laisser avec elle.

LE COMTE.

Ils n'auraient pas dit un mot que je n'eusse été en tiers.

ROSINE.

Il est bien poli, Messieurs, de parler bas sans cesse! Et ma leçon?

(*Ici l'on entend un bruit, comme de la vaisselle renversée.*)

BARTHOLO *criant.*

Qu'est-ce que j'entends donc! Le cruel barbier aura tout laissé tomber par l'escalier, et les plus belles pièces de mon nécessaire!.....

(*Il court dehors.*)

SCÈNE IX.

LE COMTE, ROSINE.

LE COMTE.

PROFITONS du moment que l'intelligence de Figaro nous ménage. Accordez-moi, ce soir, je vous en conjure, Madame, un moment d'entretien indispensable pour vous soustraire à l'esclavage où vous alliez tomber.

ROSINE.

Ah Lindor!

LE COMTE.

Je puis monter à votre jalousie; et quant à la lettre que j'ai reçue de vous ce matin, je me suis vu forcé....

SCÈNE X.

ROSINE, BARTHOLO, FIGARO, le COMTE.

BARTHOLO.

JE ne m'étais pas trompé; tout est brisé, fracassé.

FIGARO.

Voyez le grand malheur pour tant de train! On ne voit goutte sur l'escalier. (*Il montre la clef au Comte.*) Moi, en montant, j'ai accroché une clef.....

BARTHOLO.

On prend garde à ce qu'on fait. Accrocher une clef! L'habile homme!

FIGARO.

Ma foi, Monsieur, cherchez-en un plus subtil.

SCÈNE XI.

Les ACTEURS PRÉCÉDENTS, DON BAZILE.

ROSINE *effrayée.* (*A part.*)

Don Bazile !.....

LE COMTE *à part.*

Juste ciel !

FIGARO *à part.*

C'est le diable !

BARTHOLO *va au-devant de lui.*

Ah ! Bazile, mon ami, soyez le bien rétabli. Votre accident n'a donc point eu de suites ? En vérité le seigneur Alonzo m'avait fort effrayé sur votre état ; demandez-lui, je partais pour vous aller voir, et s'il ne m'avait point retenu.....

BAZILE *étonné.*

Le seigneur Alonzo ?.....

FIGARO *frappe du pied.*

Et quoi ! toujours des accrocs ? Deux heures

pour une méchante barbe.... Chienne de pratique!

BAZILE *regardant tout le monde.*

Me ferez-vous bien le plaisir de me dire, Messieurs?.....

FIGARO.

Vous lui parlerez quand je serai parti.

BAZILE.

Mais encore faudrait-il.....

LE COMTE.

Il faudrait vous taire, Bazile. Croyez-vous apprendre à Monsieur quelque chose qu'il ignore? Je lui ai raconté que vous m'aviez chargé de venir donner une leçon de musique à votre place.

BAZILE *plus étonné.*

La leçon de musique!..... Alonzo!.....

ROSINE *à part à Bazile.*

Eh! taisez-vous.

BAZILE.

Elle aussi!

LE COMTE *bas à Bartholo.*

Dites-lui donc tout bas que nous en sommes convenus.

BARTHOLO *à Bazile à part.*

N'allez pas nous démentir, Bazile, en disant qu'il n'est pas votre élève, vous gâteriez tout.

BAZILE.

Ah! ah!

BARTHOLO *haut.*

En vérité, Bazile, on n'a pas plus de talent que votre élève.

BAZILE *stupéfait.*

Que mon élève!..... (*Bas.*) Je venais pour vous dire que le Comte est déménagé.

BARTHOLO *bas.*

Je le sais, taisez-vous.

BAZILE *bas.*

Qui vous l'a dit?

BARTHOLO *bas.*

Lui, apparemment!

LE COMTE *bas.*

Moi, sans doute : écoutez seulement.

ROSINE *bas à Bazile.*

Est-il si difficile de vous taire?

FIGARO *bas à Bazile.*

Hum! Grand escogrif! Il est sourd!

ACTE III.

BAZILE *à part.*

Qui diable est-ce donc qu'on trompe ici ? Tout le monde est dans le secret !

BARTHOLO *haut.*

Eh bien, Bazile, votre homme de loi ?....

FIGARO.

Vous avez toute la soirée pour parler de l'homme de loi.

BARTHOLO *à Bazile.*

Un mot ; dites-moi seulement si vous êtes content de l'homme de loi ?

BAZILE *effaré.*

De l'homme de loi ?

LE COMTE *souriant.*

Vous ne l'avez pas vu, l'homme de loi ?

BAZILE *impatienté.*

Et ! non, je ne l'ai pas vu, l'homme de loi.

LE COMTE *à Bartholo à part.*

Voulez-vous donc qu'il s'explique ici devant elle ? Renvoyez-le.

BARTHOLO *bas au Comte.*

Vous avez raison. (*A Bazile.*) Mais quel mal vous a donc pris si subitement ?

BAZILE *en colère.*

Je ne vous entends pas.

LE COMTE *lui met à part une bourse dans la main.*

Oui : Monsieur vous demande ce que vous venez faire ici, dans l'état d'indisposition où vous êtes ?

FIGARO.

Il est pâle comme un mort !

BAZILE.

Ah ! je comprends.....

LE COMTE.

Allez vous coucher, mon cher Bazile : vous n'êtes pas bien, et vous nous faites mourir de frayeur. Allez vous coucher.

FIGARO.

Il a la physionomie toute renversée. Allez vous coucher.

BARTHOLO.

D'honneur, il sent la fièvre d'une lieue. Allez vous coucher.

ROSINE.

Pourquoi donc êtes-vous sorti ? On dit que cela se gagne. Allez vous coucher.

ACTE III.

BAZILE *au dernier étonnement.*

Que j'aille me coucher.

TOUS LES ACTEURS ENSEMBLE.

Eh! sans doute.

BAZILE *les regardant tous.*

En effet, Messieurs, je crois que je ne ferai pas mal de me retirer; je sens que je ne suis pas ici dans mon assiète ordinaire.

BARTHOLO.

A demain, toujours : si vous êtes mieux.

LE COMTE.

Bazile, je serai chez vous de très-bonne heure.

FIGARO.

Croyez-moi, tenez-vous bien chaudement dans votre lit.

ROSINE.

Bonsoir, monsieur Bazile.

BAZILE *à part.*

Diable emporte si j'y comprends rien! et sans cette bourse.....

TOUS.

Bonsoir, Bazile, bonsoir.

BAZILE *en s'en allant.*

Eh bien! bonsoir donc, bonsoir.

(*Ils l'accompagnent tous en riant.*)

SCÈNE XII.

Les ACTEURS PRÉCÉDENTS, *excepté* BAZILE.

BARTHOLO *d'un ton important.*

Cet homme-là n'est pas bien du tout.

ROSINE.

Il a les yeux égarés.

LE COMTE.

Le grand air l'aura saisi.

FIGARO.

Avez-vous vu comme il parlait tout seul? Ce que c'est que de nous! (*A Bartholo.*) Ah-çà, vous décidez-vous, cette fois? (*Il lui pousse un fauteuil très-loin du Comte et lui présente le linge.*)

LE COMTE.

Avant de finir, Madame, je dois vous dire un

mot essentiel au progrès de l'art que j'ai l'honneur de vous enseigner. (*Il s'approche et lui parle bas à l'oreille.*)

BARTHOLO *à Figaro.*

Eh mais! il semble que vous le fassiez exprès de vous approcher, et de vous mettre devant moi pour m'empêcher de voir.....

LE COMTE *bas à Rosine.*

Nous avons la clef de la jalousie, et nous serons ici à minuit.

FIGARO *passe le linge au cou de Bartholo.*

Quoi voir? Si c'était une leçon de danse, on vous passerait d'y regarder; mais du chant!..... ahi, ahi.

BARTHOLO.

Qu'est-ce que c'est?

FIGARO.

Je ne sais ce qui m'est entré dans l'œil.
(*Il rapproche sa tête.*)

BARTHOLO.

Ne frottez-donc pas.

FIGARO.

C'est le gauche. Voudriez-vous me faire le plaisir d'y souffler un peu fort?

LE BARBIER DE SÉVILLE,

BARTHOLO *prend la tête de Figaro, regarde par-dessus, le pousse violemment et va derrière les amants écouter leur conversation.*

LE COMTE *bas à Rosine.*

Et quant à votre lettre, je me suis trouvé tantôt dans un tel embarras pour rester ici.....

FIGARO *de loin pour avertir.*

Hem!..... hem!.....

LE COMTE.

Désolé de voir encore mon déguisement inutile.....

BARTHOLO *passant entre deux.*

Votre déguisement inutile!

ROSINE *effrayée.*

Ah!.....

BARTHOLO.

Fort-bien, Madame, ne vous gênez pas. Comment! sous mes yeux mêmes, en ma présence, on m'ose outrager de la sorte!

LE COMTE.

Qu'avez-vous donc, seigneur?

BARTHOLO.

Perfide Alonzo!

LE COMTE.

Seigneur Bartholo, si vous avez souvent des lubies comme celle dont le hasard me rend témoin, je ne suis plus étonné de l'éloignement que Mademoiselle a pour devenir votre femme.

ROSINE.

Sa femme! Moi! Passer mes jours auprès d'un vieux jaloux, qui, pour tout bonheur, offre à ma jeunesse un esclavage abominable!

BARTHOLO.

Ah! qu'est-ce que j'entends!

ROSINE.

Oui, je le dis tout haut; je donnerai mon cœur et ma main à celui qui pourra m'arracher de cette horrible prison, où ma personne et mon bien sont retenus contre toute justice.
(*Rosine sort.*)

SCÈNE XIII.

BARTHOLO, FIGARO, le COMTE.

BARTHOLO.

La colère me suffoque.

LE COMTE.

En effet, Seigneur, il est difficile qu'une jeune femme.....

FIGARO.

Oui, une jeune femme, et un grand âge; voilà ce qui trouble la tête d'un vieillard.

BARTHOLO.

Comment! lorsque je les prends sur le fait! Maudit barbier! il me prend des envies.....

FIGARO.

Je me retire, il est fou.

LE COMTE.

Et moi aussi; d'honneur il est fou.

FIGARO.

Il est fou, il est fou..... (*Ils sortent.*)

SCÈNE XIV.

BARTHOLO *seul les poursuit.*

JE suis fou! Infâmes suborneurs! Émissaires du diable, dont vous faites ici l'office, et qui puisse vous emporter tous..... Je suis fou!..... Je les ai vus comme je vois ce pupitre..... et me soutenir effrontément !..... Ah! il n'y a que Bazile qui puisse m'expliquer ceci. Oui, envoyons-le chercher. Holà, quelqu'un..... Ah! j'oublie que je n'ai personne..... Un voisin, le premier venu, n'importe. Il y a de quoi perdre l'esprit! il y a de quoi perdre l'esprit!

FIN DU TROISIÈME ACTE.

Pendant l'Entr'acte, le Théâtre s'obscurcit : on entend un bruit d'orage, et l'Orchestre joue celui qui est gravé dans le Recueil de la Musique du Barbier, n°. 5.

ACTE IV.

SCÈNE PREMIÈRE.

Le théâtre est obscur.

BARTHOLO, DON BAZILE, *une lanterne de papier à la main.*

BARTHOLO.

Comment, Bazile, vous ne le connaissez pas! ce que vous dites est-il possible?

BAZILE.

Vous m'interrogeriez cent fois que je vous ferais toujours la même réponse. S'il vous a remis la lettre de Rosine, c'est sans doute un des émissaires du Comte. Mais, à la magnificence du présent qu'il m'a fait, il se pourrait que ce fût le Comte lui-même.

BARTHOLO.

Quelle apparence? Mais à propos de ce présent; eh! pourquoi l'avez-vous reçu?

ACTE IV.

BAZILE.

Vous aviez l'air d'accord; je n'y entendais rien; et dans les cas difficiles à juger, une bourse d'or me paraît toujours un argument sans réplique. Et puis, comme dit le proverbe, ce qui est bon à prendre.....

BARTHOLO.

J'entends, est bon.....

BAZILE.

A garder.

BARTHOLO *surpris.*

Ah! ah!

BAZILE.

Oui, j'ai arrangé comme cela plusieurs petits proverbes avec des variations. Mais, allons au fait, à quoi vous arrêtez-vous?

BARTHOLO.

En ma place, Bazile, ne feriez-vous pas les derniers efforts pour la posséder?

BAZILE.

Ma foi non, Docteur. En toute espèce de biens, posséder est peu de chose; c'est jouir qui rend heureux : mon avis est, qu'épouser une femme dont on n'est point aimé, c'est s'exposer.....

BARTHOLO.

Vous craindriez les accidents?

BAZILE.

Hé hé, Monsieur..... on en voit beaucoup cette année. Je ne ferais point violence à son cœur.

BARTHOLO.

Votre valet, Bazile. Il vaut mieux qu'elle pleure de m'avoir, que moi je meure de ne l'avoir pas.

BAZILE.

Il y va de la vie? Épousez, docteur, épousez.

BARTHOLO.

Aussi ferai-je, et cette nuit même.

BAZILE.

Adieu donc. — Souvenez-vous, en parlant à la pupille, de les rendre tous plus noirs que l'enfer.

BARTHOLO.

Vous avez raison.

BAZILE.

La calomnie, docteur, la calomnie! Il faut toujours en venir-là.

ACTE IV. 535

BARTHOLO.

Voici la lettre de Rosine que cet Alonzo m'a remise, et il m'a montré, sans le vouloir, l'usage que j'en dois faire auprès d'elle.

BAZILE.

Adieu : nous serons tous ici à quatre heures.

BARTHOLO.

Pourquoi pas plus tôt?

BAZILE.

Impossible ; le notaire est retenu.

BARTHOLO.

Pour un mariage?

BAZILE.

Oui, chez le barbier Figaro ; c'est sa nièce qu'il marie.

BARTHOLO.

Sa nièce? Il n'en a pas.

BAZILE.

Voilà ce qu'ils ont dit au notaire.

BARTHOLO.

Ce drôle est du complot ; que diable !.....

BAZILE.

Est-ce que vous penseriez?.....

BARTHOLO.

Ma foi ces gens-là sont si alertes! Tenez, mon ami, je ne suis pas tranquille. Retournez chez le notaire. Qu'il vienne ici sur-le-champ avec vous.

BAZILE.

Il pleut, il fait un temps du diable; mais rien ne m'arrête pour vous servir. Que faites-vous donc?

BARTHOLO.

Je vous reconduis; n'ont-ils pas fait estropier tout mon monde, par ce Figaro! Je suis seul ici.

BAZILE.

J'ai ma lanterne.

BARTHOLO.

Tenez, Bazile, voilà mon passe-partout, je vous attends, je veille; et vienne qui voudra, hors le notaire et vous, personne n'entrera de la nuit.

BAZILE.

Avec ces précautions, vous êtes sûr de votre fait.

SCÈNE II.

ROSINE, *seule, sortant de sa chambre.*

Il me semblait avoir entendu parler. Il est minuit sonné; Lindor ne vient point! Ce mauvais temps même était propre à le favoriser. Sûr de ne rencontrer personne..... Ah! Lindor! si vous m'aviez trompée!..... Quel bruit entends-je?..... dieux! c'est mon tuteur. Rentrons.

SCÈNE III.

ROSINE, BARTHOLO.

BARTHOLO *tenant de la lumière.*

Ah! Rosine, puisque vous n'êtes pas encore rentrée dans votre appartement......

ROSINE.

Je vais me retirer.

BARTHOLO.

Par le temps affreux qu'il fait, vous ne reposerez pas, et j'ai des choses très-pressées à vous dire.

ROSINE.

Que me voulez-vous, Monsieur? n'est-ce donc pas assez d'être tourmentée le jour?

BARTHOLO.

Rosine, écoutez-moi.

ROSINE.

Demain je vous entendrai.

BARTHOLO.

Un moment, de grâce.

ROSINE *à part.*

S'il allait venir!

BARTHOLO *lui montre sa lettre.*

Connaissez-vous cette lettre?

ROSINE *la reconnaît.*

Ah! grands dieux!......

BARTHOLO.

Mon intention, Rosine, n'est point de vous faire de reproches : à votre âge on peut s'égarer; mais je suis votre ami; écoutez-moi.

ROSINE.

Je n'en puis plus.

BARTHOLO.

Cette lettre que vous avez écrite au comte Almaviva.....

ROSINE *étonnée.*

Au comte Almaviva !

BARTHOLO.

Voyez quel homme affreux est ce comte : aussitôt qu'il l'a reçue, il en a fait trophée ; je la tiens d'une femme à qui il l'a sacrifiée.

ROSINE.

Le comte Almaviva !.....

BARTHOLO.

Vous avez peine à vous persuader cette horreur. L'inexpérience, Rosine, rend votre sexe confiant et crédule ; mais apprenez dans quel piège on vous attirait. Cette femme m'a fait donner avis de tout, apparemment pour écarter une rivale aussi dangereuse que vous. J'en frémis ! le plus abominable complot, entre Almaviva, Figaro et cet Alonzo, cet élève supposé de Bazile qui porte un autre nom, et n'est que le vil agent du comte allait vous entraîner dans un abîme, dont rien n'eût pu vous tirer.

ROSINE *accablée.*

Quelle horreur !...... quoi Lindor !..... quoi ce jeune homme !.....

BARTHOLO *à part.*

Ah! c'est Lindor.

ROSINE.

C'est pour le comte Almaviva..... C'est pour un autre......

BARTHOLO.

Voilà ce qu'on m'a dit, en me remettant votre lettre.

ROSINE *outrée.*

Ah quelle indignité!........ Il en sera puni. — Monsieur, vous avez désiré de m'épouser?

BARTHOLO.

Tu connais la vivacité de mes sentiments.

ROSINE.

S'il peut vous en rester encore, je suis à vous.

BARTHOLO.

Eh bien! le notaire viendra cette nuit même.

ROSINE.

Ce n'est pas tout; ô ciel! suis-je assez humiliée!........ Apprenez que dans peu le perfide ose entrer par cette jalousie, dont ils ont eu l'art de vous dérober la clef.

BARTHOLO *regardant au trousseau.*

Ah les scélérats! Mon enfant je ne te quitte plus.

ROSINE *avec effroi.*

Ah, Monsieur, et s'ils sont armés?

BARTHOLO.

Tu as raison; je perdrais ma vengeance. Monte chez Marceline : enferme-toi chez elle à double tour. Je vais chercher main-forte, et l'attendre auprès de la maison. Arrêté comme voleur, nous aurons le plaisir d'en être à la fois vengés et délivrés! Et compte que mon amour te dédommagera......

ROSINE *au désespoir.*

Oubliez seulement mon erreur. (*à part.*) Ah je m'en punis assez!

BARTHOLO *s'en allant.*

Allons nous embusquer. A la fin je la tiens.
(*Il sort.*)

SCÈNE IV.

ROSINE seule.

Son amour me dédommagera!... Malheureuse!... (*Elle tire son mouchoir et s'abandonne aux larmes.*) Que faire?.... Il va venir. Je veux rester, et feindre avec lui, pour le contempler un moment dans toute sa noirceur. La bassesse de son procédé sera mon préservatif....... Ah! j'en ai grand besoin. Figure noble! air doux! une voix si tendre!...... et ce n'est que le vil agent d'un corrupteur! Ah malheureuse! malheureuse!...... Ciel, on ouvre la jalousie! (*Elle se sauve.*)

SCÈNE V.

LE COMTE, FIGARO, *enveloppé d'un manteau, paraît à la fenêtre.*

FIGARO *parle en dehors.*

Quelqu'un s'enfuit; entrerai-je?

LE COMTE *en dehors.*

Un homme?

ACTE IV.

FIGARO.

Non.

LE COMTE.

C'est Rosine que ta figure atroce aura mise en fuite.

FIGARO *saute dans la chambre.*

Ma foi, je le crois.... Nous voici enfin arrivés, malgré la pluie, la foudre et les éclairs.

LE COMTE *enveloppé d'un long manteau.*

Donne-moi la main. (*Il saute à son tour.*) A nous la victoire.

FIGARO *jette son manteau.*

Nous sommes tout percés. Charmant temps, pour aller en bonne fortune! Monseigneur, comment trouvez-vous cette nuit?

LE COMTE.

Superbe pour un amant.

FIGARO.

Oui, mais pour un confident?..... Et si quelqu'un allait nous surprendre ici?

LE COMTE.

N'es-tu pas avec moi? J'ai bien une autre inquiétude; c'est de la déterminer à quitter sur-le-champ la maison du tuteur.

FIGARO.

Vous avez pour vous trois passions toute-puissantes sur le beau sexe; l'amour, la haine et la crainte.

LE COMTE *regarde dans l'obscurité.*

Comment lui annoncer brusquement que le notaire l'attend chez toi, pour nous unir? Elle trouvera mon projet bien hardi; elle va me nommer audacieux.

FIGARO.

Si elle vous nomme audacieux, vous l'appellerez cruelle. Les femmes aiment beaucoup qu'on les appelle cruelles. Au surplus, si son amour est tel que vous le désirez, vous lui direz qui vous êtes; elle ne doutera plus de vos sentiments.

SCÈNE VI.

LE COMTE, ROSINE, FIGARO.

(*Figaro allume toutes les bougies qui sont sur la table.*)

LE COMTE.

La voici. — Ma belle Rosine!...

ROSINE *d'un ton très-composé.*

Je commençais, Monsieur, à craindre que vous ne vinssiez pas.

LE COMTE.

Charmante inquiétude !... Mademoiselle, il ne me convient point d'abuser des circonstances pour vous proposer de partager le sort d'un infortuné ; mais quelqu'asyle que vous choisissiez, je jure mon honneur...

ROSINE.

Monsieur, si le don de ma main n'avait pas dû suivre à l'instant celui de mon cœur, vous ne seriez pas ici. Que la nécessité justifie à vos yeux ce que cette entrevue a d'irrégulier !

LE COMTE.

Vous, Rosine ! la compagne d'un malheureux ! sans fortune, sans naissance !...

ROSINE.

La naissance, la fortune ! Laissons-là les jeux du hasard, et si vous m'assurez que vos intentions sont pures...

LE COMTE *à ses pieds.*

Ah ! Rosine ! je vous adore !...

Rosine *indignée.*

Arrêtez, malheureux !... vous osez profaner !... tu m'adores !... Va ! tu n'es plus dangereux pour moi ; j'attendais ce mot pour te détester. Mais avant de t'abandonner au remords qui t'attend, (*en pleurant*) apprends que je t'aimais ; apprends que je fesais mon bonheur de partager ton mauvais sort. Misérable Lindor ! j'allais tout quitter pour te suivre. Mais le lâche abus que tu as fait de mes bontés, et l'indignité de cet affreux comte Almaviva, à qui tu me vendais, ont fait rentrer dans mes mains ce témoignage de ma faiblesse. Connais-tu cette lettre ?

Le Comte *vivement.*

Que votre tuteur vous a remise ?

Rosine *fièrement.*

Oui, je lui en ai l'obligation.

Le Comte.

Dieux, que je suis heureux ! Il la tient de moi. Dans mon embarras, hier, je m'en suis servi pour arracher sa confiance ; et je n'ai pu trouver l'instant de vous en informer. Ah Rosine ! il est donc vrai que vous m'aimez véritablement !

Figaro.

Monseigneur, vous cherchiez une femme qui vous aimât pour vous-même...

ACTE IV.

ROSINE.

Monseigneur!... Que dit-il?

LE COMTE *jetant son large manteau, paraît en habit magnifique.*

O la plus aimée des femmes! il n'est plus temps de vous abuser: l'heureux homme que vous voyez à vos pieds, n'est point Lindor; je suis le comte Almaviva, qui meurt d'amour, et vous cherche en vain depuis six mois.

ROSINE *tombe dans les bras du Comte.*

Ah!...

LE COMTE *effrayé.*

Figaro?

FIGARO.

Point d'inquiétude, Monseigneur; la douce émotion de la joie n'a jamais de suites fâcheuses; la voilà, la voilà qui reprend ses sens; morbleu qu'elle est belle!

ROSINE.

Ah Lindor!.... Ah Monsieur! que je suis coupable! j'allais me donner cette nuit même à mon tuteur.

LE COMTE.

Vous, Rosine!

ROSINE.

Ne voyez que ma punition ! J'aurais passé ma vie à vous détester. Ah Lindor ! le plus affreux supplice n'est-il pas de haïr, quand on sent qu'on est faite pour aimer ?

FIGARO *regarde à la fenêtre.*

Monseigneur, le retour est fermé ; l'échelle est enlevée.

LE COMTE.

Enlevée !

ROSINE *troublée.*

Oui, c'est moi... c'est le docteur. Voilà le fruit de ma crédulité. Il m'a trompée. J'ai tout avoué, tout trahi : il sait que vous êtes ici, et va venir avec main-forte.

FIGARO *regarde encore.*

Monseigneur ! on ouvre la porte de la rue.

ROSINE *courant dans les bras du Comte avec frayeur.*

Ah Lindor !...

LE COMTE *avec fermeté.*

Rosine, vous m'aimez ! Je ne crains personne ; et vous serez ma femme. J'aurai donc le plaisir de punir à mon gré l'odieux vieillard !....

ROSINE.

Non, non, grâce pour lui, cher Lindor! Mon cœur est si plein, que la vengeance ne peut y trouver place.

SCÈNE VII.

LE NOTAIRE, DON BAZILE, LES ACTEURS PRÉCÉDENTS.

FIGARO.

Monseigneur, c'est notre notaire.

LE COMTE.

Et l'ami Bazile avec lui !

BAZILE.

Ah ! qu'est-ce que j'aperçois ?

FIGARO.

Et ! par quel hasard, notre ami ?...

BAZILE.

Par quel accident, Messieurs ?...

LE NOTAIRE.

Sont-ce là les futurs conjoints ?

LE COMTE.

Oui, Monsieur. Vous deviez unir la Signora Rosine et moi cette nuit, chez le Barbier Figaro, mais nous avons préféré cette maison, pour des raisons que vous saurez. Avez-vous notre contrat ?

LE NOTAIRE.

J'ai donc l'honneur de parler à son Excellence monsieur le comte Almaviva ?

FIGARO.

Précisément.

BAZILE *à part.*

Si c'est pour cela qu'il m'a donné le passe-partout...

LE NOTAIRE.

C'est que j'ai deux contrats de mariage, Monseigneur ; ne confondons point : voici le vôtre ; et c'est ici celui du Seigneur Bartholo, avec la Signora.... Rosine aussi ? Les demoiselles apparemment sont deux sœurs qui portent le même nom.

LE COMTE.

Signons toujours. Don Bazile voudra bien nous servir de second témoin (*Ils signent.*)

BAZILE.

Mais, votre Excellence.... je ne comprends pas...

LE COMTE.

Mon maître Bazile, un rien vous embarrasse, et tout vous étonne.

BAZILE.

Monseigneur... Mais si le docteur...

LE COMTE *lui jetant une bourse.*

Vous faites l'enfant ! Signez donc vite.

BAZILE *étonné.*

Ah ! ah !...

FIGARO.

Où donc est la difficulté de signer ?

BAZILE *pesant la bourse.*

Il n'y en a plus ; mais c'est que moi, quand j'ai donné ma parole une fois, il faut des motifs d'un grand poids... (*Il signe.*)

SCÈNE VIII et dernière.

BARTHOLO, UN ALCADE, DES ALGUA-SILS, DES VALETS *avec des flambeaux*, et LES ACTEURS PRÉCÉDENTS.

BARTHOLO *voit le Comte baiser la main de Rosine, et Figaro qui embrasse grotesquement Don Bazile : il crie en prenant le Notaire à la gorge.*

Rosine avec ces fripons! arrêtez tout le monde. J'en tiens un au collet.

LE NOTAIRE.

C'est votre notaire.

BAZILE.

C'est votre notaire. Vous moquez-vous?

BARTHOLO.

Ah! don Bazile, eh comment êtes-vous ici?

BAZILE.

Mais plutôt vous, comment n'y êtes-vous pas?

ACTE IV.

L'ALCADE *montrant Figaro.*

Un moment; je connais celui-ci. Que viens-tu faire en cette maison, à des heures indues?

FIGARO.

Heure indue? Monsieur voit bien qu'il est aussi près du matin que du soir. D'ailleurs je suis de la compagnie de son Excellence monseigneur le comte Almaviva.

BARTHOLO.

Almaviva!

L'ALCADE.

Ce ne sont donc pas des voleurs?

BARTHOLO.

Laissons cela. — Partout ailleurs, Monsieur le Comte, je suis le serviteur de votre excellence; mais vous sentez que la supériorité du rang est ici sans force. Ayez, s'il vous plait, la bonté de vous retirer.

LE COMTE.

Oui, le rang doit être ici sans force; mais ce qui en a beaucoup, est la préférence que Mademoiselle vient de m'accorder sur vous, en se donnant à moi volontairement.

BARTHOLO.

Que dil-il, Rosine ?

ROSINE.

Il dit vrai. D'où naît votre étonnement ? Ne devais-je pas cette nuit même être vengée d'un trompeur ? Je le suis.

BAZILE.

Quand je vous disais que c'était le comte lui-même, docteur ?

BARTHOLO.

Que m'importe à moi ? Plaisant mariage ! Où sont les temoins ?

LE NOTAIRE.

Il n'y manque rien. Je suis assisté de ces deux Messieurs.

BARTHOLO.

Comment, Bazile ! vous avez signé ?

BAZILE.

Que voulez-vous ? Ce diable d'homme a toujours ses poches pleines d'arguments irrésistibles.

BARTHOLO.

Je me moque de ses arguments. J'userai de mon autorité.

Elle n'est plus en votre pouvoir, je la mets sous l'autorité des Loix?.

Acte IV. Scène dernière.

ACTE IV.

LE COMTE.

Vous l'avez perdue en en abusant.

BARTHOLO.

La Demoiselle est mineure.

FIGARO.

Elle vient de s'émanciper.

BARTHOLO.

Qui te parle à toi, maître fripon ?

LE COMTE.

Mademoiselle est noble et belle ; je suis homme de qualité, jeune et riche ; elle est ma femme : à ce titre qui nous honore également, prétend-t-on me la disputer ?

BARTHOLO.

Jamais on ne l'ôtera de mes mains.

LE COMTE.

Elle n'est plus en votre pouvoir. Je la mets sous l'autorité des lois ; et Monsieur, que vous avez amené vous-même, la protégera contre la violence que vous voulez lui faire. Les vrais magistrats sont les soutiens de tous ceux qu'on opprime.

L'ALCADE.

Certainement. Et cette inutile résistance au plus

honorable mariage, indique assez sa frayeur sur la mauvaise administration des biens de sa pupille, dont il faudra qu'il rende compte.

LE COMTE.

Ah! qu'il consente à tout, et je ne lui demande rien.

FIGARO.

Que la quittance de mes cent écus : ne perdons pas la tête.

BARTHOLO *irrité*.

Ils étaient tous contre moi; je me suis fourré la tête dans un guêpier.

BAZILE.

Quel guêpier? ne pouvant avoir la femme, calculez, Docteur, que l'argent vous reste, et oui, vous reste.

BARTHOLO.

Eh! laissez-moi donc en repos, Bazile! Vous ne songez qu'à l'argent. Je me soucie bien de l'argent, moi! A la bonne heure, je le garde; mais croyez-vous que ce soit le motif qui me détermine? (*Il signe.*)

FIGARO *riant*.

Ah, ah, ah, Monseigneur; ils sont de la même famille.

ACTE IV.

LE NOTAIRE.

Mais, Messieurs, je n'y comprends plus rien. Est-ce qu'elles ne sont pas deux Demoiselles qui portent le même nom?

FIGARO.

Non, Monsieur, elles ne sont qu'une.

BARTHOLO *se désolant.*

Et moi qui leur ai enlevé l'échelle, pour que le mariage fût plus sûr! Ah! je me suis perdu faute de soins.

FIGARO.

Faute de sens. Mais soyons vrais, Docteur: quand la jeunesse et l'amour sont d'accord pour tromper un vieillard, tout ce qu'il fait pour l'empêcher, peut bien s'appeler à bon droit la *Précaution inutile.*

FIN DU PREMIER VOLUME DU THÉATRE.

TABLE

DES ARTICLES

CONTENUS DANS CE VOLUME.

Essai *sur le Genre Dramatique sérieux*, page 1
Eugénie, drame en cinq actes et en prose, 61
Avertissement de l'Auteur sur les Deux Amis, 195
Les Deux Amis, ou *le Négociant de Lyon*, drame en cinq actes et en prose, 197
Lettre modérée sur la chute et la critique du Barbier de Séville, 361
Le Barbier de Séville, ou *la Précaution inutile*, comédie en quatre actes et en prose, 405

FIN DE LA TABLE DU PREMIER VOLUME DU THÉATRE.

www.ingramcontent.com/pod-product-compliance
Lightning Source LLC
Chambersburg PA
CBHW070327240426
43665CB00045B/1185